中国区域金融稳定报告

（2011）

中国人民银行上海总部金融稳定分析小组

China Regional Financial Stability Report

(2011)

中国金融出版社

责任编辑：马　杰
责任校对：李俊英
责任印制：程　颖

图书在版编目（CIP）数据

中国区域金融稳定报告．2011（Zhongguo Quyu Jinrong Wending Baogao. 2011）/中国人民银行上海总部金融稳定分析小组．—北京：中国金融出版社，2011.6
ISBN 978－7－5049－5977－5

Ⅰ．①中…　Ⅱ．①中…　Ⅲ．①区域金融—研究报告—中国—2011　Ⅳ．①F832.7

中国版本图书馆 CIP 数据核字（2011）第 120415 号

出版
发行　中国金融出版社
社址　北京市丰台区益泽路 2 号
市场开发部　(010)63266347，63805472，63439533（传真）
网 上 书 店　http://www.chinafph.com
　　　　　　(010)63286832，63365686（传真）
读者服务部　(010)66070833，62568380
邮编　100071
经销　新华书店
印刷　北京松源印刷有限公司
尺寸　210 毫米×285 毫米
印张　12.75
字数　300 千
版次　2011 年 6 月第 1 版
印次　2011 年 6 月第 1 次印刷
定价　88.00 元
ISBN 978－7－5049－5977－5/F.5537
如出现印装错误本社负责调换　联系电话（010）63263947

本书编写组

负　责　人： 马德伦

总　　　纂： 凌　涛

统　　　稿： 杜要忠　储幼阳　陈　静　张　瑾

执　　　笔： 储幼阳　陈　静　张　瑾　郭　芳　于明星　温茹春
王　敏　季　军

英文翻译（按姓氏拼音排序）：

陈　静　储幼阳　顾　颖　郭　芳　卢蕾蕾　瞿士杰
张　瑾　郑朝亮

审校人员（按姓氏拼音排序）：

陈　松　邓　欣　李玉青　刘孜群　卢雷雷　邵勉也
王凡平　章　曦　郑朝亮

目　录

Contents

第一部分 概 述

2010年，面对复杂多变的经济金融环境，全国各地区[①]按照党中央、国务院的决策部署，深入贯彻落实科学发展观，巩固应对危机成果，全力推动科学发展、跨越发展，积极转变经济发展方式，把发展经济与改善民生有效结合起来，区域经济发展取得新成效。各地区金融体系在发展中创新，运行质量和效益不断提高，金融系统抵御风险能力持续增强。

一、区域金融总体保持稳定

（一）区域发展规划助力各地区经济发展

2010年，重庆“两江新区”、长江三角洲经济区、青海以及深圳、厦门经济特区扩容等一批新的区域发展规划陆续获得批复，原有的一系列区域规划也处于加快推进实施阶段，区域发展规划对各地区经济的拉动效应进一步显现。2010年，我国大部分省区经济增长保持在10%～15%之间，各地区经济增长速度均超过上年，中西部地区继续保持快速增长势头，东部地区经济增长速度明显回升。区域经济发展更趋协调，中西部经济增长速度超过东部。分区域来看，国家投资重点倾向于中西部、东北地区，中西部地区的固定资产投资依然保持领先增长。“家电下乡”等促进消费的政策已产生效应，农村居民消费水平增幅逐步加速，中西部地区社会消费品零售总额增幅略高于东部地区。

（二）各地区发展特色更加明显

2010年，在区域规划政策不断细化的背景下，区域合作继续推进，各地区发展特色也更加明显。东部地区围绕产业结构调整和发展方式转变，提高经济增长质量，重点培育现代服务业、先进制造业及战略性新兴产业，提高自主创新能力和整体竞争能力。中部地区切实推进“三个基地、一个枢纽”重大项目建设，加快“三农”、保障性住房、基础设施、节能环保、自主创新与技术改造等重大项目的实施。西部地区继续加大民生领域、基础设施和生态环保建设的投资力度，推进技术改造。东北地区加快重点产业振兴，推进国有企业战略性并购重组，加快新型工业化进程。

① 东部地区10个省市，包括北京、天津、河北、上海、江苏、浙江、福建、山东、广东和海南；中部地区6个省，包括山西、安徽、江西、河南、湖北和湖南；西部地区12个省区，包括广西、重庆、四川、贵州、云南、西藏、陕西、甘肃、青海、宁夏、新疆和内蒙古；东北地区3个省，包括黑龙江、吉林、辽宁。本报告不含港、澳、台地区。

（三）各地区金融业总体实力稳步增强②

2010年，各地区银行业主要指标保持良好，金融服务质量和水平不断提升。资本市场运行基本平稳，融资融券和股指期货顺利推出。证券期货经营机构经营保持总体稳健。保险业发展势头良好，发展方式转变的成效逐步显现。

2010年，各地区银行业金融机构共实现税后净利润8 990.9亿元，同比增长34.5%，增速较上年提高20个百分点。信贷增长从高位回归常态水平。截至年底，银行业金融机构本外币贷款余额达50.92万亿元，同比少增2.16万亿元。贷款余额增长19.65%，比上年低13.18个百分点。年底不良贷款余额4 336亿元，比年初减少731亿元；不良贷款率1.13%，比年初下降0.46个百分点。

2010年，各地区上市公司数量和直接融资规模均实现突破，市场融资功能大幅提升。各地区新上市公司349家，首次公开发行募集资金4 910.64亿元，是上年的2.62倍。A股一级市场全年累计融资9 672.29亿元，是上年的1.87倍，创历史最高融资水平。年底，全国106家证券公司净资产达5 664亿元，同比增长18%；净资本达4 320亿元，较上年增长13%。

各地区保险机构利润大幅提升。2010年，各地区保险公司利润总额达到836.5亿元，同比增长57.7%。保险业总资产继续保持较快增长速度。截至2010年底，保险法人机构达142家，较上年增加4家。全年共实现保险业保费收入14 528亿元，同比增长30.4%。各地区保险公司总资产5.05万亿元，较上年增长24.4%；保险业资金运用余额4.6万亿元，较上年增长23.1%。

（四）各地区金融机构改革继续推进

大型商业银行股份制改革基本完成。中国农业银行分别于2010年7月15日、16日在上海证券交易所和香港联交所挂牌上市。中国工商银行、中国银行、中国建设银行和交通银行实施再融资计划，完成可转债发行和A+H配股融资，资本实力得到增强。政策性金融机构改革不断推进。国家开发银行加快商业化转型，中国进出口银行和中国出口信用保险公司制订改革实施总体方案，中国农业发展银行深化内部改革。

各地区中小法人金融机构改革成果显著。城商行改革重组步伐加快，跨区经营发展迅速。据不完全统计，截至2010年底，全国城商行设置的异地分支机构已将近300家，当年新增分行116家。跨省设立的分支机构从初期集中在上海、北京、天津、深圳等大城市逐渐向中西部地区延伸。各地区城商行纷纷引进战略投资者，目前已有上海、南京、西安、济南、北京、杭州、天津、宁波、青岛、厦门等城商行成功引进境外战略投资者。

农村信用社改革试点取得重要的阶段性成果。截至2010年底，全国各地区共组建以县（市）为单位的统一法人农村信用社1 976家，农村商业银行84家，农村合作银行216家。各地区大力培育新型农村金融机构，推进基础金融服务空白乡镇全覆盖，增加金融供给。截至2010

② 数据来源：本段所有数据均来源于中国人民银行、中国银行业监督管理委员会、中国证券监督管理委员会和中国保险监督管理委员会。

年底，全国已有395家[3]三类新型农村金融机构开业。在地域分布上，中西部地区新型农村金融机构占6成以上。在信贷投向上，新型农村金融机构83.9%的资金投向“三农”和中小企业。

（五）金融市场体系不断深化

2010年，货币市场基准利率建设以产品创新为切入点，加大了对以Shibor为基准产品的研究开发力度，并不断扩大其在拆借、回购、债券发行、同业融资业务以及衍生品交易等市场化产品定价中的应用。中国人民银行推动中国银行间交易商协会推出信用风险缓释工具，丰富了投资者信用风险管理手段，完善了债券市场信用风险分担机制。超短期融资券发行试点工作正式启动。截至2010年底，超短期融资券累计发行2只，金额合计150亿元。信贷转让业务进一步规范，境外机构投资境内银行间市场等创新业务相继推出，商业银行设立基金管理公司，投资保险公司、信托投资公司股权，设立金融租赁公司和消费金融公司试点工作稳步推进。2010年3月31日，上海证券交易所、深圳证券交易所开通融资融券交易系统，融资融券交易试点正式启动。4月8日，股指期货正式启动，股指期货各项制度不断完善。此外，期货保税交割试点实施。

（六）金融基础设施建设稳步推进

支付系统不断完善。银行间市场清算所加入支付系统，开通港、澳两地人民币清算行之间人民币资金汇划业务，集中代收付中心和中国银联接入小额支付系统，网上支付跨行清算系统成功上线运行。电子商业汇票系统在全国范围内推广。农村支付服务水平明显提高，中国人民银行设置了10个农村支付服务环境建设联系点，探索不同地域、不同经济发展水平下农村支付服务环境建设模式。

《中国人民银行执法检查程序规定》规范了中国人民银行执法检查工作。在加强新设金融机构开业服务与管理工作的基础上，中国人民银行部分分支机构逐步开展以重大事项报告为核心的营业管理工作和对银行业金融机构的综合执法、综合评价工作。

新会计准则在金融业全面实施。截至2010年底，金融业全行业采用新企业会计准则，农村金融机构也已全部按照新企业会计准则编制财务报表，提高了金融企业会计信息的可比性。反洗钱工作有效性不断提升，中国人民银行首次开展国家洗钱风险评估。

二、维护区域金融稳定需关注的方面

“十一五”期间，各地区积极应对国际金融危机的冲击，加快经济结构调整步伐，转变经济发展方式，实现地区经济又好又快发展，投资、消费、出口三大需求增长更趋均衡。2011年，国内外经济形势更加复杂，地区经济金融运行中长期矛盾和短期问题相互交织，系统性风险防范的任务较重。

（一）区域经济发展加快，但后续经济结构调整难度加大

2010年，各地区经济依然保持较快增长，地区生产总值增速较上年同期有所加快。各区域

③ 其中村镇银行349家，贷款公司9家，农村资金互助社37家。另已批准筹建114家。

依托自身优势形成的产业分工越来越明显，区域发展的协调性增强。但从整体看，全国各地区后续经济结构调整难度进一步增加：一是第三产业发展的后续动力不足。东部地区的部分优势行业受国际市场变化和国家宏观调控政策影响存在较大不确定性。中部、西部和东北地区第三产业产值占比相对较低，且出现了不同程度下降。经济运行中长期积累的结构性矛盾以及应对危机造成的投资集中等问题，增大了经济转型中结构调整的难度。二是各地区对传统优势产业的依赖性较强，“两高一资”型行业占比仍然偏高。中西部地区产业结构偏重于资源型行业，高新技术、部分轻工业以及汽车等行业比重仍然较小。三是原材料、土地、劳动力等生产要素成本上升，资源和环境的约束不断增大。

（二）各地区物价水平持续高位运行，后续上涨压力较大

从国际形势看，国际金融危机导致的急剧动荡逐渐缓解，世界经济正缓慢复苏，但复苏的动力不强，还存在很多不稳定、不确定因素。美国等主要发达国家持续实施量化宽松政策，加剧全球流动性泛滥，加大新兴市场资产泡沫和通货膨胀压力。在我国经济增长较快以及人民币升值预期较强的情况下，国际流动性持续流入国内，被动投放的基础货币较多。在此背景下，各地区物价水平上涨压力较大。2010 年以来，通货膨胀预期一直在增强。其中，非食品价格较快上涨在一定程度上表明物价上涨已经由食品价格向全面的价格上涨扩散。大宗商品价格持续大幅上升、全球自然灾害增加导致农业生产资料价格上涨等因素形成的输入型通货膨胀使得 2011 年全国各地区面临的价格上涨压力依然较大，预计今后一段时间 CPI 可能仍在高位运行。

（三）各地区银行业平稳运行，仍需关注系统性风险隐患

得益于我国经济平稳较快发展和近年来大力推进金融改革，我国金融业经受了危机的严峻考验，各地区金融体系保持平稳运行。但是，各地区银行业机构经营发展中也存在一些共性的问题：一是各地区信贷扩张动力仍然较强，金融机构贷款总量增长过快和“贷大、贷长、贷集中”等结构性问题持续存在。二是各地区银行业潜在信用风险明显上升。随着国家清理规范地方政府融资平台，加大房地产市场调控力度，以及进一步推进“转方式、调结构”，相关行业的信贷资产质量可能受到一定影响。三是在金融全球化大背景下，各国出台克服金融危机的政策措施很多都会产生溢出效应，并可能通过我国金融体系的薄弱环节对国内金融市场产生冲击。

（四）直接融资规模创历史新高，证券保险行业发展仍存在薄弱环节

2010 年，各地区上市公司数量和直接融资规模均实现了突破，融资融券和股指期货等新业务得到大力发展。随着创新业务的发展，市场的运行机制和模式可能发生新的变化，影响证券公司发展的因素更加复杂。但各地区证券机构盈利模式未有实质性突破，市场运行的规范性有待进一步提高，私募股权投资基金发展亟待规范。保险资金投资渠道进一步放开后，无担保债券、不动产、股权等都是风险相对较高的投资对象，对保险公司防范投资风险提出了更高的要求。少数保险公司偿付能力不足。

（五）区域经济总体协调发展，但地区金融发展面临不同的难点

近年来，我国优化地区产业结构、促进经济协调发展步伐进一步加快，各地区间经济发展差距逐步缩小，区域经济总体协调发展。但各地区处于经济发展的不同阶段，经济金融发展面临的困难也有所差别。东部地区外贸出口增长的不确定性增强。金融危机的后续影响、人民币升值幅度加大以及宏观经济政策调整等因素在短期内对出口产生一定的抑制作用。东部地区房地产信贷规模大、占比高，受调控力度相对较大，房地产市场运行中存在较大的不确定性，局部领域可能存在房地产风险。中部地区经济增长对资金仍有较大需求。中部地区直接融资比重相对较低，信贷政策回归常态对中部地区经济“追赶式发展”的影响已经显现。西部地区金融应急管理体制有待进一步完善。由于缺乏巨灾保险制度、灾难备份系统等，当前金融应急管理体制在应对各类突发自然灾害方面仍面临一定困难。东北地区钢铁、冶金、化工等高耗能行业生产开始回升，新开工项目存在领域集中等问题，传统行业的信贷集中风险有所上升。

第二部分 区域经济运行状况

2010年，各地区经济仍然保持较快的增长速度，经济朝着宏观调控预期的方向发展。三次产业全面协调发展，消费平稳增长，固定资产投资结构改善，对外贸易复苏较快。各地区结构调整和转型升级步伐有所加快，内生动力和活力持续增强，经济平稳较快发展势头进一步巩固。

一、区域经济运行基本情况

（一）各地区经济保持较快增长，三次产业全面协调发展

2010年，各地区经济依然保持较快增长，地区生产总值增速较上年同期有所加快，但和上半年相比，各地区下半年增幅出现回落。东部、中部、西部和东北地区生产总值分别达到22.93万亿元、8.54万亿元、8.08万亿元和3.71万亿元，分别增长12.31%、13.81%、14.16%和13.59%（见表1）。分地区来看，东部地区中天津市增长17.4%，增速居全国首位。中部地区增速较为接近，其中，山西省增长13.9%，较上年提高8.5个百分点，扭转了煤矿企业兼并重组和经济周期带来的经济增长减速局面。西部地区普遍增长较快，其中重庆市、青海省和四川省同比分别增长17.1%、15.3%和15.1%，内蒙古自治区经济增速虽然比上年同期减缓2个百分点，但14.9%的增速仍然位居全国前列。东北地区中，黑龙江增长12.6%，较上年提高1.5个百分点，呈现加快增长趋势（见图1）。

表1 全国各地区GDP及其增长情况

项目	东部地区		中部地区		西部地区		东北地区	
	2010年	2009年	2010年	2009年	2010年	2009年	2010年	2009年
地区生产总值（亿元）	229 257.82	194 670.87	85 437.40	70 137.35	80 824.63	66 866.70	37 090.36	30 556.78
占全国GDP比例(%)	52.99	53.74	19.75	19.36	18.68	18.46	8.57	8.44
增长率（%）	12.31	10.74	13.81	11.66	14.16	13.55	13.59	12.56

数据来源：全国各省、自治区、直辖市统计局。

2010年，全国各地区三次产业全面协调发展。面对较为严重的自然灾害，农业发展继续保持了良好的态势，全年粮食产量再获丰收，其他农产品生产基本保持稳定。东部、中部、西部和东北地区第一产业分别实现增加值14 623.48亿元、11 248.04亿元、10 705.67亿元和3 983.55亿元，同比分别增长4.85%、4.50%、4.91%和5.31%。东部、中部、西部和东北地区

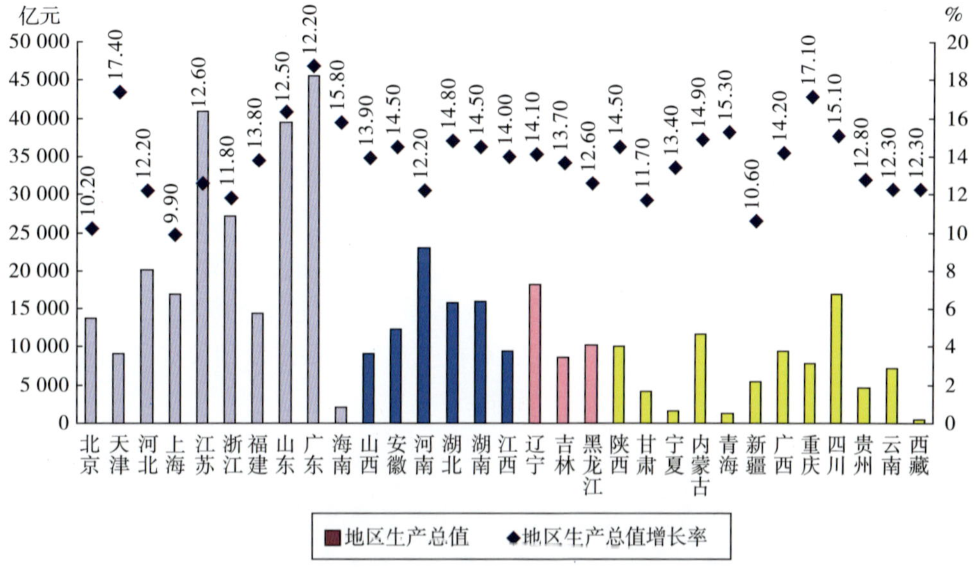

数据来源：全国各省、自治区、直辖市统计局。

图1　2010年各省（自治区、直辖市）GDP增长情况

第二产业分别实现增加值114 074.11亿元、45 052.05亿元、40 486.12亿元和19 389.79亿元，同比分别增长15.02%、18.38%、18.85%和16.57%。中部、西部和东北地区第二产业占比分别较上年提高了2.24个、2.85个和2.42个百分点，对GDP增长贡献增大。全国各地区第三产业在三次产业比重已提高到43%，其中，金融业和房地产业增加值增长显著。东部、中部、西部和东北地区第三产业分别实现增加值100 560.23亿元、29 227.32亿元、29 633.65亿元和13 717.02亿元，同比分别增长11.76%、10.43%、11.30%和11.62%（见图2）。

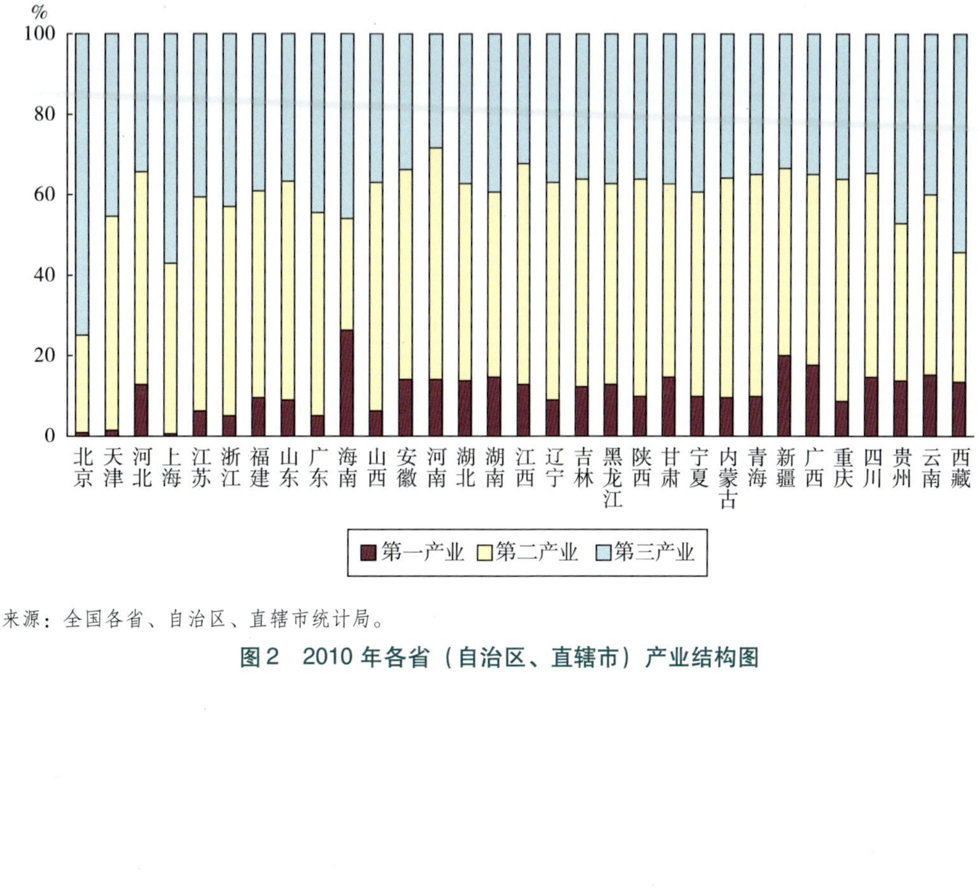

数据来源：全国各省、自治区、直辖市统计局。

图2　2010年各省（自治区、直辖市）产业结构图

（二）各地区消费平稳增长，投资结构进一步优化

2010年，全国各地区消费需求保持稳定，东部、中部、西部和东北地区社会消费品零售总额分别为8.31万亿元、3.07万亿元、2.69万亿元和1.43万亿元，同比分别增长18.23%、19.00%、18.84%和18.69%（见图3）。分城乡看，城镇消费增速快于乡村，增速差距基本保持稳定。促消费政策，特别是“家电下乡”和以旧换新政策效果明显，直接推动了相关商品销售的快速增长。上海世博会的成功举办，直接带动了长三角地区批发零售、住宿餐饮和交通运输等服务行业快速增长。世博期间，上海市社会消费品零售总额达2 548亿元，同比增长18%以上，世博会带来超过800亿元的直接旅游收入，对长三角地区旅游及相关产业的拉动作用显著。

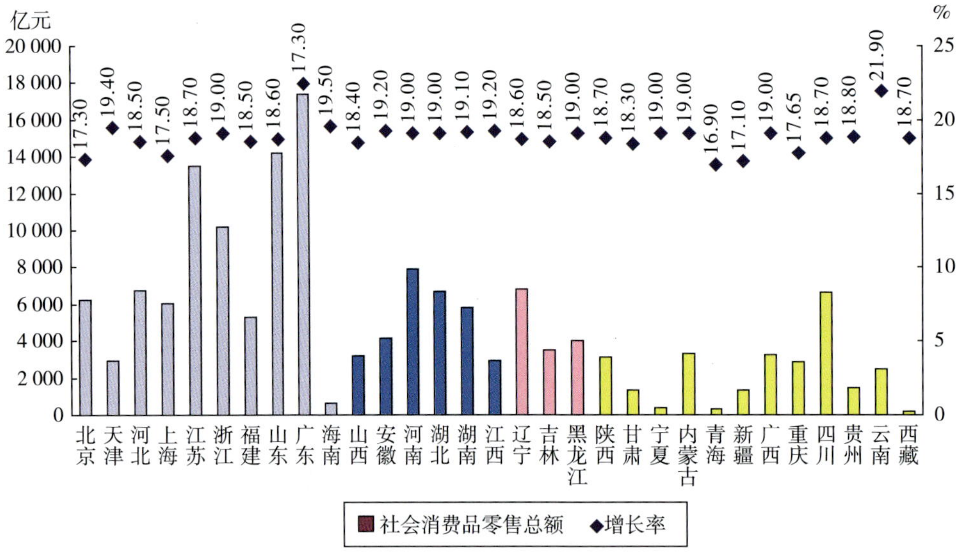

数据来源：全国各省、自治区、直辖市统计局。

图3　2010年各省（自治区、直辖市）社会消费品零售总额及增长率

专栏1　世博会对经济的拉动

2010年，世博会的成功举办成为上海市经济增长的一大亮点。世博会带动的旅游、住宿餐饮和商业销售等消费带动了消费品市场持续活跃。2010年，上海市社会消费品零售总额6 036.9亿元，名义同比增长17.5%，增速同比提高3.5个百分点，持续领先投资增速。

上海世博会于2010年10月31日圆满落幕，历经184天展示，创下规模最大、参观人次最多（7 308万人）、单日客流最大（103.28万人次）等多项历史纪录。据统计，世博会期间，园区累计实现零售额45.07亿元，其中，公共区域商业实现零售额32.56亿元，展馆区实现零售额12.51亿元。其中5~10月，园区餐饮累计实现零售额24.92亿元，园区内商品零售额20.15亿元。

世博会的举办直接带动了批发零售、住宿餐饮和交通运输等服务行业快速增长。全年批发和零售业实现增加值 2 512.89 亿元，同比增长 13.1%。商品销售总额 37 383.25 亿元，增长 24.2%，增幅同比提高 4.9 个百分点。全年住宿和餐饮业实现增加值 266.45 亿元，同比增长 6.8%。限额以上住宿和餐饮业实现营业额 599.52 亿元，增长 31.1%；星级饭店客房平均出租率为 66%，同比提高 15.8 个百分点；国际旅游入境人数达到 851.12 万人次，增长 35.3%。全年交通运输、仓储和邮政业实现增加值 746.41 亿元，同比增长 11.1%。货物运输总量 8.1 亿吨，增长 5.3%；旅客发送量 1.34 亿人次，增长 20.6%；港口货物吞吐量 6.53 亿吨，增长 10.4%；国际标准集装箱吞吐量 2 907 万标准箱，增长 16.3%；机场旅客吞吐量 7 170.09 万人次，增长 25.8%。

资料来源：《上海市金融稳定报告（2011）》。

2010 年，在宏观调控政策的作用下，全国各地区固定资产投资增速逐月放缓，投资结构有所改善。东部、中部、西部和东北地区全社会固定资产投资总额分别为 11.71 万亿元、6.42 万亿元、6.45 万亿元和 3.25 万亿元，同比分别增长 20.89%、27.97%、24.80% 和 32.11%。除东北地区增速基本与上年持平以外，东部、中部和西部地区增速分别较上年降低 3.11 个、8.21 个和 15.27 个百分点（见图 4、表 2）。东部、中部和西部地区城镇固定资产投资分别增长 22.8%、26.9% 和 26.2%，中部和西部增速明显快于东部。分产业看，三次产业投资全年分别增长 18.2%、23.2% 和 25.6%，第三产业投资增速明显高于第一、第二产业。2010 年国务院出台了《关于鼓励和引导民间投资健康发展的若干意见》，提升了民间投资的信心。各地区民间投资④保持高速增长，年内各月增速均在 30% 以上。

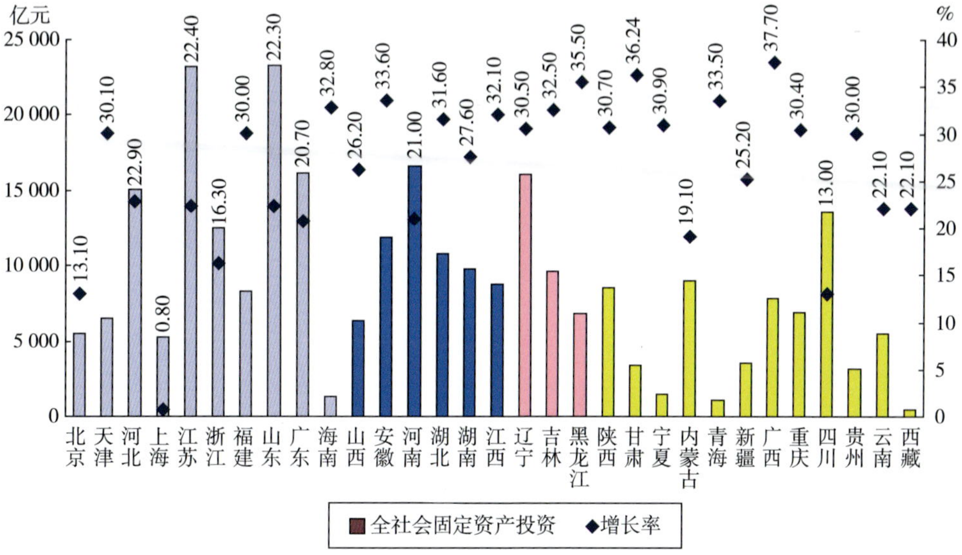

数据来源：全国各省、自治区、直辖市统计局。

图 4　2010 年各省（自治区、直辖市）全社会固定资产投资及增长率

④　指城镇投资中扣除国有及国有控股、港澳台商投资和外商投资。

表 2　全国各地区全社会固定资产投资情况

项目	东部地区		中部地区		西部地区		东北地区	
	2010 年	2009 年	2010 年	2009 年	2010 年	2009 年	2010 年	2009 年
全社会固定资产投资（亿元）	117 077. 01	96 704. 08	64 183. 85	50 550. 96	64 538. 73	51 257. 96	32 477. 40	25 363. 50
占全国比例（%）	42. 07	43. 20	23. 06	22. 58	23. 19	22. 90	11. 67	11. 33
占 GDP 比重（%）	51. 07	49. 68	75. 12	72. 07	79. 85	76. 66	87. 56	83. 00
固定资产投资增长速度（%）	20. 89	24. 01	27. 97	36. 18	24. 80	40. 07	32. 11	31. 56

数据来源：全国各省、自治区、直辖市统计局。

（三）各地区对外贸易快速恢复，利用外资规模进一步扩大

2010 年，全国各地区外贸进出口总值 29 728 亿美元，同比增长 34. 7%，比上年高 48. 6 个百分点，对外贸易已恢复到危机以前水平。贸易顺差 1 831 亿美元，比上年下降 6. 4%。对外贸易总体向基本平衡方向发展。2010 年，东部地区，广东进出口总值 7 846. 6 亿美元，同比增长 28. 4%；江苏、上海和北京进出口总值分别为 4 657. 9 亿美元、3 688. 9 亿美元和 3 014. 1 亿美元，分别增长 37. 5%、32. 8% 和 40. 3%；浙江、山东和福建进出口总值分别为 2 534. 7 亿美元、1 889. 5 亿美元和 1 087. 8 亿美元，分别增长 35%、35. 9% 和 36. 6%。中西部地区外贸增长显著。其中甘肃进出口总值 73. 3 亿美元，增长 89. 7%；西藏、云南和江西进出口总值分别为 8. 4 亿美元、133. 7 亿美元和 214. 7 亿美元，分别增长 110%、66. 1% 和 68%（见图 5）。

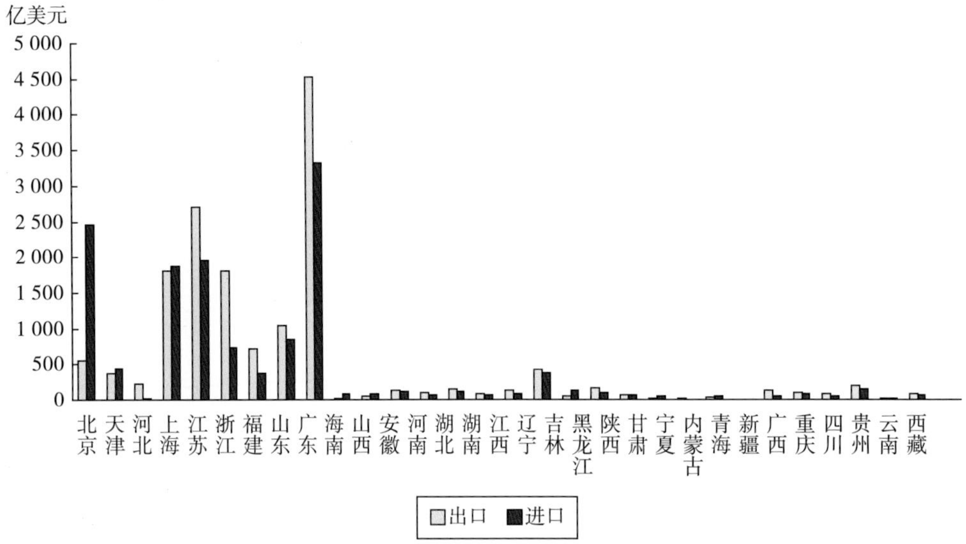

数据来源：全国各省、自治区、直辖市统计局。

图 5　2010 年各省（自治区、直辖市）进出口情况

专栏2 企业出口换汇成本稳中有降 汇率承受能力有所提高

——基于天津市出口企业的换汇成本调查

2010 年，天津市企业出口恢复性增长，企业出口换汇成本稳中有降，出口盈利情况好转，汇率承受力有所提高。出口换汇成本监测系统数据显示，2010 年天津市样本企业出口销售收入同比增长 16.1%；平均出口换汇成本 6.4904 元人民币/美元（以下简称元），同比下降 2.2%；平均出口产品销售利润率 4.2%，同比提高 1.34 个百分点。年内各季度天津市企业出口换汇成本稳中有降，第四季度下降明显，低位偏离于当期人民币汇率 5.8%，出口利润空间增大，而出口产品销售利润率在第三、第四季度明显上升，高于上年同期水平。

在出口企业中，国有企业与外资企业换汇成本差距扩大，盈利能力不及外资企业。2010 年，样本国有企业和外资企业的出口产品销售收入同比分别增长 16.5%、17.2%；换汇成本分别为 6.7617 元、6.4415 元。外贸型企业出口换汇成本提高，盈利水平下降，生产型企业出口情况好转。外贸型企业与生产型企业出口换汇成本分别为 6.7689 元和 6.4477 元，出口利润率分别为 1.0% 和 4.7%，外贸型企业比上年同期下降 1.4 个百分点，而生产型企业同比提高 1.8 个百分点。一般贸易企业换汇成本同比增长 1.4%，但出口利润率达 6.8%，盈利能力仍强于加工贸易企业。此外，劳动密集型行业出口换汇成本较高，高技术含量行业盈利能力较强。

在调查中，我们发现，影响企业汇率承受能力的因素主要包括以下几点：

一是国际市场需求和价格。调查显示，有 75% 的企业认为国际市场需求变化是影响企业出口销售的主要因素。随着国际市场形势趋暖及节假日对消费需求的拉动，2010 年第四季度，72% 的样本企业在手订单量较上季度基本不变或有不同程度的增长，89% 的企业主要出口产品单价基本不变或有不同程度的上涨，数量和价格的变动带动换汇成本降低，企业盈利水平提高。

二是产品成本。第一，销售成本是产品总成本的主要组成部分，各样本企业通过改变原材料采购渠道等方法有效控制成本。第二，分摊的销售费用和管理费用，2010 年两指标均同比下降 15.1%，尤其是第四季度降幅明显。第三，汇兑损益。受 6 月 19 日人民币汇率形成机制改革的影响，多数企业未能及时采取措施，造成大量汇兑损失，由第一、第二季度的汇兑收益转为第三、第四季度的汇兑损失，但随着企业对汇率变动的适应性调整，第四季度损失有所减少。

三是企业内部管理方式。不同的管理机制和管理方式对产品成本有较大影响。如某企业通过对采购、生产、销售等环节的成本约束，有效地降低了成本，企业取得了良好的效益。在汇率风险的管理方面，有 30% 的企业未采取任何经济手段，比第三季度降低 4 个百分点。通过改变贸易结算方式、贸易融资、改变出口货款回笼速度规避汇兑风险的企业占比达 70%。从改变经营策略方面，62% 的企业提高生产效率以降低生产成本，47% 的企业提高产品档次技术含量和附加值、28% 的企业提高品牌影响力或自主创新能力。

四是贸易方式特点。由于样本中一般贸易企业中海石油（中国）有限公司出口产品的特殊性，该企业换汇成本长期处于较低水平，且直接拉低了样本中一般贸易企业整体换汇成本值。而作为“两头在外”的贸易方式，加工贸易企业在应对市场变化时具有更强的灵活性。随着经济平稳回升，该贸易方式企业亦快速出现好转，2011 年以来，加工贸易企业经营情况持续向好。

五是市场竞争力和经营灵活性。由于样本中石油和天然气开采、电子通信等制造业企业多为大型跨国企业，市场份额及定价话语权较大、竞争力强，其全球布局的经济战略亦可以使集团灵活安排生产、销售及利润分配，随着经济逐渐回温，加之企业自身不断加大新产品研发力度以及加强内部管理，该类企业出口恢复速度较快。而样本中食品和家具制造企业分别为国有控股及民营企业，在我国产品的国际市场竞争力尚待提高的情况下，原材料价格上升、境外消费市场变化及人民币汇率波动等因素均会对企业出口造成较大影响。

资料来源：《天津市金融稳定报告（2011）》。

利用外资规模进一步扩大。2010 年，东部、中部、西部和东北地区全年外商实际直接投资分别达 1 129.12 亿美元、271.02 亿美元、207.24 亿美元和 246.90 亿美元，同比分别增长 9.54%、21.48%、40.77%和30.35%。全国各地区累计实现非金融类对外直接投资590 亿美元，同比增长 36.3%。其中，以海外收购方式实现的对外投资比例逐年提高，2010 年达 238 亿美元，占总投资额的 40.3%。

（四）各地区企业盈利能力提升，城乡居民收入继续增长

全国各地区规模以上工业生产增长明显加快，利润增速大幅回升。2010 年，各地区规模以上工业增加值同比增长 15.7%，比上年提高 4.7 个百分点。39 个工业大类行业中，生产增速较上年加快的行业有 32 个，占 82.1%。东部、中部、西部和东北地区规模以上工业企业全年分别实现利润 26 470.92 亿元、7 776.56 亿元、7 315.82 亿元和 3 372.64 亿元，同比分别增长 43.38%、54.11%、54.26%和48.21%。

城乡居民收入保持平稳较快增长。2010 年，全国各地区城镇居民人均可支配收入 19 109 元，扣除价格因素，实际增长 7.8%。分地区来看，东部、中部、西部和东北地区城镇居民人均可支配收入分别为 23 273 元、15 962 元、15 806 元和 15 941 元，同比分别增长 11.1%、11.1%、11.2%和 11.3%。东部、中部、西部和东北地区人均可支配收入比值为 147.2∶101.0∶100∶100.9⑤。

2010 年，全国各地区农村居民人均纯收入 5 919 元，剔除价格因素影响，实际增长 10.9%，较上年提高 2.4 个百分点。农村居民工资性收入增长较快，人均工资性收入 2 431 元，同比增长 17.9%。受粮食、蔬菜、棉花等主要农产品价格大幅上涨的影响，农村居民农业纯收入大幅增长。人均农业纯收入 1 723 元，同比增长 15.1%，较上年提高 10.1 个百分点。

---

⑤ 本段及下段数据均来自国家统计局抽样调查资料。

（五）各地区地方财政收入增长较快，地方财政支出增幅回落

2010 年，各地经济较快增长为地方财政收入增长奠定税源基础，价格水平上涨、汽车旺销等因素也带动相关税收增长。东部、中部、西部和东北地区全年实现地方财政收入 23 003. 03 亿元、6 354. 57 亿元、7 939. 21 亿元和 3 680. 51 亿元，同比分别增长 22. 46%、26. 14%、30. 54% 和 24. 19%，增速提高 10. 18 个、11. 76 个、10. 53 个和 7. 78 个百分点（见图 6）。

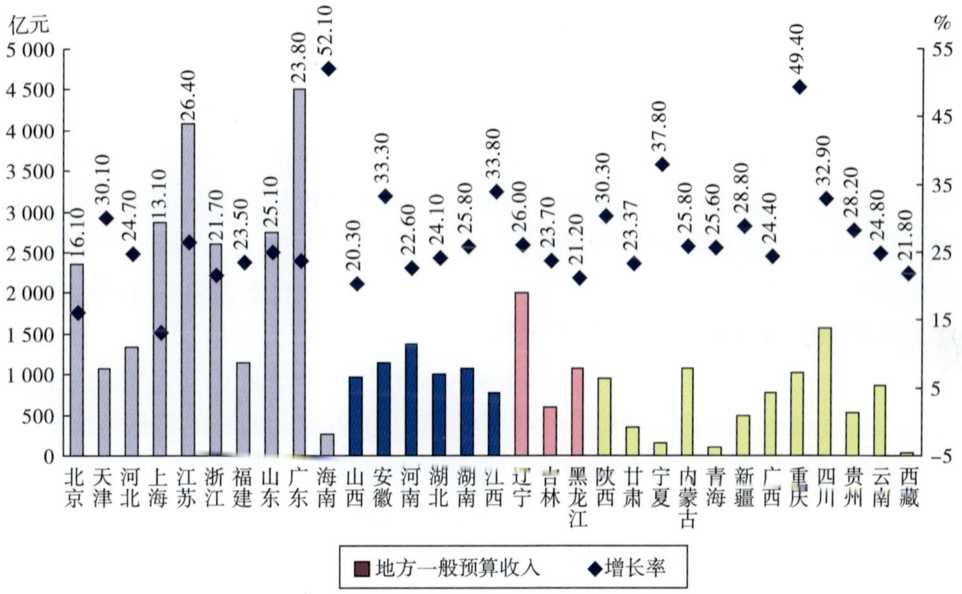

数据来源：全国各省、自治区、直辖市统计局。

图 6 2010 年各省（自治区、直辖市）地方财政收入情况

各地区地方财政支出结构进一步优化，重点支持教育、医疗卫生、社会保障和就业、住房保障、文化等民生方面的支出，加大了对“三农”的投入力度。东部、中部、西部和东北地区全年地方财政支出分别为 29 981. 75 亿元、14 590. 47 亿元、21 393. 73 亿元和 7 235. 15 亿元，同比分别增长 20. 25%、20. 47%、22. 21% 和 19. 8%。东部地区财政支出增幅上升 1. 24 个百分点，中部、西部和东北地区财政支出增幅分别回落了 5. 33 个、5. 09 个和 4. 01 个百分点。

二、区域经济运行中值得关注的方面

（一）各地区经济结构调整难度加大

“十一五”时期，全国各地区大力推进经济结构调整，加快产业结构调整和自主创新，工业特别是装备制造业总体水平和竞争力明显提高，战略性新兴产业迅速成长。但从整体看，全国各地区后续经济结构调整难度进一步增加。一是第三产业发展的后续动力不足。2010 年，全国地区三次产业结构总体格局仍呈“二三一”模式。除东部地区第三产业比重维持在 43. 86% 外，

中部、西部和东北地区第三产业比重分别为34.17%、36.66%和36.98%，分别下降了1.52个、2.23个和1.55个百分点。二是各地区对传统优势产业的依赖性较强。东部地区较有优势的电子设备行业受国际市场影响明显，而汽车、金融和房地产行业在国家宏观调控背景下，均存在较大的不确定性。中西部地区的大部分省份仍处于工业化发展的中期阶段，地区经济增长受传统行业特别是部分高耗能行业影响较大，而高新技术、轻工业等虽然发展较快，但比重仍然较小。三是原材料、土地、劳动力等生产要素成本上升，资源和环境的约束不断增大。预计“十二五”期间，国家将实行更加严格的土地使用政策和节能降耗标准，将对部分地区的结构调整和产业升级提出更高的要求。

（二）各地区整体价格上涨压力显现

2010年，受国内外多种因素影响，工业品出厂价格和居民消费价格均出现了不同程度的上涨，下半年尤其是第四季度以来价格上涨压力明显增大。从价格指标走势看，在食品和居住价格[⑥]不断上涨的推动下，居民消费价格涨幅逐季扩大。第四季度以来，非食品价格涨幅也有所上升，在一定程度上表明物价上涨已由食品价格向全面的价格上涨扩散。工业品出厂价格同比涨幅在5月达到7.1%的最高值，第三季度明显回落后，第四季度又有所反弹。世界主要经济体继续实行量化宽松货币政策导致大宗商品价格持续大幅上升，全球自然灾害增加导致农业生产资料价格上涨等因素形成输入型通货膨胀，使得2011年全国各地区面临的价格上涨压力依然较大。

在CPI持续走高的态势下，社会通货膨胀预期较强，各地区经济金融平稳运行的不确定因素增加。一是影响企业正常的生产经营。原材料、劳动力价格上涨，推动相关行业生产成本增加，将压缩企业利润空间，降低企业还款能力。二是影响居民消费能力。CPI的升高使得实际利率水平不断降低，居民实际购买力水平下降，食品支出的大幅增加制约了其他支出增长。三是影响银行业金融机构负债业务的稳定性。物价上涨降低了居民储蓄倾向，部分居民将存款转向其他投资渠道，直接影响到银行业金融机构负债业务的稳定性。

（三）外贸形势受国际环境变化影响较大

2010年，我国对外贸易快速恢复，各地区出口实现较快增长。东部、中部、西部和东北地区全年出口额分别为13 787.08亿美元、634.76亿美元、720.28亿美元和638.76亿美元，同比分别增长29.87%、51.44%、38.41%和36.90%，较上年同期分别上升44.44个、80.66个、61.35个和63.54个百分点。但2011年外部环境复杂，不确定因素较多，外需持续增长受制于多种因素的综合影响。一是全球扩张性政策的刺激效果逐步减弱，补库存力度逐渐降低。二是发达经济体经济回升基础尚不稳固，许多国家提出通过扩大出口促进经济复苏。在此背景下，国际贸易市场竞争加剧，保护主义有所抬头，贸易壁垒和贸易摩擦显著增加。从长期看，虽然美、日、欧仍是我国的主要出口目的地，但份额呈下降趋势。三是2010年人民币升值幅度加大，年末比年初升值3%。人民币升值预期增强，汇率波动幅度增大，给外贸出口企业带来直接的负面影响，国外企业利用订单短期化规避人民币升值风险，而部分劳动密集型出口企业所能承受

---

⑥ 食品类价格同比上涨7.2%，影响价格总水平上涨2.3个百分点，占居民消费价格总涨幅的69.7%。居住价格继续上涨。全年居住价格同比上涨4.5%，对CPI总涨幅的影响为21.2%。食品和居住价格上涨对CPI总涨幅的影响为90.9%。

的人民币升值幅度有限。

专栏3　慎防热钱炒作原材料和外债资金大规模流入存在的风险

当前我国CPI涨势明显、人民币升值预期日益强烈，应慎防热钱炒作原材料和外债资金大规模流入存在的风险。一是关注热钱炒作原材料推高企业生产成本。人民银行南宁中心支行对全区30家重点联系外商投资企业2010年第四季度生产经营情况的调查结果显示：受原材料涨价影响，涉农外资企业利润空间大幅缩水。热钱的涌入，目前已经让一些原材料价格出现了上涨。原材料价格上涨幅度过快，但国际市场价格没有相应的提升，一些企业甚至出现有订单不敢接的情况。此外，热钱炒作原材料，即将原材料暂时囤起来，一旦炒作的泡沫破裂，被囤积的原材料重新流进市场，导致市场原材料供大于求，将会打击整个产业发展，甚至使产业出现畸形发展。二是关注人民币升值预期导致境外资金流入。一方面由于人民币升值趋势明显，债务企业预期未来偿还外债的成本将进一步降低，因此，企业借入外债和结汇意愿均较强，大量外债资金集中结汇，不利于改善国际收支平衡；另一方面由于企业借入外债后往往进行大规模集中结汇，导致国内货币供应量被迫大量增加，对国内信贷产生替代效应，影响和削弱国家抑制通货膨胀调控政策效力的发挥。

资料来源：《广西壮族自治区金融稳定报告（2011）》。

（四）宏观调控措施的叠加效应逐渐显现

2010年，我国出台了一系列宏观调控措施，包括抑制部分城市房价过快上涨，完善差别化住房信贷政策，清理地方政府融资平台，治理产能过剩等。这一系列政策逐步落实后，在促进经济结构调整的同时，对地区经济发展也存在一定的影响。一是房地产市场呈现回稳态势。全国商品房销售面积增幅较上年回落32个百分点，商品房销售额增幅较上年回落57.2个百分点。房价涨幅逐步放缓。12月，全国70个大中城市房屋销售价格同比上涨6.4个百分点，涨幅比年内最高的4月份缩小6.4个百分点。房地产市场降温对建材、钢铁等上游行业影响也逐渐显现。二是融资平台规范清理政策增强了地方政府的财政稳健性，商业银行融资平台类贷款投放的条件更趋严格，地方政府运用于基础设施建设的资金来源渠道受限。三是部分鼓励消费政策变化或效应递减。“小排量汽车购置税优惠”政策取消，“汽车下乡”、“家电下乡”等鼓励消费政策效应逐渐递减，后续消费空间拓宽可能受限。各地区进一步扩大内需的形势不容乐观，消费增速的持续提高存在困难，可能使得地区经济增长对投资的依赖进一步加大。

第三部分　分行业的区域金融稳定状况

2010年，各地区金融体系总体保持安全稳健运行。银行业金融机构业务规模稳步扩张，资产质量继续提高，盈利水平大幅提升，风险抵补能力增强。证券机构实力增强，基础制度建设有序推进，行业规范进一步完善，证券市场融资功能得到充分发挥。保险机构总资产规模继续增长，盈利情况良好，保险资金投资收益率略有下降。

一、各地区银行业

各地区银行业整体呈稳健发展态势，资产规模、资产质量、盈利能力和风险抵御能力等多项主要核心指标继续稳步向好，信贷投放回归常态，有力维护了各地区的金融稳定。

（一）区域银行业发展概况

1. 各地区银行业资产规模稳步扩大

2010年，各地区银行业经营规模继续扩大。东部、中部、西部和东北地区银行业总资产分别为50.53万亿元、13.28万亿元、15.58万亿元和6.45万亿元；同比分别增长18.53%、22.09%、24.76%和15.7%；在全国的占比分别为58.86%、15.48%、18.15%和7.52%。东部、中部、西部和东北地区银行业总负债分别为49.02万亿元、12.99万亿元、15.17万亿元和6.28万亿元；同比分别增长18.16%、22.22%、24.41%和15.49%；在全国的占比分别为58.74%、15.56%、18.18%和7.53%（见图7）。

分地区看，东部地区银行业资产占全国比重逐年下降，但仍集中了全国50%以上的银行业资产。2010年，西部地区是银行业资产增速最高的地区，其资产总额占全国的比重比上年上升了0.70个百分点。大部分地区银行业金融机构的资产增速超过15%，其中前三位是新疆、青海和海南，资产增速分别达到34.90%、32.89%和32.82%（见图8）。

2. 各地区银行业风险抵御能力继续增强

截至2010年底，全国各地区281家商业银行的资本充足率水平全部超过8%。东部、中部、西部和东北地区银行业不良贷款余额分别为4 236.19亿元、3 170.22亿元、2 354.87亿元和2 099.88亿元，不良贷款率分别为1.53%、4.44%、2.66%和6.12%，比上年均有不同程度的下降。其中，中部地区不良贷款率下降幅度最大，达到1.65个百分点（见表3）。各地区商业银行拨备覆盖率达到218.3%，比年初上升63.28个百分点。

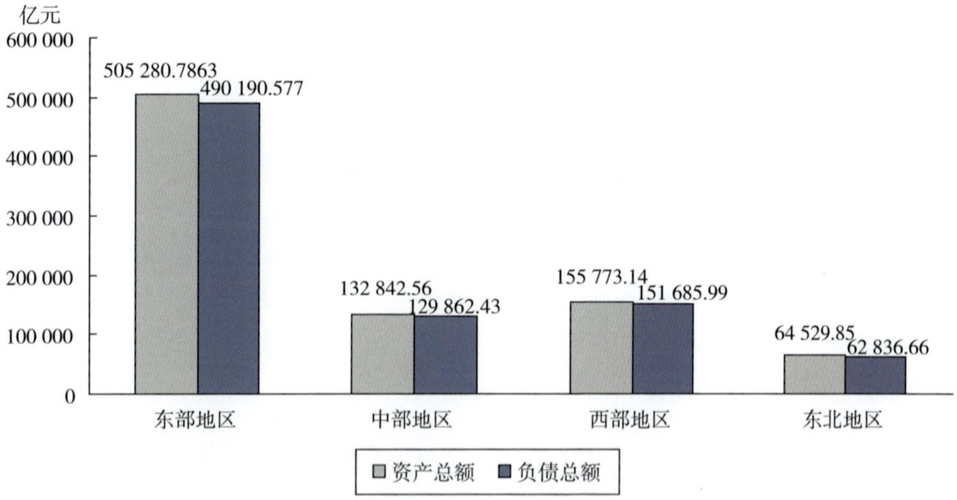

数据来源：中国人民银行各地分支机构。

图7　2010年四大区域银行业金融机构资产负债情况

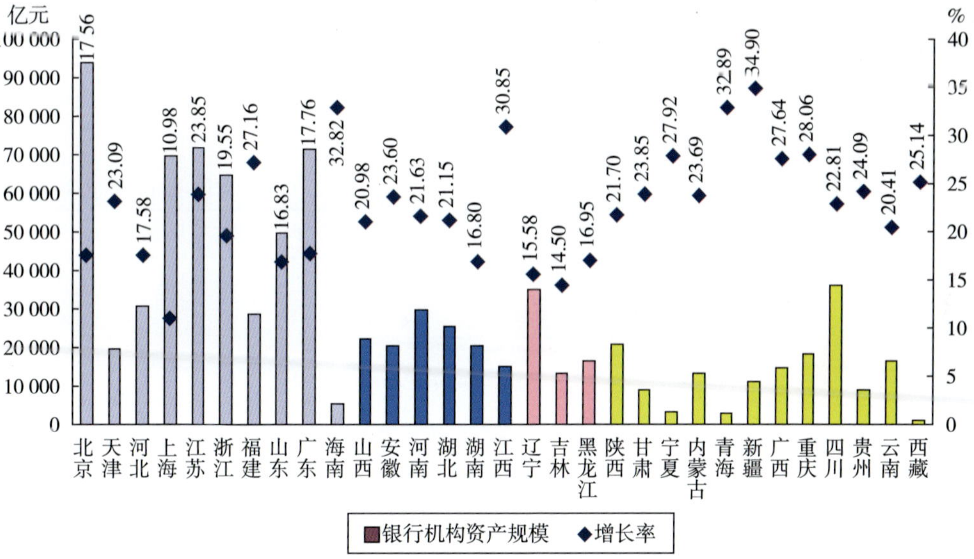

数据来源：中国人民银行各地分支机构。

图8　2010年各省（自治区、直辖市）银行业金融机构资产规模及其增长率

表3　　全国各地区银行业金融机构不良贷款情况

项目	东部地区		中部地区		西部地区		东北地区	
	2010年	2009年	2010年	2009年	2010年	2009年	2010年	2009年
不良贷款余额（亿元）	4 236.19	5 094.24	3 170.22	3 588.46	2 354.87	2 714.31	2 099.88	2 143.62
不良贷款率（%）	1.53	2.19	4.44	6.09	2.66	3.78	6.12	7.48

数据来源：中国人民银行各地分支机构。

各地区银行体系整体流动性水平有所下降。截至2010年底，我国银行业金融机构流动性比例为43.7%，同比下降2.10个百分点。存贷款比例为69.4%，比年初下降0.10个百分点。商业银行超额备付金率为3.2%，比年初下降0.60个百分点。

3. 各地区银行业经营效益不断提高

2010年，各地区银行业金融机构利润大幅增长，盈利能力持续提升。东部、中部、西部和东北地区银行业金融机构全年分别实现账面利润6 931.97亿元、1 477.20亿元、2 049.29亿元和520.76亿元，同比分别增长64.70%、39.73%、48.16%和13.90%（见图9）。各地区银行业金融机构盈利能力显著提高，其中东部地区银行业扭亏为盈，盈利增速比上年上升74.67个百分点。银行业金融机构平均资本利润率和资产利润率分别为17.50%和1.03%。但中间业务收入占比依然偏低，利润持续快速增长和盈利结构改善面临较大压力。

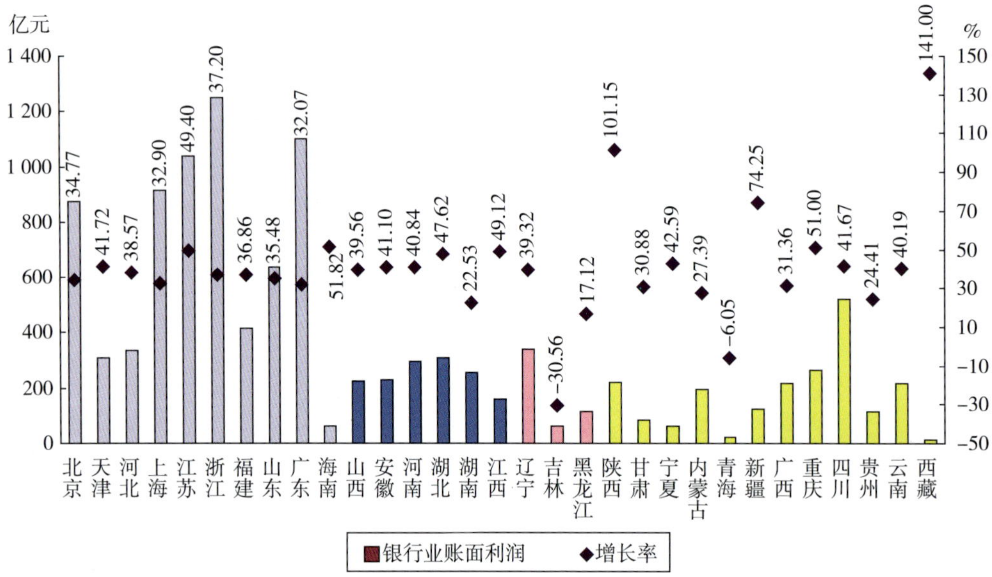

数据来源：中国人民银行各地分支机构。

图9 2010年各省（自治区、直辖市）银行账面利润总额及其增长率

4. 各地区银行业中长期贷款增加较多

截至2010年底，东部、中部、西部和东北地区金融机构本外币各项存款余额分别为39.94万亿元、10.80万亿元、12.54万亿元和5.07万亿元，同比分别增长18.80%、22.41%、23.04%和18.22%。从人民币存款的部门分布看，非金融性公司存款增长略快于居民户存款。存款活期化趋势依然明显，其中，全年新增居民户存款中活期存款占56%，全年新增非金融性公司存款中活期存款占55%。

银行业认真贯彻国家宏观调控政策，合理把握信贷投放节奏。截至2010年底，东部、中部、西部和东北地区金融机构本外币各项贷款余额分别为27.74万亿元、7.14万亿元、8.85万亿元和3.43万亿元，同比分别增长18.98%、21.23%、23.24%和19.62%（见图10）。东部、中部、西部和东北地区中长期贷款余额分别为15.93万亿元、4.20万亿元、5.84万亿元和2.03万亿元，同比分别增长26.50%、32.99%、26.37%和34.38%（见表4），新增中长期贷款占全年新增本外币贷款的比例分别为72.39%、79.05%、92.00%和88.43%。

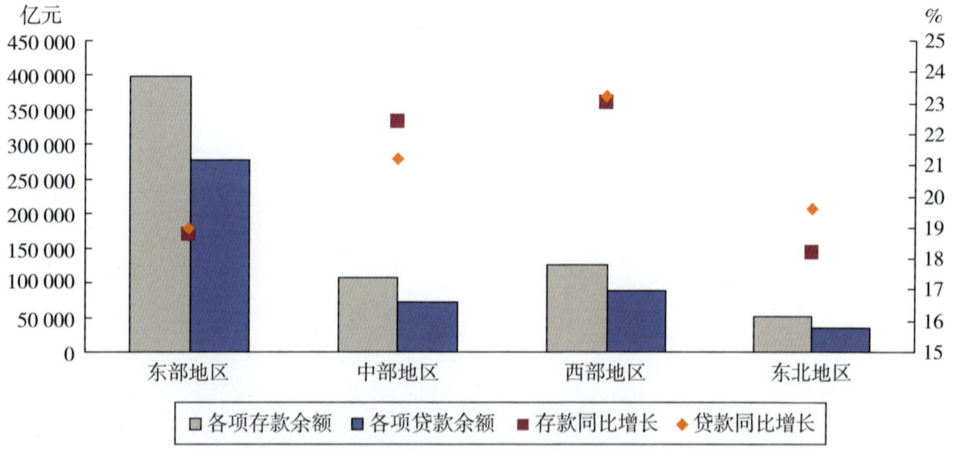

数据来源：中国人民银行各地分支机构。

图10　2010年四大区域存贷款水平及增长情况

表4　全国各地区银行业金融机构中长期贷款情况

项目	东部地区		中部地区		西部地区		东北地区	
	2010年	2009年	2010年	2009年	2010年	2009年	2010年	2009年
中长期贷款余额（亿元）	159 268.35	125 905.94	41 953.43	31 546.27	58 412.38	46 224.15	20 310.24	15 113.93
增长率（%）	26.50	43.90	32.99	44.22	26.37	48.59	34.38	43.84
中长期贷款比率（%）	57.42	54.00	58.73	53.54	66.00	64.37	59.23	52.72

数据来源：中国人民银行各地分支机构。

5. 各地区银行业改革持续深化

2010年，中国工商银行、中国银行、中国建设银行和交通银行四家已改制上市的大型商业银行进一步巩固改革成果，各项指标持续改善，综合实力稳步增强。中国农业银行顺利完成A+H公开发行上市，持续深化“三农”金融事业部改革试点，继续推动四川、重庆、湖北、广西、甘肃、吉林、福建和山东共8个省（区、市）下辖561个县域支行开展“三农”金融事业部改革试点。国家开发银行积极探索中长期业务发展模式，稳步推动商业化转型各项工作。

地方法人银行业金融机构改革加快发展。城市商业银行跨区经营发展迅速，农信社改革取得重要的阶段性成果。城市商业银行跨省分支机构从初期集中在上海、北京、天津、深圳等大城市向中西部的一些城市延伸。据不完全统计，至2010年底，全国城市商业银行设置的异地分支机构已经将近300家。截至2010年底，全国各地区共组建以县（市）为单位的统一法人农村信用社1 976家，农村商业银行84家，农村合作银行216家。2010年12月，重庆农村商业银行在香港交易所成功上市，成为国内首家上市的农村中小商业银行。各地区大力培育新型农村金融机构，推进基础金融服务空白乡镇全覆盖，增加金融供给。

非银行金融机构继续稳步发展。2010年，首批试点4家消费金融公司顺利运营，业务拓展速度加快。信托投资公司展业能力增强，财务公司规模扩大，金融租赁公司加大产品创新力度，汽车金融公司融资问题有所缓解。金融资产管理公司商业化转型试点取得积极进展。

专栏4 湖北省农行“三农”金融事业部改革稳步推进

2010年以来，中部地区农行围绕人民银行、财政部和银监会关于“三农”金融事业部改革工作整体设计，在农总行的精心部署下，结合各地实际，全面推动“三农”金融事业部改革有序开展。湖北省农行作为全国八个改革试点行之一，改革试点工作一年来，成效比较明显。

（一）“三农”金融事业部制架构基本形成

按照人民银行、财政部和银监会关于“三农”金融事业部的改革设计，湖北省农行率先建立起了较为完善的“三农”金融事业部基本架构：一是组织机构逐步完善。湖北省农行在省级分行设立“三农”金融事业部管理委员会；省、地市级分行作为“三农”金融事业分部，由过去的“两部四中心”，增设“三农”信贷管理部而成为“三部四中心”；全系统69个县支行统一加挂“中国农业银行××县三农金融事业部”牌子，满足农总行对“三农”金融事业部“三级督导、一级经营”的组织管理架构要求。二是“六个单独”运行机制进一步做实。2010年上半年，农行湖北省分行已出台相关文件对“六个单独”管理予以进一步明确，并就如何作实相关工作作出了有益的研究与探索。该行在全省选择了12家县支行作为实施“六个单独”管理的重点行、试点行，主抓信贷管理及业绩考评创新，为全面做实“六个单独”管理奠定了良好的基础。三是金融生态图谱绘制完成。目前，农行湖北各县支行已根据总行要求，本着“因地制宜、实事求是”的原则，深入调查研究，在全面掌握当地金融需求、目标市场、潜在客户等相关情况的基础上，完成服务“三农”近期、中期、长期金融生态图谱的绘制工作。

（二）“三农”金融服务效力有所增大

作为农业信贷资金的供给方，农行湖北省分行自开展“三农”金融事业部改革以来，不断加强服务“三农”资源配置力度，并大力推进金融产品创新与服务，通过风险基金、担保公司等多种方式，建立起较好的小额农贷风险补偿和担保机制，在科学管控信贷风险的前提下，不断加大服务“三农”的力度。截至2010年12月末，农行湖北省县域支行存款余额1 355.77亿元，同比增加228.44亿元，分别占全行的45.95%和49.96%；各项贷款余额395.87亿元，同比增加264.91亿元，分别占全行的28.96%和51.58%；新增存贷比57.33%，比上年末存量存贷比高33.83个百分点。全年实现中间业务收入7.95亿元，同比增加2.83亿元；实现拨备后利润19.45亿元，同比增加13.39亿元。“三农”业务经营能力的稳步提高，有效推动服务“三农”力度的进一步加大。

虽然农行湖北省分行“三农”金融事业部改革试点工作开展一年以来，成效较为显著，但其改革过程中仍存在着各种主客观限制因素，制约着其改革的进一步深化与服务“三农”的政策初衷，如“三农”金融事业部政策性与商业性业务有效协调问题、配套基础设施不健全、“三农”服务创新空间受限以及信用环境建设亟待加强等。因此，顺利推进“三农”金融事业部改革还需做好以下几个方面：一是加强各方协调力度，完善农村信贷风险补偿机制。二是创新建立激励与约束相制衡的利益调控体系。三是积极推进农村金融产品和服务创新，不断改善支农金融服务质量。四是不断强化农村金融市场信用环境建设力度。

资料来源：中国人民银行武汉分行金融稳定处。

6. 银行业产品服务创新能力进一步提升

各地区银行业金融机构产品服务创新有序开展。仓单提单质押、应收账款质押、房产商铺抵押、知识产权质押等多种担保模式不断推出。品种多样的银行理财产品成为社会投资和银行服务的重要途径。截至2010年底，124家商业银行个人理财产品存续品种7 049款，账面余额1.7万亿元。电子银行业务交易活跃，网上银行客户数超过2.79亿户，交易金额520.77万亿元。

银行业综合经营试点工作稳步推动。商业银行设立基金管理公司，投资保险公司、信托投资公司股权，设立金融租赁公司和消费金融公司试点工作稳步推进。4家金融资产管理公司通过全资或控股形式投资证券、保险、信托、租赁等机构。截至2010年底，8家商业银行分别投资设立基金管理公司，4家商业银行成为投资入股保险公司试点机构，7家商业银行分别设立或投资入股7家金融租赁公司，2家商业银行分别投资入股2家信托投资公司，3家商业银行分别设立或投资入股3家消费金融公司。

7. 金融支持“三农”力度加大，小企业金融服务工作积极推进

新型农村金融机构加快发展。截至2010年底，各地区共组建新型农村金融机构395家，其中村镇银行349家，贷款公司9家，农村资金互助社37家。新型农村金融机构总数比上年增加223家，同比增长129.65%。其中村镇银行增加201家，同比增长135.81%；农村资金互助社增加21家，同比增长131.25%。各地区银行业金融机构“因地制宜，一乡一策，多策并举”，通过设立标准化营业网点和简易营业网点、布设POS机和ATM、实施邻近机构信贷员包村包片等服务方式，并于2010年底提前实现乡镇基础金融服务全覆盖。

农村金融服务持续改善。截至2010年底，银行业金融机构涉农贷款余额11.80万亿元，比上年增加2.63万亿元，同比增长28.80%，高于各项贷款增速5.80个百分点，涉农贷款余额占各项贷款余额比重比上年提高1.60个百分点，为“三农”提供强有力的金融支持。

小企业金融服务工作积极推进。截至2010年底，各地区共有109家商业银行成立了小企业金融服务专营机构。小企业金融服务专营机构全面落实“利率风险定价独立核算、高效贷款审批、激励约束、专业人员培训、违约信息通报等六项机制”和“单列信贷计划、单独配置人力资源与财务资源、单独客户认定与信贷评审、单独会计核算等四单原则”，取得阶段性成果，银行新增小企业贷款的60%由小企业金融服务专营机构提供。截至2010年底，银行业金融机构小企业贷款余额7.5万亿元，比上年增加1.72万亿元，同比多增3 081亿元，增长29.3%。中西部地区的小企业贷款实现较快增长，小企业贷款资源地域分布不均衡的状况得到改善。

（二）区域银行业发展中需关注的方面

1. 银行业金融机构流动性管理难度加大

2010年，受多方面因素影响，部分银行业金融机构流动性有所收紧。2010年底，东部、中部、西部和东北地区银行机构的存贷比分别为69.45%、66.14%、70.58%和67.66%，除中部地区较上年下降0.65个百分点外，东部、西部和东北地区分别较上年提高了0.10个、0.11个和0.79个百分点。外资银行主要依赖同业拆借调配头寸来缓解流动性压力的情况仍未改变，如果其资金来源单一问题得不到改善，流动性将进一步面临考验。目前，政策调整对地方法人金

融机构的约束作用已经逐步显现，连续上调存款准备金率对银行放贷能力造成较大影响，一些存贷比较高的地方法人金融机构资金管理面临较大压力，对其流动性管理提出了挑战。

2. 部分地区银行业潜在信贷风险上升

近两年，银行机构信贷投放力度较大，2009 年和 2010 年分别新增人民币贷款 9.59 万亿元和 7.95 万亿元。在信贷高投放的状况下，部分银行业机构重业务拓展、轻风险管理的经营取向有所抬头，潜藏的信贷风险逐渐显现。一是地方政府代偿性风险仍较突出。根据各地区银行业 2010 年 6 月末自查的初步数据显示，地方政府融资平台公司贷款余额约为 7 万亿元。尽管清理规范工作使地方政府融资平台公司贷款风险有所缓释，但由于平台贷款总量大、情况复杂，清理和化解的任务依然艰巨，平台清理操作及后续规范发展管理难度较大。部分融资平台贷款因项目进度推迟、贷款期限不匹配、现金流不足等问题被迫展期，贷款质量下滑。二是受国家房地产宏观调控政策影响，房地产企业主要资金来源渠道收紧，部分中小房地产开发企业面临资金链断裂风险。房地产行业及上下游相关行业贷款质量可能下滑，个人按揭贷款违约风险加大。三是近年来国务院连续出台了多项产业结构调整政策，严控“两高一资”产业发展，产业结构调整的风险将直接反映在商业银行的资产负债表上。

专栏 5　中部地区节能减排与“两高一资”行业信贷资金问题

在中部地区崛起规划及其实施意见等一系列措施的推动下，中部地区作为粮食基地、能源中心和交通枢纽，在结构调整、经济发展方式转变等方面取得了明显成效，节能减排目标如期完成，但与此相伴的“两高一资”行业信贷资金问题需引起关注。

一、“两高一资”行业增速减缓，节能减排取得成效

一是“十一五”期间国家严控“两高一资”行业过快增长，其在国民经济中的比重有所下降。中部地区“两高一资”行业增加值在工业增加值中占比相对较高，但有所下降。如 2010 年，山西省炼焦、化工、建材、电力、钢铁、有色等六大高耗能行业增加值占工业增加值的比重为 29.3%，同比下降 0.4 个百分点。

二是“两高一资”行业能源消费量较高，其占工业能源消费量的比重大多维持在 70% 以上，但其能源消费增速和单位增加值能耗下降。2010 年，河南省占工业能源消费量 77.6% 的六大高耗能行业能源消费量同比增长 5.8%，能耗季度增幅持续缩小；单位工业增加值能耗均有不同程度的下降，最大降幅为 18.2%。

三是按照工信部公布的《2010 年工业行业落后产能企业名单》，中部六省共有 652 家在名单之列，占全国落后产能企业总数的 31.49%，其中河南、山西分别有 230 家和 226 家，占中部落后产能企业数的 35.27% 和 34.66%。淘汰落后产能的按期完成和大力推进，为污染的减少作出了突出贡献。

二、“两高一资”行业运行及信贷资金问题

一是贷款高度集中，落后产能企业涉及信用风险较高。“两高一资”行业在中部地区工业增加值中占有绝对比重，落后产能企业规模大，相应的贷款占比和信用风险较大。截至 2010 年底，山西省“两高一资”行业贷款占全省总贷款的比重达 40.9%，工信部公布的落

后产能企业不良贷款率达 33.3%；湖南省落后产能企业贷款余额 21.4 亿元，其中 10 家企业已形成不良贷款 9 692 万元。

二是信息不对称，政策性风险较大。银行在获取节能环保、结构调整等政策信息方面存在局限性、滞后性，风险防范相对被动。而且，随着落后产能标准的不断提高，银行对落后产能贷款极易出现前清后增的滚动式增加现象。2010 年山西省银行机构近 200 亿元限制淘汰类贷款面临较大的政策性风险。

三是贷款审核更趋严格，企业资金链面临断裂风险。随着节能减排工作进一步深入开展，银行对“两高一资”行业贷款审批更加严格，相关企业经营会更加困难。如湖南省造纸行业，绝大多数造纸企业被工行调整到“退出类”客户，不仅不再增加贷款，而且已发放的贷款必须在三年内逐步退出，企业资金链面临断裂风险，有的企业生产经营已难以为继。

四是行业经营风险与政策性风险相互交织，容易转化为信贷风险。在原材料价格上涨、产品出厂价格回落、企业盈利下滑，以及政策限制的情况下，行业风险可能进一步转化为信贷风险。2010 年是“十一五”收官之年，节能降耗出台新政严把电耗关，拉闸限电普遍存在，加之煤电价格倒挂，火电企业经营困难，信贷风险增加。2010 年底，山西省电力行业不良贷款比年初增长 265.58%，不良贷款率上升 1.77 个百分点。

五是地方中小银行机构管控能力有限，风险相对突出。农村信用社等地方中小银行由于管理水平低、竞争实力差、政策传导慢，在同业竞争中处于相对劣势，贷款集中投向大银行逐步退出的限制类企业或项目。山西省农村信用社集中了“两高一资”行业近四成的限制淘汰类贷款和 55% 的不良贷款。

资料来源：中国人民银行太原中心支行和长沙中心支行。

3. 贷款结构仍有待优化

在我国以银行间接融资为主的融资结构下，各地区银行业与地方经济运行的关联度很高，宏观经济中的很多问题会在银行机构的资产负债表中有所体现，主要表现为贷款行业结构、客户结构以及期限结构的不尽合理。当前贷款在行业结构上向基础设施建设等领域集中，在客户结构上向大企业集团和政府融资平台集中，在期限结构上向中长期贷款集中，“贷大、贷长、贷集中”的问题进一步加剧。信贷结构向部分行业、大客户的集中，可能加剧经济周期波动的影响，信贷资金使用效率降低，导致银行业不良贷款反弹压力增大。中长期贷款大幅增长，新增中长期贷款占全部新增贷款的比重持续上升，可能导致银行业中长期信用风险的上升。中长期贷款增长带来的存贷款期限错配问题增加了银行业金融机构流动性风险管理的难度。

4. 各地区银信合作理财产品亟待规范

2010 年，各地区银信理财产品市场出现爆发式增长。16 家主要商业银行[⑦]通过发行银信合

⑦ 中国工商银行、中国农业银行、中国银行、建设银行、交通银行、中信银行、光大银行、华夏银行、广发银行、深圳发展银行、招商银行、上海浦东发展银行、兴业银行、民生银行、北京银行、上海银行。

作理财产品累计募集资金6.7万亿元，截至2010年底，银信合作理财产品余额为1.41万亿元。商业银行通过银信业务将表内资产转出表外，规避监管。同时，随着票据类、转让贷款类和信托贷款类银信产品的快速增长，每年新增融资量较大，直接影响了政策调控的效果。一是一些理财产品的出现影响了货币供应量的统计口径，干扰了货币供应量的统计。二是部分理财资金通过银信合作渠道流向房地产等重点调控行业，使得其风险向银行体系和普通投资者扩散。三是部分地方政府融资平台公司通过发行银信合作理财产品募集资金。这类产品牵涉机构多、普通投资者数量大、交易结构相对一般贷款复杂，一旦出现违约事件，会对金融秩序和社会稳定有一定冲击。

5. 城市商业银行快速扩张潜藏风险

截至2010年底，各地区城市商业银行共有147家，资产总额7.85万亿元，同比增长38.2%，高于银行业金融机构平均水平18.5个百分点。城市商业银行在支持地方经济发展中的作用也越来越大，已成为银行体系中最具生机和活力的群体之一。自2005年11月上海银行成为第一家实现跨区域发展的城市商业银行以来，城市商业银行扩张加快，包括跨市、跨省设立分支机构及发起设立村镇银行、贷款公司。据不完全统计，截至2010年底，全国城市商业银行设置的异地分支机构已经近300家，当年新增分行116家。但部分城市商业银行规模快速扩张，在贷款条件和审查标准方面有所放松，潜在风险不容忽视。一是随着机构管理半径的不断延伸，城市商业银行总行与分行的授权管理不明晰、风险控制不到位、人员配置不合理、地区薪酬差异过大等问题逐步显现。二是在目前城市商业银行中间业务发展相对滞后、盈利主要依赖利差收益的情况下，资本实力和人才储备将直接制约异地分行的吸存能力和信贷能力，而异地分行对大客户和基础项目的依赖可能增加了经营风险。齐鲁银行案件显示，部分城市商业银行内在风险管理机制存在缺陷，对风险管理重视不够，内控管理不严，制度执行不力，激励约束机制与业务快速发展中的风险管理要求存在脱节。

二、各地区证券业

2010年，我国资本市场改革创新举措加快推出，市场运行总体平稳。证券业经营机构服务实体经济能力和抗风险能力进一步增强，各项业务运行平稳。各地区上市公司总量和直接融资规模取得新突破，证券化程度大幅提升。股指期货和融资融券等创新业务陆续推出，合规管理深入推进。

（一）区域证券业发展概况⑧

1. 股票市场交易保持活跃，期货市场发展迅速

2010年，受房地产调控预期和欧洲债务危机等因素综合影响，沪、深两市指数震荡走低。上证综合指数年底收盘于2 808点，同比下跌14.31%（见图11），深证成份指数年底收盘于12 459点，同比下跌9.06%。2010年底，两市平均市盈率均出现下降，沪、深两市A股平均市

⑧ 本章数据均来自Wind资讯。

盈率分别为22倍和45倍，低于上年末的29倍和46倍。

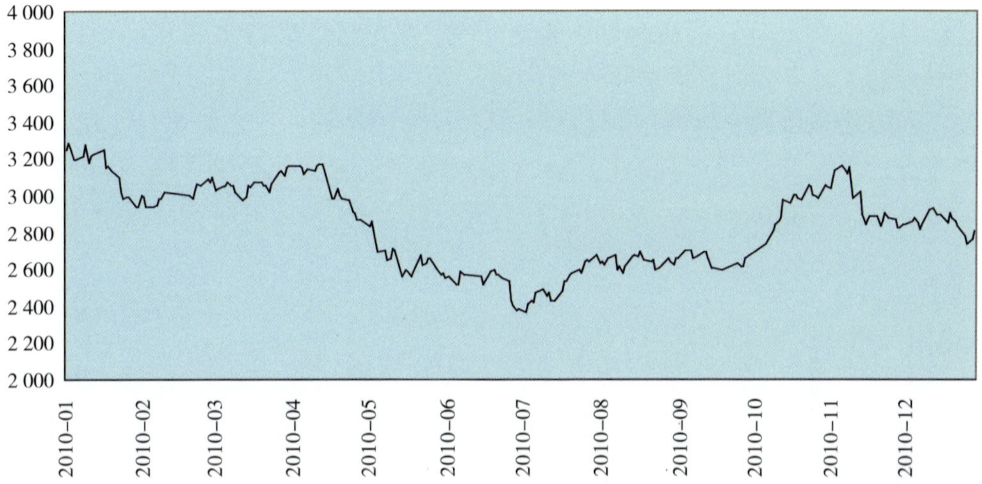

数据来源：Wind 资讯。

图11　2010年上证综合指数走势

在经济向好、市场流动性充裕、通货膨胀压力和人民币升值预期等影响下，股票市场交易保持活跃。全年沪、深两市累计成交54.56万亿元，同比增长1.80%，日均成交2 254.68亿元，同比增长2.64%。其中，沪市成交30.39万亿元，居全球主要股票交易所第三位；深市成交24.17万亿元，居全球主要股票交易所第六位。参与市场的主体更趋多元化。截至2010年底，沪、深两市的股票账户开户数15 454.03万户，实际有效账户为13 391.04万户，A股股票账户数为15 204.06万户，其中：自然人账户15 146.04万户，一般机构账户47.99万户，证券公司账户9.86万户，证券投资基金账户1 400户，全国社保基金账户154户，QFII账户214户。

期货市场继续保持快速发展的良好势头，交易额和交易量再创新高。2010年，期货市场共成交31.3亿手，成交金额309.1万亿元，同比分别增长45%和136.8%。其中，商品期货成交30.4亿手，成交金额227万亿元，同比分别增长40.9%和73.9%。

2. 各地区证券公司整体规模和盈利水平均有所下降，但抗风险能力仍保持稳定

截至2010年底，东部、中部、西部和东北地区法人证券公司分别为55家、12家、18家和6家；基金管理公司中，东部地区有43家，西部地区有3家；期货经纪公司分别为100家、19家、18家和14家（见表5）。

表5　全国各地区证券公司、基金公司和期货经纪公司机构数　单位：家

项目	东部地区		中部地区		西部地区		东北地区	
	2010年	2009年	2010年	2009年	2010年	2009年	2010年	2009年
法人证券机构数	55	53	12	12	18	18	6	6
基金管理公司	43	42	0	0	3	3	0	0
期货经纪公司	100	100	19	20	18	19	14	15

数据来源：全国各省、自治区、直辖市证监会派出机构。

2010年，各地区证券机构总体规模和盈利水平均有所下降，其中，中部地区证券公司资产

下降幅度最大，西部地区证券公司的负债规模和营业收入减少幅度最大。截至2010年底，东部、中部、西部和东北地区法人证券公司资产总额分别达到11 442.09亿元、1 672.79亿元、1 509.79亿元和451.97亿元，同比分别下降3.53%、4.80%、0.17%和0.44%；东部、中部、西部和东北地区法人证券公司负债总额分别达到8 420.84亿元、1 111.81亿元、726.09亿元和337.07亿元，同比分别下降9.40%、11.38%、32.94%和6.28%；全年累计实现营业收入分别为1 047.84亿元、148.39亿元、122.75亿元和31.82亿元，同比分别下降12.05%、14.49%、32.33%和29.96%（见图12）。

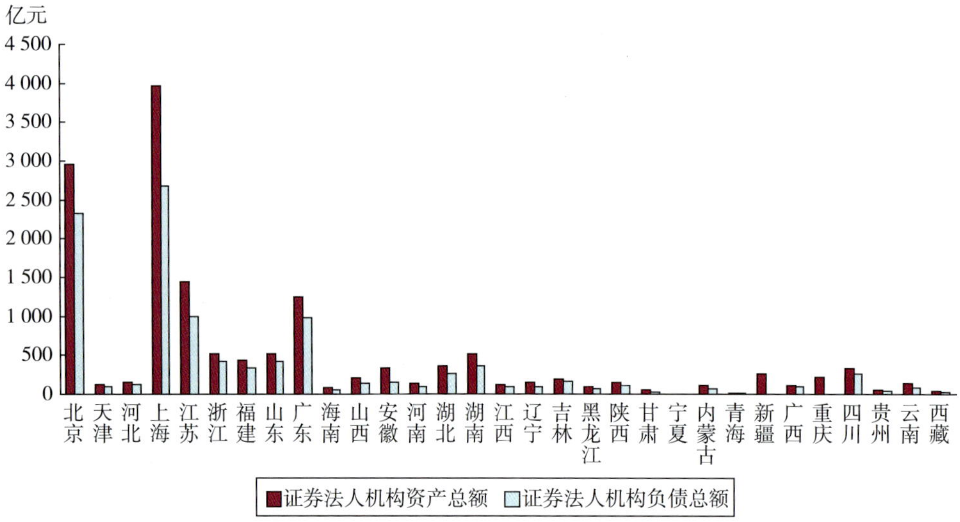

数据来源：全国各省、自治区、直辖市证监会派出机构。

图12 2010年各省（自治区、直辖市）证券法人机构资产负债情况

虽然规模和盈利水平有不同程度的下降，但各地证券公司的净资本总额均保持了稳步增长。截至2010年底，全国106家证券公司净资产达5 664亿元，同比增长18%，净资本达4 320亿元，同比增长13%，表明证券公司抵御风险冲击的能力进一步增强。

3. 上市公司数量和直接融资规模大幅提高，市场融资结构进一步优化

2010年，各地区上市公司数量和直接融资规模均实现了突破，市场融资功能大幅提升。A股一级市场全年累计融资9 672.29亿元，是上年的1.87倍，打破了2007年7 898.05亿元的融资纪录。其中，A股首次公开发行（IPO）的融资额为4 882.63亿元，占融资总额的50.48%，同比增长141.5%；再融资规模为4 072.36亿元，占融资总额的42.1%，同比增长27.85%，其中A股增发融资2 549.83亿元，配股融资1 438.25亿元，权证融资84.28亿元；年内上市公司还通过发行可转债融资717.3亿元，是2009年的15.39倍。

分地区来看，东部、中部、西部和东北地区全年新上市公司分别达到263家、40家、31家和15家，首次公开发行募集资金分别为3 804.80亿元、381.91亿元、460.66亿元和263.27亿元，分别是上年首发募集资金的2.19倍、5.82倍、6.98倍和42.68倍，均创历史新高。其中，北京、广州、浙江、江苏和山东首发募集资金分别达到1 346.98亿元、739.51亿元、572.19亿元、470.68亿元和253.60亿元，位于全国各省市的前五位。农业银行、光大银行和华泰证券首

发募集资金分别达到685. 29亿元、217. 00亿元和156. 91亿元，位列新上市公司首发募集资金的前三位。

A股在融资规模迅速扩张的同时，融资结构也进一步改善。首先，从融资市场构成看，2010年深圳中小板和创业板市场IPO事件合计占到A股IPO事件总量的92%，占A股IPO筹资额的60%。当年股票市场所募集的社会资金主要用于对中小型创新企业的发展支持，符合国家的经济调整政策。其次，融资行业构成变化基本符合国家的产业调整策略（见图13）。2010年，除银行业外，融资额增加较多的行业分别是材料、耐用消费品与服装、生物制药、多元金融、食品与主要用品销售、技术硬件与设备等，而房地产行业全年融资额仅为52. 61亿元，较上年减少577. 55亿元，是本年度融资额减少最多的行业。行业融资变化体现了扩内需、调结构的政策导向，行业融资结构的改善为国民经济的健康平稳发展作出了贡献。

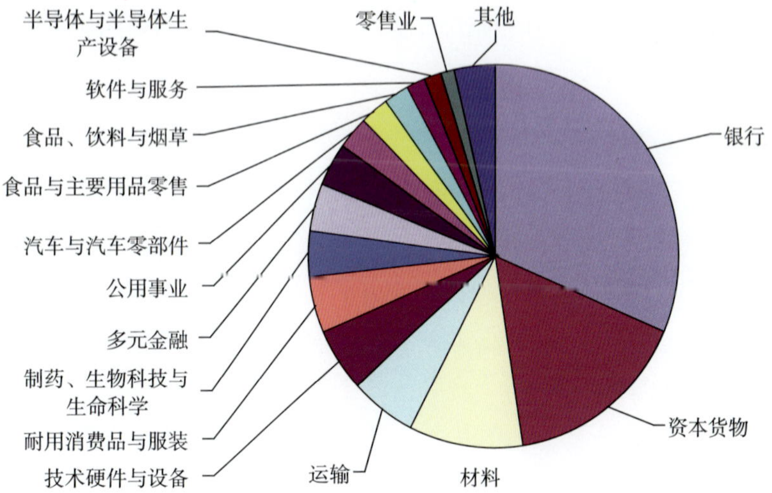

注：图中的行业分类为Wind行业分类标准中的二级行业分类。“其他”项中包含位于后八位的媒体、能源、房地产、消费者服务、商业和专业服务、电信服务、医疗保健设备与服务、保险等。

数据来源：Wind资讯。

图13 2010年A股市场融资额的行业构成

4. 证券业创新持续推进，融资融券和股指期货平稳推出

各地区金融创新和开放步伐加快，一批证券业创新型业务相继推出。2010年3月，融资融券试点正式启动，标志着我国信用交易制度初步建立。截至年底，融资融券试点证券公司已达25家，累计开户4. 2万户；成交金额1 197. 7亿元，其中融资交易金额1 173. 24亿元，占总金额的98%；融券交易金额24. 45亿元，占总金额的2%；日均成交额超过3. 7亿元，单日最高成交额高达14. 16亿元。虽然目前该项业务整体规模不大，但其发展势头良好。

2010年4月，沪深300股指期货业务平稳推出，为市场增加了投资交易品种和风险对冲工具，进一步改变了资本市场的单边市格局。截至年底，股指期货开户数已达6万户，合约成交量达9 127万张，成交金额81. 7万亿元；按双边计算，全年日均交易52. 73万手，日均交易金额约4 720. 68亿元，超过A股日均交易额，持仓在3万手上下，成交和持仓比稳定在7:1之间，已接近海外成熟资本市场水平。除上述两项创新业务以外，统一的银行间贷款转让市场启动，

创业板指数发布，银行间市场先后推出信用风险缓释工具、超短期融资券等创新金融工具。

5. 合规管理深入推进，市场环境进一步规范

2010 年，各地区资本市场的法律制度环境和监管手段逐步完善，资本市场的开放度和透明度进一步提升。新一轮新股发行制度改革启动，不仅强化了对承销商和询价对象的约束，而且进一步推动了新股定价市场化趋势的发展。证券期货基金公司积极落实证监会“一参一控”政策要求，深入开展年报审计监管、规范营销人员执业行为、加强承销保荐业务管理等行业监管工作，强化了证券信息隔离墙制度和未公开信息知情人制度的建设，进一步提高了经营的合规性。

在监管部门、司法机关、自律组织、中介机构等的共同努力下，市场各类违法违规活动得到有效遏制，投资者利益得到进一步保障。期货经营机构积极落实投资者适当性管理制度，建立和完善相应业务制度与流程，加强投资者利益保护，开展对投资者的业务培训和风险教育。与此同时，各地区加大了对内幕交易的打击力度，依法打击、联动监管防控内幕交易工作全面展开。

专栏 6　国家区域性（河南）中小企业产权交易市场风险处置进展顺利

一、基本情况

国家区域性（河南）中小企业产权交易市场是在河南省技术产权交易所基础上建设的，是全国 5 家试点机构中唯一以股份制公司形式运作的交易所，其主管部门是河南省工业和信息化厅。2010 年 11 月 12 日，率先在全国第一个正式开盘，首批有 41 家企业上市挂牌交易。由于是针对中小企业资本市场，而且引入了做市商制度，被誉为中部的“纳斯达克”。它是继主板、中小板、创业板之后又一新的基础性资本市场。中小企业产权交易采取标准化、连续竞价和 T+1 的方式开展，被业内认为打破了主板市场对直接融资的垄断。

二、暂停交易的原因

2010 年 11 月 21 日，河南省工业和信息化厅发布“关于国家区域性（河南）中小企业产权交易市场暂停交易”的公告，公告称：“针对国家区域性（河南）中小企业产权交易市场自 11 月 12 日开盘以来的试点运行情况，经研究，决定自 11 月 23 日（星期一）起暂停市场交易及相关活动。国家区域性（河南）中小企业产权交易市场运行以来，中小企业申报踊跃，投资者积极参与，社会公众高度关注，充分体现了试点工作的必要性。但是，在交易过程中，也出现了政策界限不够明确、运行规则不够完善等一些具体问题。为有效防范风险，坚持试点工作的正确方向，进一步推动产权交易的健康发展，决定国家区域性（河南）中小企业产权交易市场暂停交易，期限暂定为一个月。”

三、产权交易市场整体处置办法

河南省工业和信息化厅针对前期交易过程中出现的一些具体问题，进一步明晰了政策界限，完善了市场运行规则。修订后的交易规则和参与市场的各关联方处置办法已经批准。按新的交易规则恢复运作后，产权交易市场总体上从股权挂牌交易回归到产权交易模式上，只允许合格的法人及其他组织进场投资，不允许自然人进场交易。根据新的交易规则对交

易市场各关联方可能造成的影响，在恢复运作过程中，坚持三个“注重”：注重维护投资者合法利益，注重维护中小企业利益，注重保持产权交易市场相对稳定。同时，坚持风险共担原则，合理界定各方权责。对于参与交易市场的各关联方（自然人投资者、机构投资者、已挂牌企业、拟挂牌企业、综合会员及其营业部、中介机构），按照有关规定进行合理处置。

四、市场交易规则变化情况

按修订后的交易规则，产权交易市场回到产权交易“企业整体或部分产权出让，进场挂牌，征询收购方（竞买方），当收购方为一个时，洽谈协议转让；当收购方为两个以上时，采用竞价或拍卖转让，转让完成即交易成功，办理交易鉴证，摘牌退场。”其主要内容有：一是建立了合格投资人制度，只允许合格的法人及其他组织进场投资，不允许自然人进场交易。二是建立了股东人数控制制度，将非上市股份有限公司股权交易的股东人数，严格控制在200人以内。三是进场交易的对象，主要是中小企业的产权、股权、债权和知识产权。四是交易竞价的方式，主要是协议转让、拍卖、招投标等。五是交易的基本程序，依次为“受理转让申请——发布转让信息——登记受让意向——组织交易签约——结算交易资金——出具交易凭证”，交易双方凭交易凭证，依法办理变更登记手续。

五、处置进展情况

据河南省工业和信息化厅提供的有关情况，截至2011年1月末，交易所累计收到各银行机构及综合会员报送的自然人投资者的股权申请表3 969份，其中：申请回购的为3 888户，申请继续持有的为81户。已向申请回购的3 888户支付股款20 745万元，综合相关数据，目前申请进度为99.9%。2011年3月末前将完成对其他关联各方的处置工作，同时，按照有关规定及要求，由河南省投资集团控股产权交易所。增资扩股后补充的资金用于偿还有关费用和自身发展壮大，进一步增强产权交易所的公信力和风险防控能力。同时，健全产权交易所治理结构，加强内部管理，严格依法依规，规范交易行为，不断提升产权交易市场的发展水平和层次。

资料来源：《河南省金融稳定报告（2011）》。

（二）区域证券业发展中需要关注的问题

1. 业务创新和结构调整中潜藏一定风险

证券机构开展创新业务以及进行业务结构优化过程中，因某些环节风险控制不到位，产生了一些新的风险。2010年，各地区证券公司投资银行业务均获得较快发展，对优化业务结构和盈利结构具有重要意义。但由于证券公司与直投子公司之间信息披露不充分、内部控制不到位以及粗放式经营等原因，部分证券公司的投行业务发生了一些违法违规事件。例如，个别证券公司在目标企业上市前直投以牟取暴利，个别证券公司的工作人员及其亲属利用非公开信息违规投资，个别证券公司保荐人恶意篡改招股书等。

2010年，融资融券和股指期货等新业务得到大力发展，但目前市场仍处于发展初期，投资者结构不合理，各项制度仍不够完善，业务开展较为缓慢，业务功能未能得到充分发挥。随着创新业务的发展，市场的运行机制和模式可能发生新的变化，影响证券公司发展的因素更加复杂。

专栏7　股指期货运行中的结构性问题值得关注

2010年4月16日，股指期货正式上市交易，目前客户参与度较高，持仓比稳步增加，市场整体运行情况较好。截至2010年底，股指期货各合约共成交4 587万手，成交额近41万亿元，成为我国期货市场上成交量最大的品种。

一、股指期货运行的基本特点

（一）合约流动性较好，持仓量稳步增长。充足的流动性是防范市场风险和遏制市场操纵的保障。股指期货上市后交易活跃，成交量和持仓量稳步增长。上市至2010年底，日均成交额2 304.67亿元，超过同期A股日均成交水平（2 278.65亿元）。

（二）期现拟合度较高，股指期货未“助涨助跌”。股指期货上市前一年内，上证50指数和沪深300指数的日振幅分别为2.35%和2.26%。股指期货上市后至今，二者的日振幅分别下降至2.07%和2.13%，波动幅度有所减缓。股指期货上市后，其价格大部分领先或同步于沪深300指数，IF指数与沪深300指数在2010年的走势相关性达到99.7%，具有一定先导性和价格发现功能。总体而言，股指期货在一定程度上熨平了市场波动，避免了市场大涨大跌。

（三）历次交割平稳有序，风险控制效果较好。在海外市场，股指期货结算日临近到期时，由于期货合约交易买卖失衡而导致现货价格交易量及波动性异常变化，称为“到期日效应”。我国股指期货上市以来经历了十个合约交割。各交割日的期货价格逐渐收敛于最后结算价，交割风险均较小，未出现大量的平仓、转仓和现货价格巨幅波动现象。

二、值得关注的结构性问题

（一）交易品种结构单一，市场处于起步发展阶段。目前，我国金融期货市场上唯一的期货品种是沪深300指数期货，投资者套利交易仅局限于期现套利和少量的跨期套利。由于市场缺少理想的套保标的物和多跨度的期限产品，部分持有中小盘股票的投资者以及风险偏好较高的投资者不能有效实现避险操作目的。此外，在成熟的金融市场，股票期权、股指期权、股指期货一般同时存在，紧密相连，为投资者提供了丰富的金融期货投资标的。我国的金融期货品种结构尚需丰富完善。

（二）合约换手率偏高，投机性气氛较浓。股指期货上市初期，短线炒作气氛浓厚，换手率（成交量和持仓量的比值）最高达26.68%。随着机构投资者套保持仓量的增加，合约换手率逐渐回落。2010年9月以来基本稳定在5%～10%的较高水平，接近我国黄金、白糖、天胶等商品期货上市初期的高换手率水平。

（三）交易担保方式僵化，股指期货交易效率有待提高。一方面，目前股指期货合约规定的资金门槛较高，投资者申请开户时保证金账户可用资金余额不得低于50万元，交易一手合约需要16万～18万元，这不利于广大的中小投资者参与，股指期货的交易广度不能有效扩展。另一方面，按照中国金融期货交易所的规定，股指期货交易不能以股票、基金等证券现货质押冲抵保证金（国内其他三大商品交易所均可以仓单质押方式冲抵保证金），使股指期现套利规模受到限制，同时也加重了套保盘持仓风险。

（四）交易佣金分配结构倒挂，期货公司发展后劲不足。目前，期货公司的收入来源主要是客户佣金提成和保证金息差。2010 年，期货市场竞争加剧，交易佣金费率大幅缩水。股指期货交易的佣金费率大多已下降至成交额的 0.6‱～0.7‱。另一方面，中国金融期货交易所向会员收取的手续费率为成交额的 0.5‱，且无任何形式的返还。两者轧差后，期货公司实际获得的客户佣金费率仅 0.2‱左右。在现有的收费分配体制下，期货公司与交易所的权利义务配置不平衡。期货公司处于风险管理控制和损失责任承担的前沿，而所获得的佣金比例仅占向客户收取的佣金费率的 20%，其进一步发展壮大的潜力和防范风险能力都亟待提高。

（五）投资者结构失衡，自然人投资者亏损较严重。截至 2010 年底，股指期货开户总数约 6 万户，其中 98% 是自然人投资者。同期机构开户数仅 1 000 余户，实际参与交易者更少，证券市场的主流资金，包括公募基金、保险机构、QFII、证券公司、私募基金等均未大规模进入股指期货市场，市场投资者结构亟待完善。从盈利情况来看，自然人投资者由于对股指期货交易缺乏理性的风险控制和资金管理，大多数参与者都出现了比较严重的亏损现象。相反，机构投资者由于有雄厚的资金实力，有专业的投资研究团队，有明确的交易计划和严格的执行力，因此绝大部分机构投资者投资股指期货是盈利的。

资料来源：《深圳市金融稳定报告（2011）》。

2. 证券机构盈利模式仍未有实质性突破

2010 年，受证券市场行情振荡影响，各地证券经营机构盈利水平也随之大幅下降，盈利结构在一定程度上有所转变。从具体业务收入来看，证券保荐承销及财务顾问业务收入由于新股发行恢复正常而比上年增长 79.61%，经纪业务收入和自营业务收入均有所减少。但从收入构成来看，经纪业务仍然是证券机构主要的收入来源，其占比高达 56.77%，其他业务收入比重偏低。从经营利润来看，经纪业务、证券发行和自营投资是主要的利润来源，而企业并购、重组、项目融资等策略性服务业务相对欠缺，资产管理、投资咨询、金融衍生工具等延伸性业务缺乏创新。

证券公司过度依赖经纪业务的经营模式，使其在市场低迷、交易量萎缩时经营状况容易恶化。中西部地区证券公司经纪业务外的营业收入来源更少，受市场波动影响较大。需要进一步引导各地证券经营机构进行业务创新，努力提供差异化、专业化和附加值高的服务，提高盈利的连续性和稳定性。

3. 市场运行的规范性仍待进一步提高

随着机构数量增加以及非现场交易手段普及，各地证券经营机构的竞争日益加剧。在外部竞争和内部考核等多方面压力下，由于缺乏差异化的金融产品和服务，部分证券机构采用不合规手段获取市场份额，影响了正常的市场秩序。例如，个别证券机构在证券营销中无资格展业、非现场开户或开空户，在经纪业务中诱导客户频繁交易，中后台参与营销或代客理财，非法开展境外黄金现货业务，违规开展中介融资等。部分地区的证券经营机构依靠打价格战、降低佣金来争夺客户资源，导致该地区证券交易佣金水平持续下降，增加了机构的经营难度。

与此同时，各地非法证券活动也有所抬头。非法中介、非法发行、非法证券投资咨询、非法委托理财、非法期货活动和非法证券投资基金活动时有出现，干扰了正常的行业秩序。随着信息技术的发展，利用网络、电视、电话等方式从事非法证券活动的情况有所增多。

4. 上市公司的整体实力仍有待增强

截至2010年底，东部、中部、西部和东北地区的上市公司数量分别达到1 287家、313家、337家和126家，上市公司的队伍不断壮大。与此同时，各地上市公司仍然良莠不齐，整体素质和综合实力还有待提高。部分上市公司的业绩增长基础较为薄弱，规范运作较差，法律意识不强，内部控制不完善。一些经济欠发达地区上市公司的后备资源相对匮乏，已上市公司的产业结构不尽合理，高新技术企业、创新型企业数量偏少，上市公司的后续发展动力不足。此外，部分上市公司涉嫌违法违规，如信息披露违规、上市不规范、内幕交易、高管及其亲属违规买卖股票等，个别重大违法违规行为还受到立案查处。这些违法违规行为如不能及时解决，将对资本市场的健康发展以及社会稳定带来不利影响。

5. 私募股权投资基金发展亟待规范

2010年，各地区私募股权投资基金逐渐摆脱金融危机的影响，行业进入新一轮高速增长期，募集规模、投资规模和成功退出案例均创下我国创业投资领域十年来的新高。私募股权基金的快速发展，在一定程度上解决了中小企业融资难的问题，对壮大我国股票市场发挥了积极作用，成为多层次资本市场深化发展的重要方面。但是，由于目前股权投资基金仍处于初步发展阶段，相关法律法规体系不够健全，监管主体不明确，信息披露和系统性风险防范不足，退出机制不完善，个别基金甚至存在利益输送和公募化等问题。

三、各地区保险业

“十一五”期间，一个统一开放、竞争有序的保险市场基本建立，我国成为全球最重要的新兴保险大国。保险公司由“十一五”初期的93家增加到146家，总资产由1.5万亿元增加到5.05万亿元。有7家保险公司资产超过千亿元、2家超过5 000亿元、1家超过万亿元，3家保险公司——中国人寿、中国平安、中国太保在我国A股市场相继上市，中国太保成功登陆香港联交所主板，我国保险公司在金融市场和国际保险市场的影响力和竞争力不断提升。2010年，我国保险行业原保险保费收入达到1.45万亿元，同比增长30.4%。财产险保费收入3 896亿元，同比增长35%，人身险保费收入突破万亿元，达1.06万亿元，同比增长29%。保费收入的快速增长显示出国内保险市场巨大的发展潜力。在保险赔付方面，2010年原保险赔付支出金额为3 200亿元，同比增长2.4%。但内部结构出现分化：财产险赔付支出1 756亿元，同比增长11.4%，人身险赔付支出1 444亿元，同比下降6.8%。保险行业利润实现较大幅度增长，全行业实现利润总额836.5亿元，同比增长57.7%。

（一）区域保险业发展概况

1. 各地区保险市场主体数量增减互现，资产规模继续增长

2010 年，保险业市场主体数量继续增加，地区特色比较明显。截至 2010 年底，各地区省级分公司以上保险公司 1 253 家，较上年底增加了 20 家，其中东部、中部、西部和东北地区分别为 592 家、227 家、304 家和 130 家。中部、西部和东北地区保险主体数量分别增加了 18 家、22 家和 5 家，东部地区较上年底减少了 25 家。东部、中部、西部和东北地区分公司以上保险机构总资产分别达到 15 805. 29 亿元、4 934. 09 亿元、4 361. 01 亿元和 2 177. 03 亿元，同比分别增长 24. 63%、28. 56%、43. 27% 和 26. 27%（见表 6）。保险业在各地区经济发展中的作用逐步提升。

表 6　全国各地区保险资产情况

项目	东部地区		中部地区		西部地区		东北地区	
	2010 年	2009 年	2010 年	2009 年	2010 年	2009 年	2010 年	2009 年
保险业分公司以上资产总额（亿元）	15 805. 29	12 682. 01	4 934. 09	3 837. 91	4 361. 01	3 043. 98	2 177. 03	1 724. 14
增长率（%）	24. 63	18. 48	28. 56	22. 99	43. 27	21. 77	26. 27	22. 08

数据来源：全国各省、自治区、直辖市保监会派出机构。

2. 各地区保费收入大幅增长，地区发展阶段性特征明显

2010 年，各地区保险收入规模快速增长。东部、中部、西部和东北地区保险业全年分别实现保费收入 7 541. 21 亿元、2 789. 00 亿元、2 606. 24 亿元和 1 187. 32 亿元，同比分别增长 30. 37%、31. 57%、29. 59% 和 34. 75%。从区域发展状况来看，东北地区保费收入增长最快。结合各地区保险市场主体变化，各地区保险市场处于不同的发展阶段。东部地区保险市场做大做强，保险主体数量虽然明显下降，但保费收入仍占全国的 46%，与上年同期持平，保费收入增长速度与全国同步。西部地区保险市场仍处于数量扩张阶段，保险市场主体数量上升最快，但保费收入增长速度相对较慢。

从各种险种的经营情况看，财产险业务显著增长，东部、中部、西部和东北地区财产险分别实现保费收入 2 058. 99 亿元、619. 84 亿元、786. 41 亿元和 299. 93 亿元，同比分别增长 35. 00%、39. 50%、35. 57% 和 29. 59%，东部、中部、西部财产险收入占保险业总收入的比重较上年均有所提高。截至 2010 年底，农业保险和责任保险分别实现保费收入 140. 56 亿元和 114 亿元，同比分别增长 3. 07% 和 38. 21%。责任险、农业险等非车险保费收入占保费总收入的份额较上年均有所下降。

人身险业务保费收入突破万亿元。东部、中部、西部和东北地区人身险分别实现保费收入 5 418. 18亿元、2 169. 04 亿元、1 819. 82 亿元和 887. 39 亿元，同比分别增长 26. 67%、29. 45%、27. 28% 和 36. 94%。寿险和健康险保费收入分别达到 9 680 亿元和 677. 5 亿元，同比分别增长 30% 和 18%。人身险业务结构继续优化，各地区大力推动保障功能较强的分红险、普通寿险等业务，保险公司分红险业务增长迅速，该业务收入占寿险保费收入的比例大幅提高。2010 年，东部、中部、西部和东北地区分红险分别实现保费收入 3 143. 01 亿元、1 665. 56 亿元、1 257. 06 亿元和 527. 63 亿元，同比分别增长 19. 11%、41. 41%、37. 80% 和 34. 79%，占人身险保费收入

的比例分别为58.01%、76.79%、69.08%和59.46%（见表7）。

表7 全国各地区保险业分险种保费收入情况

项目	东部地区		中部地区		西部地区		东北地区	
	2010年	2009年	2010年	2009年	2010年	2009年	2010年	2009年
人身险收入（亿元）	5 418.18	4 277.26	2 169.04	1 675.55	1 819.82	1 429.75	887.39	648.02
同比增长（%）	26.67	7.65	29.45	10.09	27.28	12.93	36.94	14.50
占保险收入比例（%）	71.85	73.94	77.77	79.04	69.83	71.09	74.74	73.54
财产险收入（亿元）	2 058.99	1 525.17	619.84	444.32	786.41	580.06	299.93	231.44
同比增长（%）	35.00	13.78	39.50	25.05	35.57	24.94	29.59	24.30
占保险收入比例（%）	27.30	26.37	22.22	20.96	30.17	28.84	25.26	26.27

数据来源：全国各省、自治区、直辖市保监会派出机构。

3. 各地区保险业赔付支出与上年基本持平

2010年，东部地区保险赔付支出保持平稳，西部保险赔付支出增长较快。东部、中部、西部和东北地区保险业各项赔款和给付支出分别为1 656.93亿元、570.23亿元、588.68亿元和280.97亿元，同比分别增长1.41%、4.91%、8.29%和7.12%，较上年均有不同程度的上升。

财产险赔款和给付支出平稳增长，但结构出现分化。东部、中部、西部和东北地区全年财产险赔款和给付支出分别为923.89亿元、291.93亿元、343.61亿元和138.95亿元，同比分别增长13.06%、17.96%、14.45%和9.07%。其中车险赔款和给付支出分别为737.37亿元、229.76亿元、271.18亿元和98.42亿元，同比分别增长31.11%、19.13%、21.63%和9.59%，东部地区的车险赔付支出增长速度明显高于其他地区，也是造成全国财产险赔付支出增长的重要原因，这与东部地区较发达、汽车保有量比较大有关。责任险赔款和给付支出分别为19.07亿元、7.3亿元、8.94亿元和3.01亿元，同比分别增长22.87%、6.41%、27.11%和2.73%。各地农业险赔款和给付支出分别达到15.05亿元、28.52亿元、33.57亿元和17.81亿元，东部和东北地区较上年分别下降15.43%和20.24%，中部和西部较上年分别增长38.18%和2.78%，中西部地区的旱灾导致了农业险赔付增长速度较快。中西部地区农业险赔付支出的增长体现了保险业对农业的补偿功能得到了进一步的发挥，为农业生产提供了风险保障。

专栏8 东北地区农业保险业务加快发展

近年来，在中央及地方政府支农惠农政策的大力支持下，东北地区农业保险业务得到了长足发展，农业保险在稳定农业生产能力、保障农民基本生活、促进农村经济社会发展方面的作用越来越突出。

农业保险发展加快。2010年，吉林省共实现农业保险收入8.02亿元，同比增长36.03%；参保农户不断扩大，共有237.6万农户参加农业保险，参保户数占全省农户总数的64.6%，比上年提高6.1个百分点；农业保险承保面积持续增加，全省五大作物参保总面积266.8万公顷，占五大作物二轮土地承包面积的69.1%，比上年提高17.9个百分点；农业保险继续保持县（市）全覆盖。

完善了政府支农惠农机制。2008 年以来，辽宁省在全省范围内对从事玉米、水稻、大豆、花生等生产的农户实行三级政府联合补贴保费、投保农户仅承担20%保费的支农惠农政策，这一政策的实施大大降低了农户的保费负担，保费来源得到有效保障。2010 年，辽宁省政策性农业保险参保农户 145 万户，承保面积 1 389 万亩，保费收入达 3.83 亿元，理赔面积 330 万亩，赔付金额 2.2 亿元。农业保险已经成为一条有效的抗灾救灾、支农惠农的新途径，增强了政府救助资金的效果。

为农业可持续发展提供保障。近年来，黑龙江全面推进政策性农业保险试点。2010 年，黑龙江省政策性农业保险保费收入 13.89 亿元、承担风险保障 147.89 亿元、赔款支出 8.18 亿元，分别占全部农业保险的 99.3%、93.9% 和 99.3%，受灾农民得到较大实惠。农业保险的发展与壮大解除了农民惧怕农业高风险的后顾之忧，使农民敢于投入、实行规模化经营，促进了现代化农业的可持续发展。

农业保险能否健康发展对于“十二五”的农业发展甚至全局发展均具有重要意义。要继续强化政府政策支撑力度，加快推进相关法律、法规出台，完善农业保险的财税配套制度和支持力度，加强农业保险宣传，扩大农业保险知识的普及程度和深度，构建多层次的农业风险分散机制，加强农业保险从业人员的培养，构建多层次的人才储备体系。为农业发展、农民生活提供全方位的风险保障，维护金融稳定和社会稳定。

资料来源：中国人民银行哈尔滨中心支行。

人身险赔款和给付支出有所回落，东部、中部、西部和东北地区人身险赔款和给付支出分别为 697.36 亿元、278.30 亿元、245.07 亿元和 142.28 亿元，东部和中部地区比上年分别下降 14.62% 和 5.99%，西部和东北地区比上年分别增长 0.85% 和 5.85%（见表 8）。

表 8　全国各地区保险业赔款和给付支出情况

项目	东部地区		中部地区		西部地区		东北地区	
	2010 年	2009 年	2010 年	2009 年	2010 年	2009 年	2010 年	2009 年
赔款和给付支出（亿元）	1 656.93	1 633.93	570.23	543.52	588.68	543.62	280.97	262.29
增长率（%）	1.41	1.20	4.91	2.91	8.29	7.83	7.12	4.40
占全国比例（%）	53.50	54.77	18.41	18.22	19.01	18.22	9.07	8.79
其中：人身险（亿元）	697.36	816.74	278.30	296.03	245.07	243.00	142.28	134.42
增长率（%）	-14.62	0.53	-5.99	0.48	0.85	4.63	5.85	-5.68
占总赔款和给付支出比例（%）	42.09	49.99	48.80	54.47	41.63	44.70	50.64	51.25
财产险（亿元）	923.89	817.18	291.93	247.49	343.61	300.23	138.95	127.39
同比增长（%）	13.06	1.87	17.96	5.97	14.45	10.43	9.07	17.17
占总赔款和给付支出比例（%）	55.76	50.01	51.20	45.53	58.37	55.23	49.45	48.57

数据来源：全国各省、自治区、直辖市保监会派出机构。

4. 各地区保险机构利润大幅提升，资产管理总体稳健

2010年，各地区保险公司利润总额达到836.5亿元，同比增长57.7%。保险监管部门加大监管力度，保险机构经营指标实现“两降两升”，费用率和赔付率下降，经营效益和保费充足率上升，行业经营的历史性拐点出现。各地区财产保险公司总体扭亏为盈，实现承保利润225.6亿元，呈现持续健康发展的良好态势。财产险公司综合赔付率63.1%，同比下降3.2个百分点；综合费用率34.2%，同比下降3.9个百分点。各地区人身险公司实现利润476.4亿元。

各地区保险业资金运用收益率达4.84%，比上年下降1.57个百分点。2010年，保险业投资资产达4.6万亿元，同比增长23.1%，增速有所放缓。其中，固定收益类投资占总投资资产的比重达到80%。2010年资本市场行情低迷，保险机构适时调整投资结构，逐步改善资产配置，资产管理总体稳健。大多数保险机构在资金配置上倾向于债券类资产，权益类投资和债券投资资产的分化趋势明显。截至2010年底，银行存款占30.21%，债券投资占49.85%，投资基金、股票、股权等权益类投资占比为16.80%，其他投资占比3.10%。

5. 各地区保险深度、保险密度不断上升

2010年，我国保险密度达到1 083元，同比增加249元；保险深度为3.65%，同比上升0.35个百分点。各地区保险业服务领域拓宽，保险覆盖面进一步扩大。保险机构在服务新农村建设、养老保障体系、医疗卫生体制改革、城乡低收入群体方面进行探索，服务民生成为保险行业的发展重点。各地区继续扩大“三农”保险覆盖面，稳步推进政策性农业保险发展，探索适合地区特色的农业保险经营机制和发展模式，农业保险试点区域扩大到全国各省（区、市），中央财政补贴的品种增加到14种。在行业协同效应的推动下，保险业与旅游业开展旅行社责任保险全国统保示范项目，环境污染、安全生产、校方责任、贸易信用、文化产业和医疗责任等领域的责任保险稳步发展，交强险制度进一步完善，无船承运业务经营者保证金责任险试点启动，基本医疗保险稳步推进，小额贷款保险进行试点。

专栏9　内蒙古政策性农业保险快速发展　财政补贴力度支持明显

从2007年起，全国政策性农业保险试点工作正式启动，江苏、新疆、四川、湖南、内蒙古、吉林等六个省区开展国家政策性农业保险试点，内蒙古作为全国六个试点省份之一，开始在全区范围内开办政策性农业保险业务。四年来，政策性农业保险效果显著。到2010年底，内蒙古政策性农业保险从补贴金额、保费收入和承保农作物面积等指标看，规模已位居全国各省区之首。

2010年，内蒙古在小麦、玉米、大豆、能繁育母猪、奶牛等农业保险品种的基础上，增加了温室大棚保险、生猪养殖保险、肉羊养殖保险、肉牛保险、蔬菜种植保险和葡萄种植保险等农业保险品种。全年累计实现保费收入14.89亿元，较2007年增长268.56%，占财产险业务总保费的11%。为215万户（次）农牧民提供了风险保障195亿元。农业保险业务经过前三年迅速扩张后进入稳健发展阶段。全年累计赔付支出9.78亿元，156万户（次）农牧户受益，充分发挥了支农惠农的积极作用。

2010年，内蒙古累计下拨财政资金13.2亿元，专门用于补贴政策性农牧业保险业务和提高保额标准。在保费补贴比例方面，种植业保险为：财政部补贴35%，自治区财政安排补贴55%（其中：25%由自治区本级以专项资金的方式补贴，其余30%通过一般转移支付下达给旗县，由旗县财政予以补贴），其余10%保费由农户负担。养殖业保险为：能繁母猪由财政部补贴50%，自治区本级财政补贴20%，盟市、旗县级财政各补贴10%，其余10%由农户承担；奶牛保险由财政部补贴30%，自治区财政安排补贴50%，其余20%由农户承担。财政补贴力度的加大和保额标准的提高，极大促进了内蒙古政策性农牧业保险业务的推广。

资料来源：《内蒙古自治区金融稳定报告（2011）》。

6. 保险业改革继续推进

一是扩大保险资金运用渠道。2010年9月，《保险资金投资不动产暂行办法》和《保险资金投资股权暂行办法》相继出台，对保险资金投资不动产和股权进行了详细规定，保险资金投资渠道逐步放开。二是保险机构股权结构改革取得积极进展。继2009年底交通银行参股中保康联保险公司后，2010年，北京银行、光大集团、中国银行、中国工商银行、中国建设银行等相继入股各大保险公司，商业银行参与投资保险公司股权试点工作进展顺利。三是各地区保险业在稳步推动改革的进程中，不断加强与地方政府的合作。配合国家新一轮西部大开发、深圳综合配套改革、建设海峡西岸经济区等发展战略，部分保险机构分别与云南省、深圳市和厦门市等地方政府，采取合作备忘录、保险改革创新试验区等形式，建立促进地方经济社会协调发展的保险服务机制。四是专业服务能力得到提升。2010年11月，中国人民财产保险公司财险灾害研究中心成立，标志着我国保险业首家专业风险研究机构正式成立。12月，中国人民财产保险公司、太平洋财产险公司相继宣布成立航运保险运营中心，为上海大力发展国际航运相关保险业务奠定基础。

（二）区域保险业发展中需关注的方面

1. 关注偿付能力不足的风险

造成这次国际金融危机的一个重要原因，就是金融机构忽视资本约束盲目扩张，导致业务杠杆率过高，形成了系统性风险。我国保险业正处在快速发展阶段，更应该强调资本约束和对资本杠杆的管理。强化资本约束，核心是关注保险公司的偿付能力。2010年底，偿付能力不达标的保险公司共有7家，比上年末减少1家，不达标公司的偿付能力关键指标也有明显改善，但是我国保险业目前仍处于粗放式发展阶段，保险公司盈利能力不强，产品结构不够合理，公司内部风险管理机制不完善，经营中的短期行为较为突出，再加上受资本市场震荡影响，保险资金运用收益率下降，这些因素都可能会导致少数保险公司偿付能力不足，应继续加以关注。

2. 关注资金收益率下降引起的资金运用风险

2010年以来，我国已连续加息四次，利率上升导致债券投资收益率下降。截至2010年底，保险业投资资产中约有30%为银行存款，70%为债券投资和权益类投资。2010年，我国保险业投资收益率较上年下降1.57个百分点。保险机构资金投资中虽也配置了权益类股票投资，但比例仍有限，且收益率也存在不确定性，平均收益率并不高。可以预见，2011年调控通胀预期压力仍然较大，基准利率将维持较高水平。保险机构要防止投资冲动，尤其要加强对股权和不动产等新投资渠道的风险防范，维护保险资产的安全。

专栏10　预定利率放开对寿险业的影响分析

2010年7月，保监会发布《关于人身保险预定利率有关事项的通知（征求意见稿）》，拟放开传统寿险预定利率2.5%的限制，传统人身保险预定利率将由保险公司按审慎原则自行决定。研究发现，放开预定利率将是一把“双刃剑”，会给整个寿险业带来深远影响。

积极因素。一是增强保险公司的自主定价权，推动传统人身险发挥更大的保障功能。由于预定利率上限限制，传统寿险产品已无法与银行理财产品、基金产品等展开竞争，保费收入不断萎缩。以安徽省为例，2010年普通寿险业务在寿险保费中的占比仅为8.28%，且呈逐年下降趋势，一定程度背离了保险保障功能的初衷。二是促使同业公平竞争和推进保险产品创新。中小保险公司可利用自身的投资优势，推出预定利率较高的传统型产品，但由于受偿付能力监管限制，超出3.5%的定价利率可能导致保险公司的资本需求快速上升，促使保险机构在二者间寻找平衡点，公平合理进行竞争，有效改变目前寿险市场上部分机构保险业务相对垄断和分红险占比较高的格局。三是提升保险产品的收益率水平，有助于保护投保人利益。

风险因素。一是短期内会削弱寿险公司的盈利能力。尽管普通寿险业务占比不高，但盈利能力较强，预定利率的上调将使保险公司的利差水平收窄，盈利水平短期内将有所下降。二是对保险公司的定价水平和风险管控能力提出更高要求。如放开预定利率将对保险公司的运营能力提出更高挑战，资产管理能力弱和产品创新能力不足的公司将会处于不利局面。

资料来源：《安徽省金融稳定报告（2011）》。

3. 关注内控管理薄弱的风险

近年来，各地区保险公司更加关注合规经营和价值经营，但是部分保险公司的内控管理制度还不够完善，对分支机构管理不到位，管理和内控薄弱的问题、公司快速发展和内部风险管控能力不匹配的矛盾比较突出，容易给公司带来较大经营风险。2011年，《保险公司内部控制基本准则》正式施行，各地区保险公司应推进全面风险管理，进一步规范风险管理流程，把风险管理理念贯穿到业务经营的各个环节，努力构建全面覆盖、全程管理、全员参与的风险管理体系；改进风险管理方法和手段，注重运用现代风险管理技术，结合实际开展压力测试，夯实防范风险的基础。

4. 关注保险市场秩序风险

在保险业长期快速发展过程中，各地区保险市场秩序持续向好，但仍存在一些现象值得关注。在财产保险领域，应重点关注车险和农业保险业务存在的虚假批单退费、虚挂应收保费、虚列中介代理手续费、虚列营业费用和农业保险虚假承保、虚假赔案等问题以及条款、费率报备与执行不一致的问题；在人身保险领域，应重点关注银邮代理业务账外暗中支付手续费和销售误导等问题，并关注电话销售业务和团体年金业务中可能存在的问题；在保险中介领域，应重点关注保险公司中介业务和中介渠道弄虚作假、虚增成本、非法套取资金等问题。

5. 关注保险业风险传递

一是防范境外风险向境内外资保险公司传递。虽然国际经济金融形势已较危机期间明显好转，但仍面临不确定性，且自然灾害频发，保险公司赔付支出可能增加，国内外资保险公司资金流动性容易受到国外母公司的影响。境内保险公司保险资金境外投资和跨境保险业务的发展，增加了境外风险向境内传递的可能。二是关注保险机构风险由点到面、由局部向行业蔓延，由个别风险演变成行业系统性风险。虽然国内保险公司的保费收入和利润都在增长，但是2010年保险公司57%的利润来自于寿险业务，保险资金运用收益率仅为4.84%。人口老龄化将加速寿险保费支出的增长，保险资金投资收益不确定性也增加了个别保险公司出现流动性困难的可能。我国保险公司经营模式和业务构成比较类似，需要关注个别保险公司偿付性风险演变成保险行业的系统性风险。三是要密切关注金融市场变化给保险业造成的影响，防范风险的跨行业传递。

第四部分　分地区的区域金融稳定状况

近年来，各地区认真落实国家区域发展战略，全面推进地区经济健康有序发展，区域经济发展的协调性有所增强，区域经济发展格局发生了积极变化。2010 年，东部、中部、西部和东北地区总体金融稳定状况较上年均有所改善，区域金融稳健性进一步增强。

一、东部地区

2010 年，东部地区认真贯彻中央各项决策部署，积极实施区域经济发展战略，不断加快转型升级步伐，经济增速有所提升。产业结构优化升级取得积极成效，消费和投资需求增长较快，进出口稳步回升，经济发展协调性增强。金融业继续推进改革和创新，金融体系功能不断完善，金融机构的抵御风险能力持续增强。银行业机构资产规模稳步扩张，不良贷款率和不良贷款余额实现“双降”，盈利水平大幅提升，风险抵补能力进一步增强。证券业保持稳定的发展态势，盈利模式多元化初见成效，期货公司发展态势良好，基金公司的整体竞争力进一步提高。保险法人机构的总资产规模继续增长，盈利情况改善，保险资金投资收益有所提高。

（一）经济发展协调性增强，但外贸出口仍面临多重挑战

2010 年，东部地区成功摆脱国际金融危机的不利影响，经济增速逐步恢复至危机前水平，全年地区生产总值同比名义增长 12.31%，较上年提高 1.57 个百分点。三大需求拉动经济增长的协调性进一步增强，生产总值结构更趋合理。投资仍是区域经济增长的主要动力，但增幅有所放缓。2010 年，东部地区累计完成投资 11.71 万亿元，同比增长 20.89%，增速较上年回落 3.1 个百分点。“十一五”期间，东部地区累计完成投资年均增长 20.1%，低于全国同期固定资产投资增速 5.4 个百分点。

消费需求成为拉动内需的稳定因素。2010 年，东部地区社会消费品零售总额 8.31 万亿元，同比增长 18.23%，较上年提高 0.96 个百分点；占全国社会消费品零售总额的 53.69%，较上年上升 0.13 个百分点。汽车、家电、家具、金银饰品等热点消费快速增长，消费刺激政策发挥了积极作用。

进出口稳步回升。全年外贸进出口总额完成 2.61 万亿美元，同比增长 27.64%，扭转了上年的下降局面。其中，进口 1.21 万亿美元，同比增长 38.09%；出口 1.38 万亿美元，同比增长 29.87%。分月度看，6 月份以来东部地区月度出口规模连续创下新高，11 月份达到 1 356.13 亿美元的历史新高，全年月均出口已超过 2008 年金融危机前的水平，实现恢复性增长。

从东部地区三大需求的变化趋势分析，投资和消费增长态势良好，其中，投资增速与全国平均水平的差距逐步缩小，第四季度以来增速明显加快；消费保持平稳快速增长，月度增速呈不断上升态势。但外贸出口增长的不确定性增强，外贸行业发展的外部环境仍存变数。从国际形势来看，金融危机的后续影响仍存在不确定性，如国外企业“库存回补”需求减弱，世界主要经济体的经济增长仍停滞不前，消费萎缩等，这些问题对出口造成较大影响。从国内看，人民币升值幅度加大以及经济政策调整等因素在短期内对出口产生了一定的抑制作用。2010 年第四季度企业家问卷调查显示，东部主要出口省份的出口订单指数均出现不同程度下滑，其中，江苏、山东分别比上季度下降 2.19 个和 1.8 个百分点。另据广东省的调查，样本企业的出口应收账款坏账准备率从 2009 年底的 0.71% 提高到 2010 年底的 0.88%，外贸企业面临的出口应收账款风险有所上升。

（二）房地产宏观调控力度加大，房地产金融蕴涵潜在风险

房地产开发投资快速回升，房地产贷款稳步增长。2010 年，东部地区累计购置土地面积和新开工面积分别同比增长 29.99% 和 46.30%，完成房地产开发投资额 26 092.49 亿元，同比增长 30.06%，增幅较上年提高 15.61 个百分点；商品房销售面积和销售额同比分别增长 2.68% 和 8.68%。房地产贷款余额达 54 902.68 亿元，同比增长 15.25%，房地产类贷款在全部贷款中的比重已接近 20%。其中，房地产开发贷款余额 20 718.36 亿元，同比增长 23.15%；个人住房贷款余额 34 184.32 亿元，同比增长 10.93%。

为有效控制持续快速上涨的房地产价格，“国十条”、“新国五条”以及差别化住房信贷政策等调控措施相继出台，从土地、财税、金融等方面加大对房地产市场的调控力度。受调控政策影响，年内东部地区的商品房销售增幅波动较大。自 2010 年 4 月 14 日国务院“新国十条”出台后，东部地区商品房实际登记销售面积快速下滑，5 月至 7 月累计销量增幅连续大幅下降，7 月末降至 5.07%，但从 8 月开始销量增速出现小幅反弹。随着房地产调控力度不断加大和政策效应逐步显现，房地产市场运行中的因素增多，局部领域的房地产信贷风险日益突出。如东部地区多个省市开始实施商品房预售资金监管办法，禁止开发商挪用预售款滚动开发地产。受此影响，少数开发企业的资金链趋紧，部分高价购地、跨业经营、过度扩张、负债率偏高的有较高风险的房地产企业将面临较大的贷款偿还压力。

（三）银行业资产质量继续改善，但不良贷款反弹压力增加

2010 年，东部地区银行业资产规模持续扩大。截至年底，银行机构资产总额达到 50.53 万亿元，同比增长 18.53%；负债总额达到 49.02 万亿元，同比增长 18.16%。不良贷款余额和不良贷款率继续低位“双降”。截至年底，不良贷款余额达 4 236.19 亿元，比年初减少 858.05 亿元；不良贷款率 1.53%，比年初下降 0.66 个百分点。但不良贷款向下迁徙率仍然较高。

随着经营环境日趋复杂，银行业面临的信用风险不断上升。一是产业结构调整带来的行业信贷风险增大。在国家节能减排强制性目标要求以及资源税提高等相关措施影响下，高耗能、高污染企业的成本大幅增加，钢铁、焦炭、水泥和造纸业等落后产能成为主要淘汰对象，相关领域的存量信贷资产质量将面临考验。据对山东省银行业机构的问卷调查，88.46% 的机构认为

"区域经济结构的缺陷及'转方式、调结构'的压力"是当前银行系统面临的主要风险源。二是期限错配风险进一步上升。截至2010年底，东部地区中长期贷款余额增长26.5%，高于全部贷款7.52个百分点，中长期贷款占比57.42%，较上年提高3.41个百分点。采用整贷整还方式的中长期贷款占比有所上升。三是政府融资平台贷款风险仍需关注。部分融资平台项目贷款审批手续存在缺陷，完成三方签字的贷款较少，贷款风险缓释措施未真正落实。部分县市级政府债务率⑨在100%以上，债务将集中到期。随着信贷政策收紧，个别政府融资平台违约风险已开始显现。

（四）金融创新稳步推进，服务社会经济能力不断增强

2010年，东部地区银行业金融机构结合地方区域特色，积极开发多元化的金融产品。小企业金融服务创新取得新进展，联保贷、应急贷、订单贷、租权贷、专利权质押贷款以及中小企业集合票据等一系列创新产品陆续推出。并购贷款、银团贷款及重组贷款不断推出，有力支持了区域经济转型与产业升级。外汇衍生业务快速发展，个人信贷产品不断丰富，担保方式持续拓展。

证券业继续保持创新发展态势。股指期货和融资融券业务相继推出，信贷转让市场启动运行，银行间市场的信用风险缓释工具试点和超短期融资券发行试点陆续启动。2010年，股指期货和融资融券平稳运行，均实现了"高标准、稳起步"的目标。此外，东部证券经营机构根据客户实际需要，努力开拓个性化和多元化的经纪业务产品，围绕股指期货和融资融券业务积极开展衍生产品创新，拓展境外资产管理投资境内市场业务，努力探索REITs、ETF等创新工具模式。

保险业服务创新进程加快。财产险公司在巩固机动车辆险、企业财产险、货物运输险的基础上，业务领域不断拓展。江苏省加快推进苏州环境污染责任保险试点，推出全国首创的"自然灾害条款"保险产品，成功开办新农合补充保险。上海市在世博会期间推出世博会保险，为参展者、供应商、服务商提供全方位的保险服务。与此同时，寿险公司以服务民生为出发点，相继推出一系列的创新产品。深圳市从客户需求角度出发，推出简便易懂产品与特色养老产品，推动保险单增值服务类产品的发展。

（五）跨境贸易人民币结算业务稳步扩大，试点工作有待进一步完善

随着东部地区涉外经济的强劲复苏以及人民币汇率形成机制改革的不断推进，东部九省市⑩跨境贸易人民币结算试点工作进展顺利，外汇收支和结售汇规模增长迅速。截至2010年底，东部地区银行业金融机构累计办理跨境贸易人民币结算业务金额4 613.84亿元。其中，货物贸易出口结算金额257.32亿元，货物贸易进口结算金额3 699.98亿元，服务贸易及其他经常项目结算金额656.54亿元。跨境人民币业务境外地域不断扩展，逐步形成以中国香港为纽带、东盟和欧美发达国家为重点，向亚太、东欧、北欧、拉美、非洲等拓展的格局。与此同时，跨境人民

---

⑨ 政府性债务余额/当年可支配财力。

⑩ 东部地区9个开展跨境贸易人民币结算试点工作的省市包括北京市、天津市、上海市、江苏省、浙江省、福建省、山东省、广东省和海南省。

币业务参与主体不断增加，金融机构和进出口企业踊跃参与。

在当前复杂的国际形势下，开展跨境贸易人民币结算，对于推动我国与周边国家和地区经贸关系发展，规避汇率风险，改善贸易条件，具有积极意义。目前该业务仍处于试点阶段，各项工作有待进一步完善，如交叉币种的跨境人民币结算管理难度仍然较大、管理系统功能有待优化、试点配套政策需要进一步落实等。另外，外资通过跨境人民币结算进入国内房地产市场的问题需要引起关注。

专栏 11　东部地区跨境贸易人民币结算业务取得成效

2010 年，东部九省市稳步开展跨境贸易人民币结算试点工作。总体来看，试点工作进展顺利，业务发展初具规模。跨境贸易人民币资金结算和清算渠道便捷、顺畅，较好地服务了涉外经济的发展，提高了人民币的国际影响力和接受程度。

一、业务发展初具规模。自试点启动至 2010 年 12 月末，东部地区银行共办理跨境贸易人民币结算业务 4 613.84 亿元。

二、结算方式不断丰富。东部地区跨境贸易人民币结算不仅在总量上稳步增长，而且结算方式丰富多元，适应了经济主体跨境使用人民币的不同需求。以山东为例，自试点启动至 2010 年 12 月末，累计发生电汇业务 487 笔，金额 189.4 亿元；信用证业务 469 笔，金额 130.8 亿元；保函业务 17 笔，金额 21.7 亿元；托收业务 10 笔，金额 1.5 亿元。

三、市场需求持续增加。东部地区跨境贸易人民币结算在较短时间内就完成了从点到面的发展，企业和银行参与试点的积极性不断提高。据调查，企业参与试点的动力主要来自跨境贸易人民币结算有利于有效规避汇率风险、节省交易成本，银行开展跨境贸易人民币结算的动力主要在于深化银企关系，增加中间业务收入。

四、业务发展辐射广。在境外区域上，形成了以中国香港为基础，以东盟和欧美发达国家为重点，向亚太、东欧、北欧、拉美、非洲等拓展的格局。其中，中国香港处于绝对优势地位，累计结算量占东部地区跨境贸易人民币结算业务总量的比重超过 80%。

五、中资银行占有绝对优势。中资银行尤其是国有大型银行凭借其广泛的结算网络资源优势和客户优势，占据了已开办业务量的绝大多数。同时，中资银行以跨境贸易人民币结算为契机加快海外布局。据人民银行营管部调查，截至 2010 年底，政策性银行、国有商业银行、部分股份制银行在亚洲、欧洲、美洲、非洲和大洋洲的 29 个国家和地区设有境外营业性机构 104 个。

六、业务运行稳健。人民币跨境流动由于减少了汇兑环节，更需要加强对资金流动的监测和交易合法性的约束和监管。据调查，东部地区人民银行各级分支机构及时对人民币跨境收付情况进行统计、分析、监测和事后检查，做到逐日逐笔进行非现场核查，完善人民币跨境收付信息系统与国际收支系统的数据核对机制。目前，跨境人民币结算保持稳健运行态势。

资料来源：中国人民银行南京分行金融稳定处。

（六）民营企业参股地方金融进程不断加快，产融结合中蕴藏风险

东部地区经济相对发达，民营资本活跃，金融机构种类齐全。随着金融改革不断推进，产融结合发展较快。2010 年 5 月，国务院出台《关于鼓励和引导民间投资健康发展的若干意见》（以下简称“新 36 条”），鼓励和支持民间资本进入金融服务等传统领域。东部地区民营企业积极参股地方金融，参股规模持续扩大，参与程度不断加深。截至 2010 年底，东部地区民营企业参股金额约为 861.49 亿元，同比增长 65.82%，占参股金融机构总股本的 40.51%，比上年提升 10.74 个百分点。

民间资本进入金融服务领域，对促进地方经济健康协调发展，推动金融改革与创新以及缓解中小企业融资难题等方面具有重要意义。但目前民间资本参股金融仍属于产融结合的初级阶段，配套环境有待完善。此外，产融结合使得产业与金融的外部关系内部化，容易引发道德风险。金融行业固有的高负债率特征可能影响实业经营，存在交叉性风险隐患。随着产融结合形式的多样化和跨区域参股进程的加快，交叉性风险监管的难度加大。

专栏 12　东部地区民营企业参股金融*典型调查

近年来，随着金融业的快速发展，东部地区民营企业参股金融的现象逐渐增多，不仅在规模上持续扩大，参与程度也不断加深。产融结合的快速发展，既有其合理的动因和客观条件，也蕴涵一定的风险因素，需要进一步明确政策导向，加强管理，促进产融结合健康发展。

一、民营企业参股金融现状

1. 参股规模持续扩大。根据对东部地区部分地方法人金融机构的调查，截至 2010 年底，东部地区民营企业参股金额约为 861.49 亿元，比上年末增长 65.82%，占参股金融机构总股本的 40.51%，比上年末上升 10.74 个百分点。其中，山东、浙江两省民营企业参股金额达 675.99 亿元，比上年增长 54.01%，占参股金融机构总股本的 55.23%，比上年提高 11.96 个百分点。总体来看，东部地区民营企业参股金融进程不断加快，已接近参股金融机构总股本的 1/2。

2. 参股收益率总体稳定。在本次调查涉及的参股金融民营企业中，我们筛选出 2009 年、2010 年均有分红，并且财务数据报送完整的 3 401 家企业进行了对比分析。2010 年底，3 401家样本民营企业平均参股收益率为 11.11%，比 2009 年下降 1.28 个百分点。其中，2010 年参股收益率最高和最低分别为 77% 和 0.01%，参股对象均为农村信用社。60.16% 的企业参股收益率与上年持平，1.26% 的企业参股收益率比上年略有提高，38.58% 的企业参股收益率比上年略有下降。现阶段民营企业参股金融的分红收益率并没有像预期中的逐

* 本专栏所指参股金融，主要指民营企业（不含个人）对金融业的长期股权投资，包括两部分：一是对非上市金融机构的全部股权投资，金融机构的类型主要包括地方性法人金融机构；二是上市金融机构中股本份额达到一定比重的股权投资，企业在二级市场小规模买卖金融股的行为不纳入考察范围。

年提高，其中一个重要原因在于金融机构倾向于将盈利更多地投入发展，而企业也大多对此认同，并看好参股金融的长远和潜在回报。

3. 参股行为对金融机构的影响有限。尽管地方法人金融机构目前已对民营资本开放，但开放程度有限，民营企业想绝对控股难度很大，总体持股份额虽然较大，但股权非常分散。根据对东部地区 6 588 家企业的抽样调查，仅有629 家企业进入董事会和监事会，占比还不到10%，绝大部分企业仅作为普通财务投资者，较少参与金融机构的深度管理。此外，大部分企业对金融业的运作比较陌生，不具备经营金融机构的经验和能力，即使有实力也不一定控股，初期大都采取逐步尝试的方式，在积累足够的经验后，才会增资控股，对投资金融业总体表现较为谨慎。

二、对民营企业参股金融现状的几点认识

1. 总体仍处于产融结合初级阶段。还没有完全形成发展战略、信息、客户、产品、品牌等多方面的协调与整合，协同效应有待提高。部分参股金融机构的民营企业，以单纯获取利润回报为主要动机，不主动参与金融机构的管理，产融深度结合发展的意识有待强化。

2. 外部环境存在制约。民营企业参股金融的门槛较高，市场机会有限，配套环境亟待完善，主要表现在参股比例限制，进入退出机制不完善，不能参与金融机构决策，金融股权无法进行市场流通等，还有不少企业表示不了解参股金融的相关政策，也缺乏熟悉金融业运作的专业人才。

3. 存在交叉性风险隐患。产融结合使实业企业与金融机构的外部关系内部化，容易引发逆向选择和道德风险，加剧金融行业与产业行业风险的相互渗透。此外，金融行业固有的高负债率风险会影响到产业企业经营，反过来又影响金融企业的运转，助推交叉性风险的蔓延。

4. 难以形成有效监管。缺乏专门的制度框架和职能部门监督管理产融结合，一些金融控股公司资本难以核实，资本重复计算现象较多。大量关联交易甚至虚假交易难以监管，存在通过资产转移掩盖真实状况的现象，容易导致系统性金融风险积聚。

三、关于稳安推进民营企业参股金融的政策建议

1. 酌情采取差别化的政策导向。对于以获取融资便利、短期投机谋取利润为目的的产融结合，要加以限制。对实力雄厚，打算长线投资的企业和以实现多元化发展战略为目的的企业，其进军金融业有利于推进金融改革，应当予以鼓励。

2. 尽快出台民间资本进入金融领域的实施细则。建议有关部门按照“新36 条”的总体要求，尽快研究出台有关细则，完善政策配套，消除民营资本进入金融业的隐性壁垒和政策歧视，真正做到给民营资本以“国民待遇”。

3. 加强监管防止风险传递。加快建立产融结合的监督管理机构，在信息共享、协调配合的基础上行使监管职责，防止出现监管真空和重复监管。加强对企业参股金融行为的引导，完善市场准入，加强关联交易监管，严格控制金融机构对股东的融资和授信，防止关联交易风险跨行业传递。

资料来源：中国人民银行杭州中支金融稳定处。

（七）量化评估

运用区域金融稳定定量评估模型⑪，对东部地区的区域金融稳定状况进行评估。从定量评估结果来看，东部地区2010年金融稳定状况综合得分为89.5分，较上年提高2.2分，属于稳定区间⑫，较全国平均水平高出1.8分，其中宏观经济和金融生态环境较其他地区具有明显优势（见图14）。数据表明东部地区基本克服了国际金融危机的不利影响，金融稳定状况大幅回升。

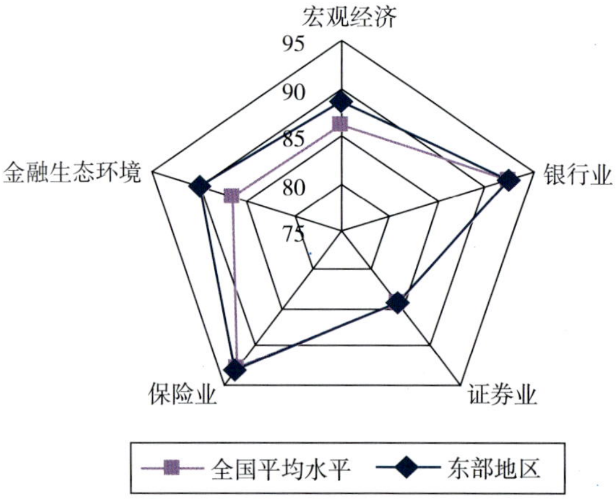

图14　2010年东部地区金融稳定状况和全国平均水平的比较

从具体指标的变动情况来看（见表9），东部地区共有9项指标较上年有所改善，6项指标较上年有所下降，10项指标基本与上年持平。其中，在宏观经济方面，固定资产投资增长更趋合理，进出口和利用外资情况出现好转，农村居民收入适度增长，物价水平和房价水平较上年有所改善，但第三产业增加值和城镇居民可支配收入增速有所放缓。在上述因素的共同作用下，宏观经济得分较上年大幅提升。银行业受流动性趋紧因素影响，得分出现小幅下降。证券业由于市场波动带来盈利水平下降，稳健运营基础有所削弱，得分出现下滑。保险业在保费收入大幅增加和退保率有所改善的影响下，得分出现上升。在金融生态环境方面，地方财政收入稳步增加，但法治环境调查得分和征信数据覆盖率均有所下降，最终得分出现小幅下滑。

表9　2010年东部地区评价指标及其变动情况

指标分类	变动方向	评价指标	变动情况		
			改善	稳定	下降
宏观经济	↑	国内生产总值增长率		√	
		第三产业增加值增长率			√
		全社会固定资产投资增长率	√		
		社会消费品零售总额增长率		√	

⑪ 具体评估方法详见《中国区域金融稳定报告（2008）》。

⑫ 将定量评估结果进行五大区间的等级评估：非常稳定（95分及以上）、稳定（85～95分）、较稳定（75～85分）、较不稳定（60～75分）和不稳定（60分以下）。

续表

指标分类		变动方向	评价指标	变动情况		
				改善	稳定	下降
宏观经济		↑	实际利用外资增长率	√		
			进出口总额增长率	√		
			城镇居民可支配收入增长率			√
			农村人均纯收入增长率	√		
			居民消费价格指数	√		
			城镇登记失业率		√	
			典型城市房地产销售价格指数	√		
金融机构	银行业	↓	核心资本充足率		√	
			不良贷款率		√	
			资产利润率		√	
			流动比率			√
	证券业	↓	净资本充足率		√	
			净资本负债率		√	
			资产利润率			√
	保险业	↑	寿险公司退保率	√		
			应收保费率		√	
			保费收入增长率	√		
金融生态环境		↓	法治环境调查综合得分			√
			地方财政收入占 GDP 比重	√		
			银行服务密度		√	
			征信数据库覆盖率			√

注：表中“↑”代表改善，“↓”代表下降，“→”表示稳定。

结合历史数据考察区域金融稳定变动趋势（见图 15），东部地区总体金融稳定水平基本维持在稳定区间并随经济周期同步小幅波动。其中，宏观经济得分受金融危机直接影响，从 2007 年

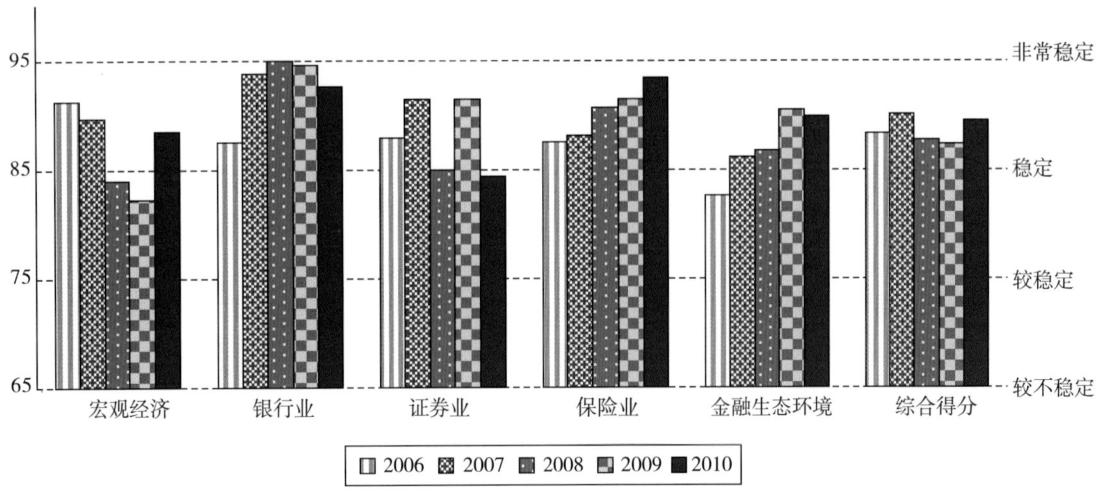

图 15　2006—2010 年东部地区金融稳定状况的比较

开始逐年下降，2009 年触底后 2010 年开始回升，整体呈现“U”形趋势。银行业从 2007 年开始基本维持在较高水平并小幅波动，在三大行业中稳定性表现最好。证券业稳定状况受市场波动影响较大，总体呈现倒“W”形趋势，波动幅度较大。保险业稳定状况呈现逐年上升的趋势，稳定状况良好。金融生态环境得分在连续上升之后基本维持在稳定区间。

二、中部地区

2010 年，中部地区围绕经济转型和跨越式发展目标，深入推进区域经济圈建设，实现经济稳定较快增长。地区银行业改革深入推进，资产规模持续扩张，盈利能力稳步提高。直接融资显著增长，证券期货机构资本实力逐渐提升，创新业务较快发展。保险经营机构盈利能力改善，保险覆盖面增加，保障功能进一步发挥。

（一）经济增长质量显著提升，但地方政府财务稳健性需引起关注

2010 年，中部地区财政收入、企业经济效益和城乡居民收入增速稳步提高且收入结构有所改善，经济增长质量显著提升。全年地方财政一般预算总收入同比增长 26. 14%，较上年提高 11. 76 个百分点，主体税种对地方财政增长贡献度增强；规模以上工业企业利润总额同比增长 54. 11%，较上年提高 39. 27 个百分点；城镇人均可支配收入和农村人均纯收入同比分别增长 11. 11% 和 14. 75%，较上年提高 2. 59 个和 7. 40 个百分点。

地方财政收入持续较快增长的不确定因素增多，地方财政运行稳健性需引起关注。一是地方财政收入持续增长存在较大不确定性。国家严格控制钢铁、水泥、煤化工、电解铝等行业的产能，对中部地区重点税源企业影响较大。房地产市场调控政策逐步落实，对房产、土地及相关产业链上缴税收产生较大影响。二是地方债、地方政府融资平台的或有负债等持续增加导致地方财政收支缺口加大，财政资金流动性和偿还能力将面临挑战。三是地方财政民生类刚性支出持续增加使得地方财政收支缺口继续扩大。2010 年，中部地区地方财政一般预算收支缺口达 8 235. 9亿元，比上年增加了 865. 4 亿元。

（二）直接融资增长较快，但资金供需矛盾仍然存在

近年来，中部地区加快武汉城市圈、皖江城市带等经济圈建设，加大招商引资力度，在经济保持较快增长的同时，融资需求也快速增长。2010 年，中部地区新增上市公司 40 家，累计募集资金 1 044. 26 亿元，同比增长 147. 52%；当年募集资金总量与新增贷款的比率为 8. 39%，较上年提高 5. 58 个百分点。但是，中部地区金融业相对不发达，金融创新的基础较为薄弱，直接融资比重相对较低，信贷政策回归常态对中部地区经济发展的影响已经显现，部分行业贷款审批条件有所收紧。经济较快增长势头和信贷增速放缓的矛盾可能显现，特别是在直接融资基础较弱的县域和经济欠发达地区这一矛盾尤为突出。

（三）银行业改革稳步推进，但风险管理需进一步加强

2010 年，中部地区银行业机构改革步伐加快。江西省景德镇市城市信用社成功改制为景德镇

市商业银行。湖北省5家城商行改革重组的湖北银行获批筹建，8家农信社成功改制为农村合作银行。安徽省新设农村商业银行4家、农村合作银行9家，农村银行组建进度居全国前列。湖南省新设农村商业银行4家、农村合作银行7家，农村合作金融机构由改革前的1 987个减少到121个。

尽管地方银行业机构改革后资本充足性、资产质量、盈利能力等指标均有较大幅度提高，但下述问题仍需关注：一是地方金融机构快速扩张的风险不容忽视。机构扩张使其资产规模迅速增大，部分城商行系统性资本短缺问题凸显；跨区域经营后分支机构增加，对原有的二级管理模式提出了严峻挑战。二是资本动态补充机制尚未建立，部分农村信用社资本充足水平较低，短期内通过自身积累的留存收益补充资本并达到监管要求的难度较大。三是地方金融机构的流动性压力增大。2010年，银行业法人机构超额备付金比例和流动性比例出现不同程度的下降，流动性缺口率不达标机构增多。四是农村信用社风险抵补能力相对较弱。大多数机构的贷款损失准备充足率在70%以下，拨备覆盖率在40%以下，距监管标准存在较大差距。

专栏13　金融支持中部崛起

为加快推进中部崛起战略实施，国家先后批准了中部地区武汉城市圈、长株潭城市群、鄱阳湖生态经济区、皖江城市带承接产业转移示范区和山西省资源型经济综合配套改革实验区规划，中部六省在相继落实经济圈规划建设的同时也加快推动地方金融改革发展，金融业在支持地区经济发展过程中存在历史性机遇，但目前仍存在发展规划缺乏、金融融合相对滞后、金融聚集效应弱等问题。

一、金融支持中部崛起的主要措施

1. 加快推进地方金融改革与发展。一是城商行改革取得新突破。2010年，湖北省5家城商行改革重组为湖北银行，湖南省“四行一社”成功重组为华融湘江银行。二是农村合作金融机构改革稳步推进。2010年，安徽省、湖南省、湖北省分别有13家、11家和8家农村信用社改制为农村合作银行和农村商业银行。三是新型农村金融机构发展较快。2010年，安徽省、山西省、河南省批准开业村镇银行分别达11家、6家和17家，农村资金互助社各1家。四是省外银行和外资银行网点布局势头强劲。部分省外城市商业银行、股份制商业银行以及花旗银行、新韩银行、汇丰银行、东亚银行等外资银行共二十余家在中部地区布局设立分支机构。

2. 完善金融服务配套措施。安徽省制定了银行业、证券业、保险业、外汇管理等领域支持皖江城市带承接产业转移示范区建设的意见方案，出台了县域新增存款主要用于当地的指导意见；江西省出台了金融支持鄱阳湖生态经济建设指导意见，加大对战略性新兴产业、低碳经济的信贷支持；湖北省出台了新设银行业金融机构金融服务与管理规定、跨境贸易人民币结算试点操作规程和业务备案流程等规范性文件，提升了金融服务的整体水平。

3. 推动金融创新。安徽省出台了推进农村金融产品和服务方式创新的实施意见等系列政策措施；江西省开发了土地承包经营权抵押贷款、农民住房贷款、林权抵押贷款等金融创新产品；湖北省探索中小企业科技三项经费质押、知识产权质押、股权质押等“新型质押”融资方式。

4. 建立金融支持的激励机制。2010 年，安徽省出台了县域金融机构涉农贷款增量奖励试行实施细则。

5. 加强金融生态环境建设。湖南省发布了社会信用体系建设工作要点，湖北省积极开展金融信用市（州、县）和“A 级信用企业”评比活动，江西省将各市、县金融生态环境建设工作纳入政府政绩考核体系。

二、金融支持中部崛起中存在的主要问题

1. 金融发展缺少统一规划。目前，中部地区支持金融发展措施相对零散且缺少计划性、协调性，可能导致金融资源在区域间的错配，影响到金融对中部崛起战略的实际支持效果。

2. 金融融合滞后于经济融合需求。中部地区金融融合尚处于初步阶段，如安徽省金融业与沪、苏、浙长三角地区的合作仍局限于支付结算领域和异地银团贷款或委托贷款领域，中部地区各省金融中心建设缺乏协作配合。

3. 金融集聚效应弱。目前，中部地区金融发展水平整体相对较低，金融聚集效应尚不明显。银行业机构网点覆盖面较少；证券公司的数量和资产规模在全国占比份额较小，与地区经济发展规模、速度不匹配；期货公司多数为经纪类公司，创新能力相对较弱；保险密度和保险深度远低于经济发达地区，保险业服务经济的保障水平不足。

4. 先行先试政策实施不理想。国家赋予区域规划的部分地区先行先试的优惠政策在金融领域面临缺少创新型操作平台等问题，影响了政策的实施效果。规划区内金融机构布局、金融服务体系建设不均衡现象较为突出，金融支持规划区建设机制尚未建立。

资料来源：中国人民银行郑州中支和合肥中支金融稳定处。

（四）上市公司业绩逐步提高，但结构有待改善

受益于经济稳步较快增长的市场环境和中部崛起的有利条件，中部地区的上市公司业绩逐步改善。2010 年前三季度，江西省、湖北省、湖南省的上市公司营业收入分别同比增长 47.3%、30.69% 和 36.62%，归属于母公司的净利润同比分别增长 59.19%、26.62% 和 83.00%。但中部地区上市公司数量在全国占比仍然较少，后备资源相对不足，融资主体结构有待完善。一是高新技术企业、创新型企业数量偏少。二是产业结构不尽合理，煤炭、钢铁、水泥等“两高一资”行业比重较大，国家对“两高一资”型企业的直接融资上市审批标准渐趋严格。以山西省为例，山西省上市公司主要集中于资源性行业，1/3 的上市公司为煤焦行业企业，高新技术企业仅有 4 家。三是地区分布不均衡，上市公司主要集中在省会及经济较发达城市。例如，太原市上市公司数占山西省的 50%；湖南省年内首发上市的 14 家公司中，长沙、岳阳、株洲三地占了 10 家。

（五）保险机构盈利水平显著改善，但盈利能力持续性受到多重因素的制约

中部地区保险业在加强成本费用管理，提升保单内涵价值方面取得了较大进步，多数省份实现全行业盈利。2010 年，安徽省产险业应收保费率、综合费用率和综合成本率分别同比下降

1.47个、5.24个和18.62个百分点，实现承保利润5.17亿元；湖南省产险业综合赔付率、综合费用率和综合成本率同比下降10.57个、3.95个和14.52个百分点，实现盈利6.07亿元，产险公司盈利面达89.47%；江西省虽然遭遇全省大面积洪灾的不利影响，产险业仍实现利润1.35亿元，盈利公司由4家增加到8家。

保险机构盈利能力的可持续性受到以下因素制约：一是货币政策调整对承保业务影响较大。以加息为例，至2010年底，一年期存款基准利率为2.75%，高于传统寿险的预定利率上限，传统寿险销售压力较大，同时万能险、分红险等保单资金成本进一步提高，退保率可能上升。二是监管新规调整带来的短期影响。2010年11月银监会发布《关于进一步加强商业银行合规销售与风险管理的通知》，禁止保险公司在银行驻点销售。因目前寿险业务营销主要依赖于银保渠道，新规实行后的保险公司保费收入增速在第四季度出现明显下滑。三是自然灾害频发，赔付压力较大。2010年，中部地区连续遭遇低温冰冻雨雪、洪涝、旱情等重大自然灾害，保费收入增速逐季下降，而赔付增幅逐季上升。中部地区保险机构全年赔偿和给付额达570.23亿元，同比增长4.91%，较上年提高2.01个百分点。其中，财产险和农业保险赔付增速分别为17.96%和38.18%。

（六）保险覆盖面持续扩大，但市场秩序仍待规范

近年来，中部地区的保险业整体实力大幅提升，保险覆盖面持续提高，服务社会能力逐渐增强。2010年，中部地区保险密度和保险深度分别达到757.37元/人和3.26%，分别比上年提高184.42元/人和0.24个百分点。农业保险和农村小额人身保险覆盖面继续扩大。2010年，安徽省种植业承保面积达到该省种植面积的90%以上，较上年提高30个百分点；山西省养殖业、种植业保险保费收入同比增长40.5%；湖北省为231万低收入农民提供农村小额人身保险业务。保险业为重点工程建设提供配套保险服务，积极支持中部地区基础设施建设。2010年，山西省保险业为省内重点项目承担风险保额近700亿元；湖南省产险业为850亿元的高速公路、地铁等重点项目建设提供了工程保险保障服务，全年工程险支付赔款0.54亿元。责任险在教育、医疗、交通、旅游、高危行业等重点领域发展较快。2010年，湖南省责任险试点范围扩大到环境污染责任、医疗责任、高危行业安全生产责任等多个领域，全年提供风险保障3 720亿元，赔款支出1.25亿元。

但保险市场仍然存在一些不规范现象。财产险存在中介业务虚挂，农业保险虚假承保，保险机构拒保交强险，保险条款费率报备与执行不一致等问题；人身险方面，存在部分保险机构夸大产品收益，隐瞒告知事项等销售误导行为。

专栏14　银行领域金融消费者合法权益受侵害的主要形式

随着社会经济的发展和金融创新的不断深化，银行存取款、支付结算等金融服务与人们的生活日益密切，但金融消费者的合法权益受侵害问题也随之凸现，不利于金融稳健运行与发展。调查显示，目前银行领域金融消费者合法权益受侵害的主要形式表现为：

（一）侵害金融消费者财产权

1. 银行未尽安全保障义务，导致金融消费者被“克隆卡”盗取存款。该类纠纷往往起诉至法院，法院根据案情不同，判决银行赔偿损失的结果不尽一致。

2. 银行未及时受理挂失导致存款被盗取。这种情况一般发生在当储户遇到诈骗、银行卡遗失等情况后到银行挂失，银行工作人员以不合理方式拖延，导致客户存款被盗取。

3. 银行对外支付假币导致取款人损失，如消费者在一些银行柜台或ATM上收到假币。

4. 部分支取银行定期存款少计息。这种情况一般在储户要求提前支取部分定期存款时发生，有的银行以办理手续麻烦为由而全部支取定期存款，导致储户损失部分利息。对类似情况，储户一般选择沉默或口头提出异议，很少采取维权措施。

5. 不予兑换残损币。有的银行工作人员因残缺、污损人民币鉴定手续麻烦而拒绝为客户兑换。

6. 延压客户资金。有的银行在办理支付结算业务时，没有将客户的资金及时汇出或入账，侵犯了客户的财产权。

（二）侵害金融消费者公平交易权

1. 不合理或歧视性收费。

2. 强制增加一些不合理义务。如有的银行在为客户办理抵押贷款业务时，强制客户为其抵押物办理商业保险或为保证人办理人身意外伤害保险，有的还必须到银行指定的中介机构、保险机构办理评估、保险等手续。

3. 在合同中加重金融消费者责任。

4. VIP客户优先办理业务。VIP客户优先办理业务，是事实上的“插”队行为，特别是在排队人员较多的情况下，无疑是对一般客户的侵权，可能引发其不满情绪。

（三）侵害金融消费者知情权

1. 虚假宣传，“存款变保险”。如有的银行有意混淆保险产品与储蓄的不同特点，不明示风险，不讲明退保费用、现金价值和费用扣除等关键要素，宣传保险产品等同于存款并有保险功能，误导金融消费者，使金融消费者的“存款变保险”。

2. 夸大理财产品收益，误导宣传。一些银行在推荐理财产品时，故意夸大其投资功能，甚至对合同条款并未载明的投资收益率轻易作出保底承诺，隐瞒其不足之处，不充分揭示风险，诱导消费者购买。

3. 未全面、及时告知有关收费情况。

4. 信用卡业务中风险提示不够。

（四）侵害金融消费者隐私权

银行在为金融消费者开立账户、办理信用卡、贷款等业务时，收集了身份证、住址、电话号码、家庭成员、存款余额、账号等个人信息，银行应当依法为消费者保守秘密。但有的银行对信用信息管理不严，可能侵害金融消费者权益。

资料来源：《湖南省金融稳定报告（2011）》。

（七）定量评估

从定量评估结果来看，2010 年中部地区的金融稳定状况综合得分为 83.8 分，较上年提高 1.7 分，属于较稳定区间，比全国平均水平低 3.8 分。其中银行业、证券业和保险业得分均超过全国平均水平，但宏观经济和金融生态环境得分较低（见图 16）。

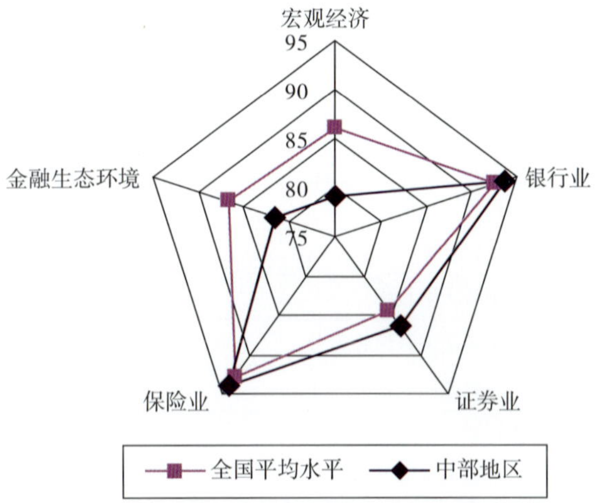

图 16　2010 年中部地区金融稳定状况和全国平均水平的比较

从具体指标变动情况来看（见表 10），中部地区共有 13 项指标较上年有所改善，4 项指标较上年有所下降，8 项指标基本与上年持平。其中，受固定资产投资合理增长、进出口和利用外资情况好转、城乡居民收入大幅提升、物价水平回落以及就业情况改善等正面因素影响，宏观经济得分较上年大幅提升，但第三产业增速放缓和房价增长较快的问题仍值得关注。银行业方面，虽然流动性趋紧，但金融机构的资本充足性、资产质量和盈利性均有所改善，故得分较上年有所提高。证券机构盈利水平有所下降，得分较上年有所回落。保险业受保费收入大幅增加影响，得分较上年有所增加。金融生态环境在法治环境调查得分和银行服务密度提高的影响下，得分也较上年有所提升。

表 10　2010 年中部地区评价指标及其变动情况

指标分类	变动方向	评价指标	变动情况		
			改善	稳定	下降
宏观经济	↑	国内生产总值增长率		√	
		第三产业增加值增长率			√
		全社会固定资产投资增长率	√		
		社会消费品零售总额增长率		√	
		实际利用外资增长率	√		
		进出口总额增长率	√		
		城镇居民可支配收入增长率	√		
		农村人均纯收入增长率	√		
		居民消费价格指数	√		
		城镇登记失业率	√		
		典型城市房地产销售价格指数			√

续表

指标分类		变动方向	评价指标	变动情况		
				改善	稳定	下降
金融机构	银行业	↑	核心资本充足率	√		
			不良贷款率	√		
			资产利润率	√		
			流动比率			√
	证券业	↓	净资本充足率		√	
			净资本负债率		√	
			资产利润率			√
	保险业	↑	寿险公司退保率		√	
			应收保费率		√	
			保费收入增长率	√		
金融生态环境		↑	法治环境调查综合得分	√		
			地方财政收入占 GDP 比重		√	
			银行服务密度	√		
			征信数据库覆盖率		√	

注：表中“↑”代表改善，“↓”代表下降，“→”表示稳定。

结合历史数据考察区域金融稳定变动趋势（见图 17），中部地区总体金融稳定水平基本维持在较稳定区间小幅波动。其中，宏观经济得分受经济周期影响较大，连续三年下降后 2010 年出现回升，呈现“U”形走势。银行业从 2008 年开始一直保持上升趋势，稳定性逐年增强。证券业受市场波动影响，得分波动幅度仍然较大。保险业得分在 2007 年下降之后，连续三年保持上升且一直维持在较高的水平。金融生态环境得分则呈现逐年上升的趋势，但仍然偏低。

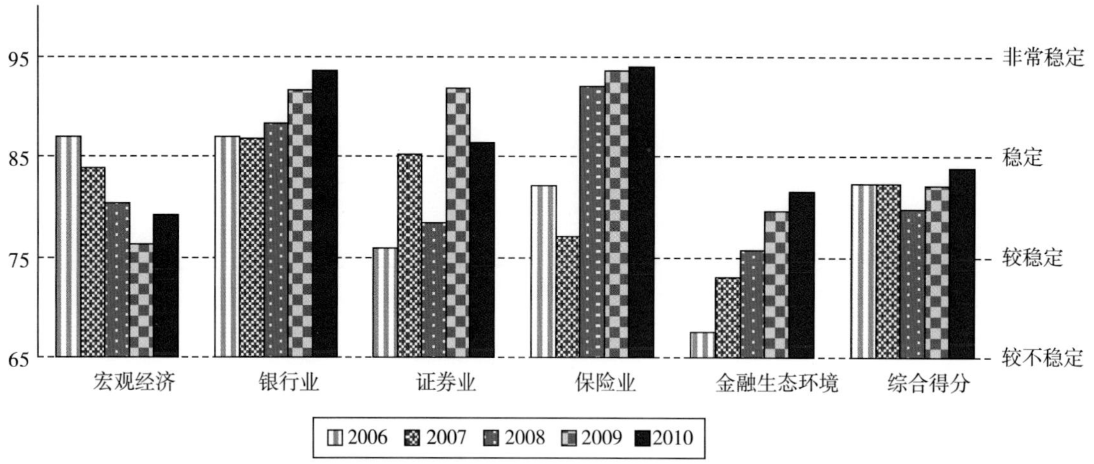

图 17　2006—2010 年中部地区金融稳定状况的比较

三、西部地区

2010 年是西部大开发战略实施十周年。西部地区面对复杂的经济金融环境和突发的重大自然灾害，全面落实国家宏观调控政策和区域发展战略并初见成效，经济社会总体保持了平稳较快的发展态势。银行业资产负债规模持续增长，盈利水平和资产质量进一步改善，整体流动性较为充裕。上市公司规模扩大，直接融资能力上升。保险业稳步发展，风险补偿和社会保障功能增强。金融基础设施建设深入开展，金融体系整体运行平稳。

（一）第二产业拉动经济快速增长，但经济增长的内生动力仍然不足

2010 年，西部地区经济延续了回升向好的发展势头，全年实现地区生产总值 8.08 万亿元，同比增长 14.16%，较上年提高 0.61 个百分点。其中，内蒙古自治区和陕西省地区生产总值首次突破万亿元，重庆以 17.1% 的增速位列西部地区之首。从三次产业结构来看，第一产业和第三产业增加值增速均出现了不同程度的下降，第二产业特别是工业成为拉动经济增长的重要引擎。截至 2010 年底，第二产业增加值达到 4.05 万亿元，同比增长 18.85%，增速较上年提高 2.34 个百分点，占 GDP 的比重达到 50.09%，较上年提高 2.85 个百分点。同时，西部地区共有 9 个省区规模以上工业增速超过全国平均水平，广西和重庆以 23.7% 的增速并列全国第一。

虽然西部经济保持较快增长，但经济内生发展动力仍有待进一步提高。一方面，消费和外贸对区域经济增长的贡献依然有限。2010 年，西部地区实现社会消费品零售总额 2.69 万亿元，名义增长 18.84%，增速较上年下降 0.35 个百分点，扣除价格因素，实际增速较上年下降接近 4%。在刺激消费的政策逐步退出后，市场自主消费能否聚集形成新的消费增长亮点值得关注。在外贸方面，2010 年西部地区进出口快速增长，但总量依然较小，全年进出口总额 1 282.56 亿美元，同比增长 39.97%，仅占全国总量的 4.31%。另一方面，西部经济增长过度依赖国有投资的发展模式还未得到根本改变。在投资项目资金来源中，政府预算内资金和银行贷款增长依然较快。随着第二轮西部大开发的推进，应关注充分调动内需、积极引导民间投资参与社会经济活动等问题。

（二）银行业资产质量继续改善，但贷款中长期化趋势有所加剧

截至 2010 年底，西部地区银行业本外币各项存款余额 12.54 万亿元，同比增长 23.04%，各项贷款余额 8.85 万亿元，同比增长 23.24%，存贷款增速虽较上年均有所下降，但仍高于全国平均水平。银行业金融机构存贷比为 70.58%，较危机前的 2007 年底下降 0.48 个百分点。银行业经营状况明显改善，资产质量继续提高，抗风险能力增强。2010 年，西部地区银行业账面利润总额达到 2 049.29 亿元，同比增长 48.16%，连续两年保持 40% 以上的增速。除青海和西藏不良贷款余额和不良贷款率有所反弹外，其他省份不良贷款均实现“双降”。各地银行业金融机构加大拨备计提力度，地方法人金融机构拨备覆盖率大幅提高，抵御风险能力有所增强。四川省城市商业银行平均拨备覆盖率达到 338.4%，同比提高 150.57 个百分点。甘肃省地方法人银行机构拨备覆盖率达到 71.45%，较上年提高 23.37 个百分点。陕西省的地方法人银行机构的拨备

覆盖率也达到73.28%的高点。

值得注意的是，西部地区贷款中长期化趋势仍然明显。截至2010年底，西部地区中长期贷款余额达到5.84万亿元，较年初增加1.21万亿元，同比增长26.37%，占全年新增贷款的92%。其中，陕西省中长期贷款增量已超过全年各项贷款增量，云南、甘肃等地区的中长期贷款增量也接近全年各项贷款增量。西部地区中长期贷款占比65.64%，其中重庆中长期贷款占比高达80%，高于全国平均水平20个百分点。中长期贷款增长加快，对贷款总量控制造成压力，银行改善贷款结构难度加大，潜在的信用风险和流动性风险加大。西部地区中长期贷款相当一部分是投向基础设施建设项目，土地、固定资产投资、公用事业收费等领域的政策调整和变化可能会加大中长期贷款的整体风险。

专栏15 西部大开发战略助推银行业快速发展

自2000年西部大开发战略正式实施以来，西部地区经济实现了跨越式发展。在各项政策的支持和引领下，银行业资本实力显著提高，服务能力进一步增强，有力地支持了区域经济增长。

一、银行组织体系日益完善，新型农村金融组织发展迅速

至2010年底，西部共有银行业一级分行252家*，地方法人银行机构1 421家，银行业资产总额154 040.39亿元，负债总额150 015.55亿元。成立村镇银行112家，农村资金互助社13家，分别占全国总量的32.1%和35.1%。已开业小额贷款公司1 224家，约占全国总量的50%。其中，内蒙古自治区设立小额贷款公司422家，注册资本312.5亿元，数量和注册资本居全国第一。

二、外资金融资本流入增加，银行涉外业务显著提升

大开发战略实施以来，香港东亚银行、汇丰银行、南洋商业银行、新加坡星展银行等外资银行纷纷落户西部。至2010年底，外资银行共在西部设立分行或代表处28家。惠普全球结算中心、全球跨国支付平台PayPal公司等第三方国际支付结算巨头在重庆成立了机构。新疆、内蒙古、四川、重庆、广西、云南、西藏等七个省（区、市）积极开展跨境贸易人民币结算业务试点，新疆、广西还成为跨境直接投资人民币结算试点的省区。

三、金融创新成效显著，银行业服务能力增强

西部银行业金融机构积极尝试信贷资产转让、银团贷款等金融创新产品，各省区结合实际着力推出了小企业信贷、仓单质押贷款、出口退税质押贷款、经营性特权质押贷款等多种新型信贷产品，有效增加了金融服务供给。四川、陕西两省的银团贷款量居全国前十，攀枝花商业银行是全国首批进入贷款转让交易系统的银行之一，内蒙古率先组织推动中国银联在国外发行人民币借记卡，农业银行四川省分行是全国第一张惠农卡的发卡行。

---

* 仅指银行机构，不含信托、金融租赁公司、财务公司等。

四、银行业改革稳步推进，区域金融稳定微观基础得到夯实

城市商业银行通过重组、改制、剥离等方式，资本实力大幅提高，迈入发展新阶段。陕西省5家地方法人银行业金融机构合并重组为长安银行，重庆银行、南充市商业银行、成都银行、德阳市商业银行、西安银行、兰州银行、青海银行、宁夏银行、昆仑银行等引入境内外战略投资者实现了跨越式发展，宁夏银行、重庆银行、成都银行、南充市商业银行等机构已开始跨省区经营。

农村信用社改革成效显著。至2010年底，西部地区已有800余家信用社完成了专项票据兑付工作，累计兑付资金700多亿元。重庆农村商业银行在香港挂牌上市，是全国首家上市的农村商业银行。

五、区域业务合作不断加强，区域金融中心建设努力推进

为配合大开发，国家先后出台了北部湾经济区、关—天经济区发展规划，2011年即将出台成渝经济区发展规划。区域发展规划的落实需要巨额的资金支持，为金融业加快发展提供了上升空间。2010年底，北部湾经济区各项存款余额5 321.69亿元，各项贷款余额4 966.21亿元，均较2007年底增长了一倍多；关—天经济区的银行贷款总额8 273.28亿元，较年初增长19.16%。经济区的“资金洼地”效应逐步显现。

广西、陕西、四川、重庆等省市纷纷提出建立区域金融中心的规划，并初见成效。广西出台相关政策鼓励金融机构入桂创业，目前已有7家股份制银行进驻广西。西安市着力打造金融商务区，并将以此为基础把西安建设成为辐射西北的西部区域金融中心。重庆计划在2015年初步建成长江上游金融中心，目前重庆金融业占地区生产总值的比值已超过6%。四川省在《西部金融中心建设规划（2010—2012）》中提出，要在2012年初步将成都建设成为西部金融中心，区域金融业正迈进一个全新的发展阶段。

资料来源：中国人民银行西安分行金融稳定处。

（三）上市公司规模扩大，但上市后备资源相对不足

2010年，在经济回升向好和新股发行恢复等因素影响下，西部地区上市公司数量和融资总量均创历史新高。全年新增境内上市公司31家，其中主板新增5家，中小板新增14家，创业板新增12家。截至2010年底，西部地区共有上市公司336家，其中主板上市269家，中小板上市49家，创业板上市18家；总股本达到1 802.91亿股，较上年增加341.81亿股；总市值达到25 659.23亿元，同比增长27.02%。全年募集资金总额达1 865.85亿元，同比增长161.52%，其中首发募集资金1 476.65亿元，增发募集资金362.93亿元，配股募集资金26.27亿元。随着西部大开发战略的逐步推进和资本市场基础建设的日益加强，资本市场已经成为西部地区经济发展向纵深推进的强大动力。

西部地区上市公司主要分布在化学、有色金属冶炼、电力电气、机械制造、房地产开发以及零售等行业，大多数都是区域性或行业性的龙头企业。但部分上市公司后续发展动力不足，个别企业经营还存在较大风险。与此同时，由于经济基础薄弱、总体发展水平较为落后，西部

地区上市公司的后备资源相对匮乏。各地拟上市公司普遍存在规模较小、竞争力不强等问题，距上市条件差距较大。以西部某省为例，该省近70家企业列入上市培育名单，但其中未改制的企业达到60%，完成改制且达到上市条件的企业不足20家，而进入辅导程序并备案的企业仅8家，其中完成辅导验收并向证监会报送申请材料的企业仅有2家。上市后备资源挖掘不足，已成为制约西部地区资本市场持续发展的一个主要问题。

（四）保险业保障民生作用显著，关注银保合作政策的后续影响

2010年，西部地区保险业充分发挥补偿功能。首先，在应对自然灾害的过程中，保险业积极参与抗灾救灾，在稳定灾区群众生产生活和支持灾后重建方面发挥了积极作用。甘肃省保险机构在舟曲泥石流灾害中累计赔付支出达1 629.9万元，为灾后重建作出了突出贡献。贵州省保险机构在应对特大旱灾以及关岭“6·28”特大山体滑坡灾害中充分发挥出扶助民生的积极作用。其次，各地“三农”保险取得突破。广西壮族自治区通过开展田东农业保险试点，建立农房保险保障体系，推广农村小额人身保险等措施，积极推进“三农”保险工作。甘肃省扩大政策性农业保险补贴范围、补贴地区和补贴比例，积极开展商业性农业保险试点，农业保险业务规模日益扩大，全省农业保险累计实现原保险保费收入5 559.43万元，同比增长46.18%。重庆市农村小额人身保险业务已承保19.5万人次，农村外出务工人员意外伤害保险惠及44.5万农民工，农村医疗责任险为814家农村基层医疗机构提供6 772万元的风险保障。陕西省农业保险共支付赔款1.2亿元，同比增长11.2%。

与此同时，西部地区保险业对银保销售渠道的依赖程度仍然较高，需要关注银保合作相关政策变动对西部地区保费收入持续增长可能产生的影响。目前，部分机构通过银行代理渠道实现的业务收入占全部收入的比重高达90%以上。随着《中国银监会关于进一步加强商业银行合规销售与风险管理的通知》的发布，银保驻点销售被禁止，不合格银保产品退出市场，商业银行代理保险业务得到规范。但在银保产品结构调整中，银保产品销售量有所收窄，保险公司保费收入出现下降。为此，需要关注银保合作相关政策变动对西部地区保费收入持续增长可能产生的影响。

（五）金融系统应对自然灾害能力有所增强，但金融应急管理体制有待进一步完善

西部地区地质条件复杂、自然条件和生态环境较为脆弱，是我国自然灾害频发的地区。近几年来接连发生的汶川地震、西南旱灾、玉树地震、舟曲山洪泥石流灾害等不仅给人民生命财产带来巨大损失，也给西部地区宏观经济运行造成明显的负面影响。面对各类重大自然灾害和突发事件，西部地区金融系统积极做好各项救灾应急和金融支持灾后重建工作，取得了一定的成效。

由于自然灾害具有突发性强、破坏性大、涉及面广、救灾难度大等特点，当前金融应急管理体制在应对各类突发自然灾害方面仍然面临一定的困难和挑战。一是重大突发事件的金融救济法律不足。我国虽然已经颁布了一系列与处理突发事件相关的法律法规，如《防震减灾法》、《突发事件应对法》等，但针对突发事件造成的其他相关法律后果及灾后救助问题仍然立法不全。由于金融救济法律缺位，群众防灾保险意识薄弱，一旦发生自然灾害，金融业减灾防损功能尚不能充分发挥。二是缺乏灾难备份系统。目前大多数已建有灾难备份系统的金融机构仍未达到监管机构对灾难策略和管理的要求，不少地方金融机构尚未建立灾难备份系统。这对于自

然灾害频发的西部地区金融体系的持续运作是非常不利的。

专栏16　自然灾害对金融应急管理体制的挑战

近几年来，“5·12”汶川地震、西南旱灾、舟曲山洪泥石流等一系列自然灾害对西部地区人民生命财产造成了巨大损失。面对各类重大自然灾害，金融系统各部门因地制宜，推出了一系列应急举措，“帐篷银行”、“流动银行”等成为灾区人民身边的银行，救灾捐款快速通道成为凝聚爱心的桥梁，这些应急举措保证了灾区金融服务的不中断，有效维护了灾区金融稳定和社会安定。在应对各类突发自然灾害的实践中，金融部门已初步建立起常态化、专门化的金融应急管理体制。但当前金融应急管理体制在应对各类突发自然灾害方面，仍然存在一些问题。

金融应急预案不够完善。自然灾害具有小概率、偶发性、危害难以预测等特征，使得分析预测未来可能出现的自然灾害及其对金融业的影响难度较大，导致现有的金融应急预案中的一些措施在实际操作中存在一定难度。

金融机构灾难备份体系不完善，灾后数据恢复能力不足。虽然目前大多数金融机构已经建有系统灾难备份体系，但这些备份多是全国性金融机构在总行一级或大区一级建立灾难备份系统，灾难备份以及业务连续性管理主要考虑IT部门，资金投入也主要集中在IT部门，许多重要的应用系统甚至还没有建立基本的灾难备份措施，不具备基本恢复能力。出于成本及网点布局等原因，部分金融机构特别是地方法人金融机构，尚未构建符合灾难管理策略的安全有效的备份体系，灾后数据恢复能力不足，对于其持续运作非常不利。而且，受地理位置和办公场所限制，基层金融机构办公设施、电子、网络设备难以实现真正意义上的“异地”备份，一旦在灾害中损毁将会造成重大损失。

应急物资保障不足，影响了金融应急处置和救援。目前，应急物资储备多集中在业务领域、生产领域和日常生活领域，灾害发生后能尽快恢复正常的业务运行和生产生活。但针对紧急状况下的人身急救设备、机具，如铁锹、撬杠、担架、急救药品等十分缺乏，严重削弱了直接救援能力。从“5·12”汶川地震、玉树地震、舟曲山洪泥石流来看，近年来重大自然灾害发生地多为地质条件复杂、自然条件差、交通落后的山区地带，特大自然灾害往往会造成灾区交通和地面通讯中断，由于金融部门普遍缺乏卫星电话、重型车辆等应急交通、通讯设备，导致无法在第一时间调查处理受灾情况，影响金融应急处置时效。

针对当前金融应急管理中存在的问题，在今后的实践工作中要进一步完善应急预案。例如，针对自然灾害突发事件制定专项应急预案，提高应急预案的针对性和有效性；加强部门联动，完善由地方党政牵头、相关职能部门参加的金融业应急管理机制，建立健全全方位的联动应急管理体系；逐步完善灾难备份系统，加强业务连续性管理，各级金融机构可根据自身的需求，选择合适的灾备系统建设模式；强化应急物资保障能力，尤其是为灾害易发地区金融机构配备应急工具和药品；加强宣传培训与金融应急演练，按要求定期制订切实可行的各种应急预案演练计划，增强应急实战能力；努力构建一个统一指挥、协调有序、运转高效的金融应急管理体系，以有效应对各类自然灾害的挑战。

资料来源：中国人民银行兰州中支金融稳定处。

（六）金融生态环境建设深入开展，金融运行环境逐步改善

2010 年，西部地区对金融生态环境建设的重视程度不断提高，金融运行环境逐步改善。以政府为主导的地区金融生态环境总体布局规划全面展开，有效解决了各地金融生态环境建设中遇到的困难和问题。西部地区支付清算系统建设进展良好，支付清算网络体系逐步完善，非金融机构支付服务管理不断加强。征信系统建设成效日益显著，截至 2010 年底，西部地区征信数据库覆盖率均达 70% 以上，最高的省份达 100%，企业征信系统入库人民币贷款余额 63 796.12 亿元，同比增长 36.09%。反洗钱工作继续向纵深推进，协作机制逐步完善，非现场监管基础作用充分发挥，案件协查成效显著。

西部地区金融生态环境建设的基础不断夯实，但同时还存在一些问题。例如支付清算体系还存在一些不完善的地方，非现金支付工具推广应用中仍存在无序竞争和违法犯罪活动，对商业银行行内综合业务系统支付交易信息监测还缺乏有效手段等。征信体系建设中由于采集的非银行信息更新不及时，质量有待进一步提高。各种犯罪活动引发的洗钱风险依然存在。中小金融机构在金融管理知识上较为匮乏，法制意识较为淡薄，制度不完善，执行力不强，风险控制能力较差，给金融案件防控造成一定困难。

（七）量化评估

从定量评估结果来看，2010 年西部地区金融稳定状况综合得分为 86.0 分，较上年提高 3.5 分，属于稳定区间，比全国平均水平低 1.6 分。其中宏观经济、银行业、证券业和保险业得分均接近全国平均水平，但金融生态环境得分仍存在一定的差距（见图 18）。

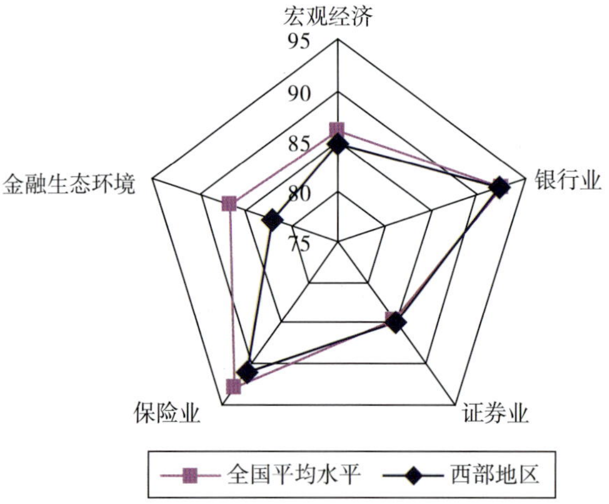

图 18　2010 年西部地区金融稳定状况和全国平均水平的比较

从具体指标变动情况来看（见表 11），西部地区共有 12 项指标较上年有所改善，5 项指标较上年有所下降，8 项指标基本与上年持平。在宏观经济方面，第三产业增速放缓、房地产价格增长较快，与此同时，固定资产投资合理增长，进出口和利用外资情况有所好转，城乡居民收入增长，物价水平有所回落，就业情况改善，宏观经济得分较上年有所提高。在银行业方面，虽然金融机构的资本充足性有所提高，但流动性趋紧导致得分出现下降。证券业受盈利水

平下降的影响，得分有所减少。保险业在保费收入大幅增加的影响下，得分有所提高。金融生态环境方面，地方财政收入占比、银行服务密度和征信覆盖率均有所提升，故得分较上年显著上升。

表 11　　2010 年西部地区评价指标及其变动情况

指标分类		变动方向	评价指标	变动情况		
				改善	稳定	下降
宏观经济		↑	国内生产总值增长率		√	
			第三产业增加值增长率			√
			全社会固定资产投资增长率	√		
			社会消费品零售总额增长率		√	
			实际利用外资增长率	√		
			进出口总额增长率	√		
			城镇居民可支配收入增长率	√		
			农村人均纯收入增长率	√		
			居民消费价格指数	√		
			城镇登记失业率	√		
			典型城市房地产销售价格指数			√
金融机构	银行业	↓	核心资本充足率	√		
			不良贷款率		√	
			资产利润率		√	
			流动比率			√
	证券业	↓	净资本充足率		√	
			净资本负债率		√	
			资产利润率			√
	保险业	↑	寿险公司退保率		√	
			应收保费率		√	
			保费收入增长率	√		
金融生态环境		↑	法治环境调查综合得分			√
			地方财政收入占 GDP 比重	√		
			银行服务密度	√		
			征信数据库覆盖率	√		

注：表中“↑”表示改善，“↓”表示下降，“→”表示稳定。

结合历史数据考察区域金融稳定变动趋势（见图 19），西部地区金融稳定水平总体上保持逐年向好的趋势。其中，宏观经济得分除 2009 年受金融危机影响出现明显回落之外，其余年份基本维持在 85 分上下小幅波动。银行业和保险业得分基本保持逐年上升的趋势，其中银行业得分从较不稳定区间提高至稳定区间，提升幅度较大。证券业得分从 2007 年开始一直保持在 85 分上下。金融生态环境得分相对较低，但从 2008 年开始历年均有不同程度的增长。

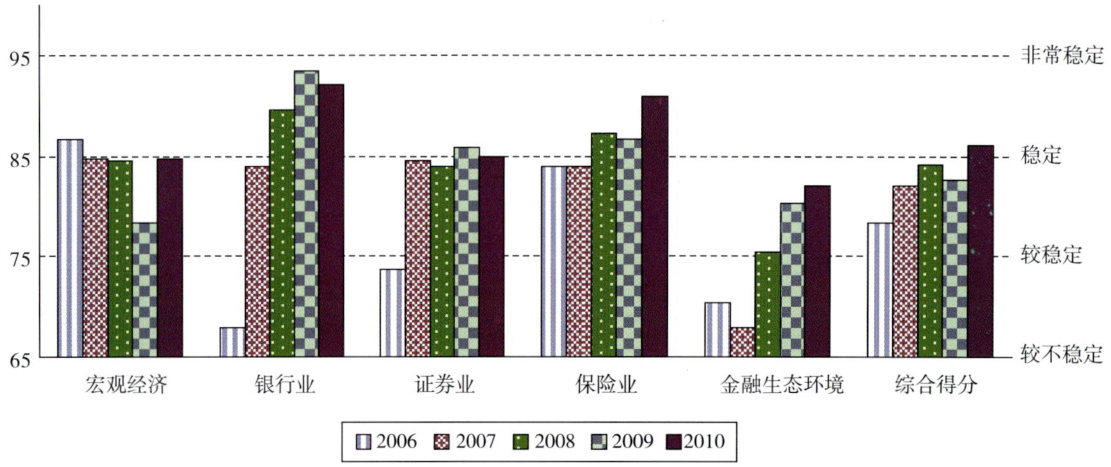

图19　2006—2010年西部地区金融稳定状况的比较

四、东北地区

2010年，东北地区认真贯彻落实党中央、国务院关于振兴战略的各项部署，经济社会发展继续保持良好态势。12月国务院办公厅转发《关于加快转变东北地区农业发展方式建设现代农业的指导意见》，东北地区现代农业建设步伐加快，黑龙江省、吉林省粮食增产工程建设顺利实施。工业经济运行质量显著提高，第三产业蓬勃发展，城乡居民收入特别是农村居民收入稳步提高。但产业优化升级任务依然艰巨，经济增长过度依赖投资拉动，东北三省发展差距有进一步扩大的趋势。应进一步激发东北老工业基地发展的内在动力，完善现代产业体系，加快新兴产业和服务业发展，加强生态环境保护，推动资源型城市的可持续发展。

（一）地区生产总值保持较快增长，但经济增长方式仍需改善

2010年，东北地区实现地区生产总值3.71万亿元，同比增长13.59%。投资增速保持高位，全社会固定资产投资同比增长32.11%，在四大区域板块中位居第一，分别高出东部、中部、西部地区11.22个、4.14个和7.25个百分点。东北地区固定资产投资占全国的比重已由2006年的9.7%提高到2010年的11.0%。地区消费活跃，消费需求对地区经济增长贡献增大。2010年，东北地区社会消费品零售总额同比增长18.7%。其中，辽宁省、吉林省和黑龙江省社会消费品零售总额同比分别增长18.6%、18.5%和19.0%，均高于全国平均水平。外向型经济势头强劲。2010年，东北地区实现进出口总额同比增长35.3%，占全国比重由2006年的3.9%提高到2010年的4.1%。辽宁省、吉林省和黑龙江省进出口总额同比分别增长28.2%、43.5%和57.1%。外商投资规模显著增加。2010年，东北地区实际利用外商直接投资额达到246.90亿美元，其中辽宁省由2005年的全国第六位上升至第二位。

但东北地区经济增长主要依赖投资拉动。2010年，东北地区固定资产投资相当于地区生产总值的82.8%，特别是吉林省已达到112.1%，辽宁省为87.7%，而同期全国为69.8%，东部、

中部、西部分别为51.07%、75.12%和79.46%。同时，东北地区城镇居民收入增长相对缓慢，2010年城镇居民人均可支配收入为15 893元，相当于全国平均水平的83.1%。其中，辽宁省、吉林省和黑龙江省城镇居民人均可支配收入同比分别增长9.3%、10.1%和10.3%，分别低于全国平均水平的2个、1.2个和1个百分点。受上年粮食价格高位运行的影响，2010年东北地区农村居民人均纯收入增幅较快，但农民收入较大程度依靠种植业，农民持续增收的基础仍不牢固。

（二）工业经济运行态势良好，但产业优化升级任务依然艰巨

2010年，东北地区规模以上工业增加值同比增长17.6%，较上年同期提高了2.1个百分点。辽宁省、吉林省和黑龙江省规模以上工业增加值增速分别为17.8%、19.9%和15.2%，较上年同期提高1.0个、3.1个和3.1个百分点。三省规模以上工业分别实现利润1 350.3亿元、794.7亿元和1 071.6亿元，分别增长50.1%、66.4%和25.2%。骨干企业发展势头良好，一汽集团产值突破3 100亿元，哈电集团销售收入超过350亿元。瓦轴集团利润同比增长45.5%，销售产品中为重大技术装备配套的替代进口产品占65%。沈阳机床、北方重工、大连重工等重点装备制造企业盈利水平明显提升。但产业优化升级任务依然艰巨。随着经济不断向好回升，东北地区钢铁、冶金、化工等高耗能行业生产开始回升，新项目也存在领域集中、技术和产品趋同问题，新兴产业集群尚未形成，现代产业体系亟待完善。2010年，东北地区单位GDP能耗均高于全国平均水平。吉林和黑龙江两省第三产业比重均明显低于全国平均水平。

专栏17　“十一五”时期东北三省装备制造业实现快速发展

“十一五”时期，东北三省作为我国装备制造业的重要科研和生产基地，抓住实施老工业基地振兴战略的有利时机，加快经济结构调整步伐，三次产业结构由13:49:38发展变化为11:52:37，第二产业占地区生产总值的比重提高3个百分点，其增加值由2005年的8 421.9亿元增加到2010年的19 389.7亿元，增长1.3倍。其中，装备制造业作为东北三省的支柱产业，发展迅速，行业规模和技术水平大幅提高，行业整体面貌发生了翻天覆地的变化。

产业规模快速扩张。2010年，辽宁省首次跨入全国装备制造业产值万亿元阵营，完成工业总产值12 454.5亿元，同比增长33.56%；吉林装备制造业实现增加值320.69亿元，占规模以上工业企业增加值的8.5%。

产业集群初步形成。沈阳经济技术开发区装备制造基地、大连湾临海装备制造业聚集区、齐齐哈尔装备制造基地等被确定为国家新型工业化产业示范基地。沈阳铁西装备制造业聚集区产业发展规划获批，初步形成了以机床、石化通用装备、重型矿山装备、输变电装备等为代表的装备制造业示范区。哈大齐工业走廊区域内已形成一批具有竞争优势和特色的装备制造行业。

自主创新体系进一步完善。目前，东北三省装备制造业已经形成了从教育、科研到工程设计完备的支撑体系，拥有大批知名专家和工程技术人员，拥有一批高等院校、著名的国家级科研院所和国家级企业技术中心。国家级企业技术中心目前已全面涵盖航空、海洋

船舶、汽车、轨道交通、电子、重型矿山机械、通用、基础件等诸多行业领域。其中，辽宁省积极吸纳国际创新资源，实施了“双百工程”并取得显著成效；吉林省启动了十大科技成果转化和十大科技攻关项目；黑龙江省依托哈工大成立了工业技术研究院。

市场竞争力大幅提升。近几年，东北三省装备制造业努力提升具有自主知识产权的核心竞争力，重大装备领域的自主研发不断取得新突破。我国首台特高压升压变压器和首台核反应堆压力容器等重大装备相继在辽宁研制成功；成立仅10年的新松自动化股份有限公司，通过自主研发拥有专利100多项，在掌握核心技术的基础上延伸开发了40多种机器人产品，打破了国外多项技术垄断；哈电集团自主创新制造世界首台双缸双排汽66万千瓦超临界空冷汽轮机组投入运行；齐齐哈尔第二机床集团具有完全自主知识产权的TK6932型超重型双立柱数控落地铣镗床成功研制，打破了西方技术垄断，填补了国内空白。

东北三省装备制造业的发展、创新取得了明显成效，但其发展任务依然艰巨。一是产业集聚效应不明显，行业集中度低，主导产业链条不长，企业之间缺乏协作联系，进一步提高市场竞争力的难度较大。二是自主研发和创新能力仍然薄弱，很多装备制造业企业在技术研究与开发等方面投入不足，我国装备制造业企业研发投入占销售收入的比重只有1.4%，而美、日、德等装备制造业强国的研发投入占销售收入的比重总体上都在3%以上。三是人才缺乏制约装备制造业发展，东北三省的装备制造业企业普遍缺乏具有高级技能的熟练技工，根据一项针对黑龙江省装备制造业20家大中型国有企业的调查显示，具有大专以上文化程度的技术工人只占技术工人总数的10%左右。

为实现东北三省装备制造业的可持续发展，应强化产业集群内核，构建专业化分工与协作的产业链，增强产业集聚的带动功能；构建行业共性关键技术研发平台，积极探索整合智力资本与社会资本的新机制，推动企业、高校和科研院所等创新主体之间形成合作网络，打造能够提供全系统服务的装备业巨头；充分发挥制度的保障作用，为人才培养营造良好的外部环境，通过资金补贴、建立实习基地等措施加大对技术工人的教育和培训力度。

资料来源：中国人民银行沈阳分行金融稳定处。

（三）金融生态环境建设取得显著成效，但不良贷款反弹压力较大

东北地区金融生态环境明显改善，经济与金融良性互动的格局初步形成。东北地区“资金洼地”效应初步显现。多数中资银行改变了以往针对东北地区的增存限贷政策，截至2010年底，东北地区银行机构各项贷款余额同比增长19.62%，各项存款余额同比增长18.22%。东北地区信用意识显著增强。各地政府都将信用建设作为改善地区经济环境的一项重要内容，企业更加重视信用记录，逃废银行债务的行为基本得到遏制。目前，东北地区先后有大连、哈尔滨、大庆、营口等城市跻身于国家级金融生态城市行列。

近年来，东北地区历史遗留金融风险基本得到化解，银行机构资产质量大幅提升。东北地区不良贷款继续保持“双降”，截至2010年底，不良贷款余额同比下降2.04%，不良贷款率为6.12%，较上年下降1.35个百分点。其中，黑龙江省的不良贷款率首次下降至个位数，实现了

历史性突破。同时，经济金融形势比较复杂，东北地区银行机构面临的外部环境不确定性较大，风险控制压力明显，不良贷款反弹压力增大。一是房地产市场相关贷款存在潜在风险。2010 年，在房地产市场调控政策力度不断加大的背景下，东北地区房地产开发贷款增速虽有明显回落，但截至 2010 年底，银行业机构房地产开发贷款余额已达 2 390. 7 亿元，同比增长 19. 03%。其中，辽宁省的房地产开发贷款增速为 38%，高于该省贷款平均增幅 17 个百分点。在房地产调控政策日趋严厉的情况下，房地产企业资金链压力增大，一些实力较弱的开发商可能面临着资金链断裂的风险。二是中长期贷款占比过高蕴涵风险。截至 2010 年底，东北地区中长期贷款余额20 310. 24亿元，同比增长 34. 38%，占各项贷款余额的 59. 23%。2010 年，东北地区银行机构累计新增中长期贷款 4 973. 25 亿元，占各项贷款新增量的 88. 43%。中长期贷款占比过高可能引发的流动性风险和信用风险需引起关注。三是地方政府融资平台贷款风险。很多地方政府平台公司的贷款项目都是应对金融危机期间发放的，贷款主体合规性、地方政府担保合法性、贷款项目的现金流和担保方式存在一些问题，需要防止和控制地方政府财政风险向银行体系转移。

（四）农村金融服务体系发展较快，但地方法人金融机构风险管理能力仍有待提高

东北地区大力推进农村金融体系建设，农业银行“三农事业部”改革在吉林省试点，农村信用社改革稳步推进，新型农村金融机构建设全面铺开。截至 2010 年底，东北地区已在原农村信用社基础上成立了 4 家农村合作银行和 8 家农村商业银行；新型农村金融机构中，已设立村镇银行 63 家，资金互助社 9 家，贷款公司 2 家。随着涉农金融服务主体改革不断深入，农村金融服务产品创新成果显著，涉农贷款投放逐年增加，为“三农”经济发展提供了强有力的支持。截至 2010 年底，东北地区金融机构涉农贷款余额为 7 766. 56 亿元，比 2008 年上涨 61. 98%。其中，农户贷款余额为 2 116. 52 亿元，比 2008 年上涨 85. 81%（见表 12）。

表 12　　**东北地区农村金融机构情况**　　单位：家

	2008 年	2009 年	2010 年
农村合作银行	3	5	4
农村商业银行	2	3	8
村镇银行	7	29	63
资金互助社	1	3	9
贷款公司	1	2	2

数据来源：中国人民银行沈阳分行、长春中心支行和哈尔滨中心支行。

近年来，包括新型农村金融机构和城市商业银行在内的地方法人金融机构扩张迅速，但重规模轻质量的问题不可忽视。一是部分新型农村金融机构资本约束意识淡薄，忽视资本规模对业务发展的限制，超风险承受能力扩张业务。二是地方法人金融机构贷款增速一直维持在较高水平，但其整体实力较弱，风险监管指标平均达标水平仍较低。

专栏18　东北地区大力创新发展农村金融服务体系

东北地区是我国的粮食主产区，2010年，东北三省粮食总产量达到9 620.9万吨，改善农村金融服务，对“三农”经济发展将起到重要的助推作用。近年来，东北地区金融部门积极创新，通过多种方式增加农村信贷供给。

1. 积极探索扩大农村有效担保物范围，发展多种形式担保信贷产品。林权抵押贷款、大型农机具抵押贷款大范围试点推广，吉林省试点农业直补担保贷款。

2. 通过信用村（镇）建设扩大小额信用放款覆盖面。农业银行、农村信用社通过搭建信用村（镇）贷款平台、实施信贷员包村等形式，在解决了传统种养业资金需求的同时，为农民提供建房、求学、装修等消费类小额信贷。

3. 紧贴农村经济发展需要，积极创新农村贷款方式。采取“银行+专业合作社+农户（+担保公司）”方式推进信用联合体贷款，吉林省涉农金融机构与700多个合作社开展合作，支持农户超过40万户，形成了“保石捷”、“菌农乐”等特色联保贷款。辽宁省对农民专业合作社贷款业已覆盖大部分地区，2010年贷款余额达到6.5亿元。

4. 创新支农合作方式，积极支持特定群体。农行吉林省分行成立全国首家畜牧业贷款中心。吉林省多家金融机构开展了“学员重点创业贷款项目”，“农村青年创业低息小额贷款项目”与“农村妇女小额信贷促增收”等活动。

目前，农村金融服务改革创新仍因各方面保障机制不足而受到束缚。

1. 法律法规层面，农村金融法律配套支持存在不足。农村担保物权涉及土地承包经营权、林权，以及草原、水面、农机、牲畜、房产、宅基地等的权属。需要众多行业管理部门，以及评估、工商、公证、司法等契约、合同认定和鉴证机关政策的统一协调。绝大部分农民提供的抵押品没有统一的登记部门，也没有公开的交易市场，金融机构难以估价和快速变现。如果政府不制定协调有序、运行有效的制度和机制保障，在农村物权与融资的有效对接始终较难实现。

2. 创新激励机制和风险补偿机制的缺失限制了涉农金融创新的深入发展。农业的弱质性和农户贷款管理的高成本性造成涉农金融机构经营成本必然高于城市金融机构，但是由于缺乏农业信贷创新激励和风险补偿机制，涉农金融机构无法得到相应补偿，创新又缺乏动力，可持续发展能力被削弱。

3. 农村担保机构不发达，立足抵押担保创新的信贷创新发展缓慢，制约金融机构对农村大额信贷需求的满足，影响农业产业化、规模化发展。

建议国家尽快修订和完善农业、农村物权和权属评估、登记、流转的法律法规，通过自上而下立法，突破法律障碍。建立健全农村金融的相关要素市场和相应的管理机构，加快县域范围内建设农村产权流通市场，着力解决农村信贷市场抵押品不足的问题，实行免费评估、登记，减少农户和农村金融机构的成本负担。鼓励各涉农金融机构，在继续巩固和扩大农户小额信用贷款和联保贷款等信贷产品基础上，积极开发适合农村金融实际需求的、有区域特色的农村金融产品和管理模式。

资料来源：中国人民银行长春中支金融稳定处。

（五）上市融资获得较大突破，但证券业总体发展水平仍较低

2010年，东北地区直接融资取得新突破，全年新增境内上市公司13家，首发募集资金206.25亿元，是上年的5.78倍。其中，黑龙江省新增境内上市公司4家，首发募集资金137.44亿元，超过了该省以往首发募集资金的总和，实现了历史性突破。截至2010年底，东北地区共有境内上市公司126家，全年募集资金461.17亿元，是上年的1.34倍。其中，黑龙江省共有境内上市公司30家，全年累计募集资金144.94亿元，是上年的9.66倍。但从总体来看，东北地区证券市场的发展与全国平均水平相比仍有差距。一是融资总量仍然偏小，东北地区上市公司数量仅占全国的6.07%，累计募集资金占全国的4.11%。二是东北地区证券公司仍以经纪和自营业务为主，各项业务在全国106家证券公司中排名靠后，在辅助企业发债、推动企业上市、并购重组等方面作用有限。三是法人期货公司发展较慢。在全国期货公司分类监管评价中，多数公司处于中等水平，也有部分公司存在部分考核项目不达标的问题。同时，地方法人期货公司的资本金规模、保证金规模、交易量均较少，市场竞争力不强。

（六）农业保险发展成效显著，但进一步发展仍需政策支持

在中央支农惠农政策的支持下，东北地区农业保险得到了长足发展。2010年，东北地区共实现农业保险保费收入25.84亿元，同比增长4.91%；农业险赔款支出14.53亿元，同比下降32.23%。其中，吉林省保费收入规模、参保农户数和承保面积均达到历史新高，继续保持农业保险全覆盖，政策性农业保险收入为7.98亿元，同比增长36.7%，占全部农业保险保费收入的99.5%，参保农户占该省农户总数的64.6%，较上年提高6.1个百分点。农业保险虽然发展较快，但仍缺乏法律保护而且政策支持不足。农业巨灾风险难以形成有效分散机制，难以承受大面积自然灾害。地方财政补贴资金筹措困难，县级政府对推广农业保险热情不高。保险公司面临保费入不敷出的困境。

（七）定量评估

从定量评估结果来看，2010年东北地区金融稳定状况综合得分为84.7分，基本与上年持平，属于较稳定区间，比全国平均水平低2.9分。其中宏观经济、银行业和保险业得分接近全国平均水平，但证券业和金融生态环境得分仍存在较大的差距（见图20）。

从具体指标变动情况来看（见表13），东北地区共有13项指标较上年有所改善，7项指标较上年有所下降，5项指标基本与上年持平。在宏观经济方面，虽然第三产业增速放缓、实际利用外资增长过快，但受经济总体增速趋于合理、投资消费协调增长、进出口情况有所改善、城乡居民收入增加、物价和房价回落以及就业情况好转等正面因素影响，宏观经济得分较上年大幅提升。在银行业方面，银行业金融机构的资本质量和盈利水平均有所提高，但流动性趋紧导致得分有所减少。证券业受净资本充足率和盈利水平同时下降的影响，得分有所下降。保险业在退保率下降和保费收入大幅增加的双重影响下，得分大幅提高。在金融生态环境方面，法治环境调查得分和征信覆盖率均有所下降，故得分有所减少。

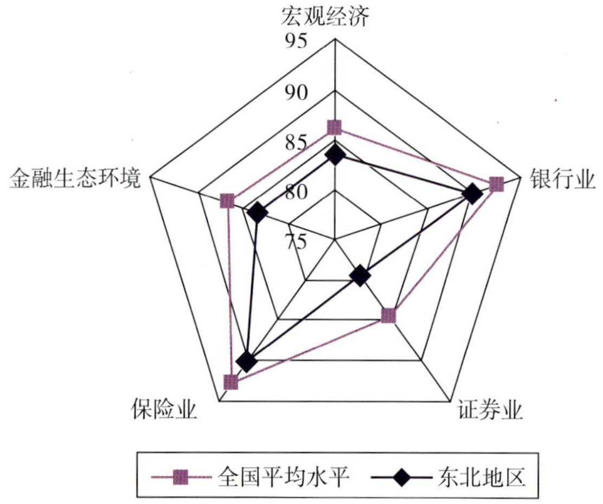

图20　2010年东北地区和全国平均水平的比较

表13　2010年东北地区评价指标及其变动情况

指标分类		变动方向	评价指标	变动情况		
				改善	稳定	下降
宏观经济		↑	国内生产总值增长率	√		
			第三产业增加值增长率			√
			全社会固定资产投资增长率	√		
			社会消费品零售总额增长率	√		
			实际利用外资增长率			√
			进出口总额增长率	√		
			城镇居民可支配收入增长率	√		
			农村人均纯收入增长率	√		
			居民消费价格指数	√		
			城镇登记失业率	√		
			典型城市房地产销售价格指数	√		
金融机构	银行业	↓	核心资本充足率		√	
			不良贷款率	√		
			资产利润率	√		
			流动比率			√
	证券业	↓	净资本充足率			√
			净资本负债率		√	
			资产利润率			√
	保险业	↑	寿险公司退保率	√		
			应收保费率		√	
			保费收入增长率	√		
金融生态环境		↓	法治环境调查综合得分			√
			地方财政收入占GDP比重		√	
			银行服务密度		√	
			征信数据库覆盖率			√

注：表中“↑”表示改善，“↓”表示下降，“→”表示稳定。

结合历史数据考察区域金融稳定变动趋势（见图21），东北地区金融稳定水平经过三年稳步上升之后基本维持在85分上下。其中，宏观经济受金融危机影响较小，得分基本保持逐年向好的趋势。银行业得分经过2007年下降和2008年大幅增长，2010年小幅回落。证券业得分与股票市场走势较为一致，基本呈现倒“W”形趋势。保险业得分除2009年小幅回调外基本保持逐年上升的趋势。金融生态环境得分在经过两年大幅增长以后2009年开始逐年小幅回落，但仍属于较稳定区间。

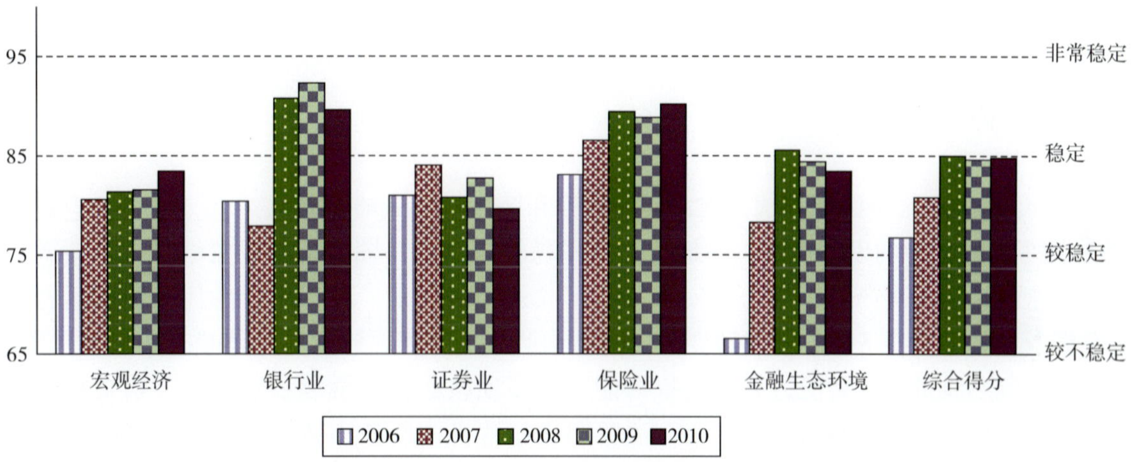

图21　2006—2010年东北地区金融稳定状况的比较

第五部分　总体评估与政策建议

一、总体评估

2010 年，各地区全面落实国家宏观调控措施和区域发展战略并初见成效，经济社会总体保持了平稳较快的发展态势。各地区消费平稳较快增长，固定资产投资结构继续改善，对外贸易快速恢复。三次产业全面协调发展。居民收入稳定增加。各地区金融体系稳健运行，进一步发挥了金融支持经济发展方式转变和经济结构调整的作用。银行业整体呈现稳健发展态势，资产规模、资产质量、盈利能力和风险抵御能力等多项核心指标继续稳步向好，信贷投放回归常态。资本市场改革创新举措加快推出，证券期货经营机构服务实体经济和抗风险能力进一步增强。各地区上市公司总量和直接融资规模取得新突破。保险市场稳步发展，保费收入保持快速增长势头，保险业资产规模不断扩大，利润增长幅度较大，风险保障功能充分发挥。

但各地区经济金融运行中还存在一些影响金融稳定的因素：地区经济结构调整难度加大，通货膨胀预期增强，外需持续增长受国际环境变化影响较大，部分大中城市房地产价格仍然偏高。银行业地方法人金融机构流动性管理难度加大，潜在信贷风险上升，各类贷款结构仍不尽合理。证券机构盈利模式仍未有实质性突破，业务创新和结构调整中潜藏一定风险，市场运行的规范性有待进一步提高。保险市场秩序需进一步改善，少数保险机构面临偿付能力不达标的风险。分区域看，东部地区外贸出口仍面临多重挑战，民营企业参股地方金融进程不断加快，产融结合中蕴藏一定风险。中部地区地方财政收入持续较快增长的不确定因素较多，财政刚性支出和隐性支出的增速较快，地区经济增长对资金仍有较大需求。西部地区经济增长的内生动力仍然不足，金融应急管理体制有待进一步完善。东北地区经济增长方式仍需改善，产业优化升级任务依然艰巨。

从定量评估的结果来看（见图 22），2010 年各地区通过发挥区域优势，不断深化改革，金融稳定状况较上年均有不同程度的改善。其中，东部地区以较为明显的优势领先于其他三个地区，西部、东北和中部地区分别位于其后。

分项来看，宏观经济得分由高到低依次为东部地区、西部地区、东北地区和中部地区；银行业得分均属于稳定区间，区域间差距不大，得分由高到低依次为中部地区、东部地区、西部地区和东北地区；受市场行情影响，证券业区域排名较上年发生较大改变，中部和西部地区分列第一和第二位，东部地区位于第三，东北地区仍存在一定不足；保险业各区域得分均处于稳定区间，得分由高到低依次为中部地区、东部地区、西部地区和东北地区；金融生态环境方面，

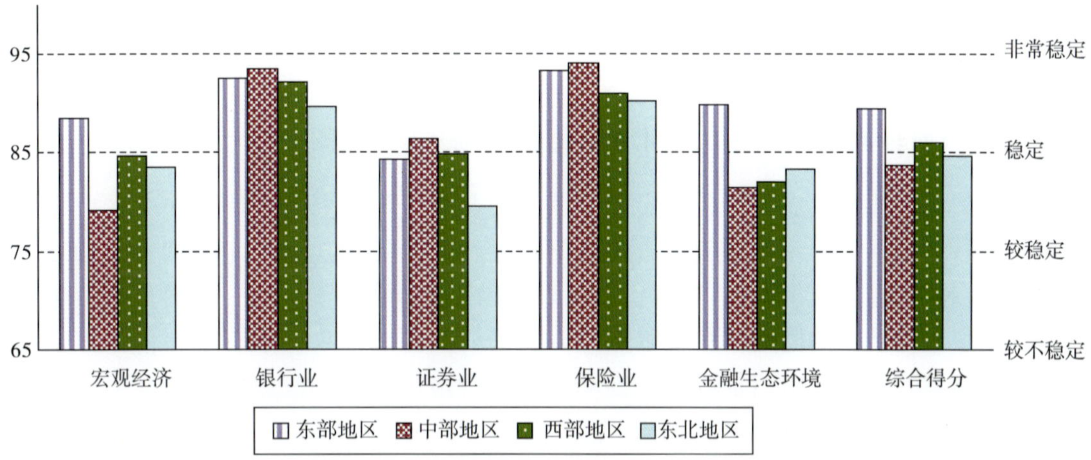

图22　2010年四大区域金融稳定评估结果比较图

得分由高到低依次为东部地区、东北地区、西部地区和中部地区，东部地区仍然存在较为明显的优势。

二、政策建议

2011年是“十二五”规划的开局之年，全国各地区经济金融发展既处于重要的战略机遇期，又面临多方面的困难和更加复杂的局面。一方面，各地政府更加注重经济发展方式和经济运行质量，另一方面，实体经济主体和金融机构应积极调整以适应基础经济金融环境的变化。

（一）加快结构调整，积极引导区域产业结构优化升级

2010年第三季度以来，受各地最低工资标准提高、人民币升值预期上升、原材料价格上涨等因素的影响，沿海部分地区出现产业空心化的隐忧。这对我国东部沿海地区的产业升级提出迫切要求，也为中西部地区承接产业转移、加快发展带来重要机遇。在促进各地区经济稳定发展的基础上，应充分发挥投资对区域经济结构调整的导向作用。东部地区要重点培育现代服务业、先进制造业及战略性新兴产业，提高自主创新能力和整体竞争力。中西部地区要抓住国际国内产业分工调整的重大机遇，认真落实贯彻《国务院关于中西部地区承接产业转移的指导意见》，完善各项配套措施，着力培育和壮大一批承载能力强、发展潜力大、经济实力雄厚的重点经济区（带），促进产业集聚发展。

（二）贯彻落实稳健货币政策，加强通货膨胀预期管理

一是继续加强流动性管理，保持货币信贷适度增长。综合运用市场化调控手段，灵活运用差别存款准备金动态调整等政策工具，引导各地区金融机构准确把握稳健货币政策内涵，做到信贷投放合理、适度、平稳。二是进一步拓宽居民投资渠道，创新和发展新型金融工具和投资产品，引导充裕的流动性从单一的资产市场回流到有真正融资需求的实体经济中，缓解资产价

格膨胀的压力。三是加强对通货膨胀预期的管理和引导。保持宏观政策的透明稳定，准确及时地解释和传达政策意图，稳定公众预期。进一步建立健全价格监测预警系统，及时发布相关价格信息，正确引导居民消费行为。

（三）探索开展宏观审慎管理，加强对地区系统性金融风险的监测

按照中央关于加快构建逆周期金融宏观审慎管理制度框架的要求，研究建立区域系统性金融风险的监测管理体系，完善金融应急管理体制。推动完善各级金融稳定联席会议制度，发挥“一行三局”和地方政府部门合力，建立健全区域金融风险预警监测体系，结合区域金融结构和特点，明确系统重要性机构范围并实施重点监管。密切关注地方政府融资平台债务存量和增量的变化情况，落实差别化住房信贷政策，推动各地区房地产金融的健康发展。加强对金融控股公司、交叉性金融工具的监管，防范跨业风险传递和监管套利。深入研究新型农村金融机构、小额贷款公司、融资性担保公司、典当行、融资租赁以及“影子银行”体系等发展中存在的问题，强化监管措施，防范潜在风险。重点防范金融机构的流动性风险、上市公司运作风险和经济结构调整过程中企业资金链断裂风险。有效打击非法集资、非法证券、金融诈骗等违法犯罪活动，维护区域金融稳定。

（四）着力优化信贷结构，继续加大金融对地区经济结构调整的支持力度

在各地区经济结构调整中，要充分发挥好货币信贷政策的引导作用，坚持“区别对待、有扶有控”原则，加快信贷结构调整步伐，引导金融机构把信贷资金更多投向实体经济特别是中小企业和“三农”等领域。引导金融机构创新信贷方式，满足多元化社会融资需求，加大对战略性新兴产业、节能环保产业、现代服务业等的金融支持，严格控制对高耗能、高排放行业和产能过剩行业的贷款，继续做好促进区域经济协调发展的金融支持。督促金融机构加大不良资产处置力度，防范和化解资金期限错配风险，加快落后产能项目和“两高一剩”项目的信贷退出。

（五）积极推进金融改革和创新，提升各地区金融业竞争力

一是继续深化金融企业改革，加快建立现代金融企业制度，进一步健全和完善多元化的金融组织体系。鼓励大型银行更深入地参与国际竞争，实施“走出去”战略，引导中小银行选择更加多元化的经营战略，大力发展零售银行、中小企业银行、资金交易银行、社区银行等特色银行，特别是加快发展主要为“三农”和小企业服务的金融机构，努力提高金融服务的覆盖面和有效性。二是提升金融机构的金融服务和创新能力。引导金融机构更加有效地处理好创新与审慎经营、防范风险之间的关系，提高创新业务的全面风险管理能力。重视金融消费者保护，及时、全面地披露创新产品的信息。三是推动多层次资本市场建设，运用多元化的融资工具拓宽融资渠道，形成适宜的直接融资和间接融资比例。不断完善金融市场制度和基础设施建设。四是引导跨境人民币业务良性发展，提高人民币资金运用的便利性，为人民币回流提供多元化渠道。加强人民币资金的风险对冲管理，完善跨境人民币资金的监管机制建设。

专题1 长三角地区金融稳定评估报告

2010 年，在国内外经济金融形势仍然复杂多变的背景下，长三角两省一市认真执行中央各项宏观调控政策，积极应对经济运行中出现的各种矛盾和困难，全面完成“十一五”规划。国民经济继续保持平稳快速增长，呈现创新引领、增长较快、质量提升、结构优化、后劲增强、民生改善的良好态势。金融业整体运行平稳。银行业机构盈利保持增长，资本充足水平继续提高，资产质量总体良好，竞争实力不断增强，保持了较好的发展势头。证券机构抗风险能力逐步提高，创新业务拓展加快，资本市场融资功能稳步增强。保险业平稳发展，市场体系逐步完善，充分发挥补偿功能。金融基础设施建设不断推进，金融服务实体经济的效率和安全性得到进一步增强。定量评估结果显示，2010 年长三角地区金融稳定状况综合得分为 90.0 分，较 2009 年提高 4.7 分，属于稳定区间。

但仍应看到，在经济回升过程中，结构性矛盾依然突出，物价上行压力加大，房地产调控下市场前景不明朗，贸易出口面临的经济金融形势更加复杂。银行业流动性管理难度增加，宏观调控力度加大增加了房贷风险，银行金融服务创新中存潜在风险。证券公司盈利模式仍未有实质性突破，部分恶性竞争和违规营销行为仍然存在，部分非法证券活动手段不断翻新。保险业市场诚信建设落后，从业人员素质亟待提高，不规范竞争依然存在。

总体而言，2010 年长三角地区金融稳定状况良好。但是，国际金融危机的持续影响、主要经济体经济增长波动加剧以及地区经济金融运行中存在的种种不足，都对区域金融稳定构成了潜在的不利影响。2011 年，应继续贯彻落实科学发展观，加快推动经济发展方式转变和经济结构调整，改善经济运行基础；加强通货膨胀预期管理，保持物价平稳运行；加强宏观审慎管理，防范系统性金融风险；不断推动长三角地区经济社会又好又快发展，积极促进区域经济金融联动升级，深入拓展长三角地区金融领域的协调发展，切实维护辖区金融稳定。

一、长三角地区经济运行

2010 年，长三角地区经济运行持续改善，经济复苏势头进一步巩固。结构调整和转型升级步伐有所加快，三大需求协调性加强。但同时也应看到，物价上行压力加大，房地产调控下市场前景并不明朗，贸易出口仍然面临挑战。

（一）长三角地区经济运行概况

1. 经济保持平稳快速增长，产业结构趋向合理

2010 年，长三角地区全年实现地区生产总值 8.49 万亿元，同比增长 11.8%，较上年提高 1.43 个百分点。其中，江苏、浙江、上海分别实现地区生产总值 4.09 万亿元、2.71 万亿元和 1.69 万亿元，同比分别增长 12.6%、11.8% 和 9.9%。

2010 年，长三角地区大力发展第二、第三产业，三次产业比例由上年的 4. 84∶50. 42∶44. 74 优化为 4. 72∶50. 61∶44. 66，其中第二产业对总产值的贡献率有所提高。新兴行业发展加快。江苏省全年实现高新技术产业产值 30 354. 8 亿元，同比增长 38. 1%，占规模以上工业总产值的比重达 33%，较上年提高 3 个百分点。浙江省高新技术产业增加值增长 18. 5%，占规模以上工业总产值的比重达 23%，以软件、通信、微电子、生物医药和新能源为重点的高新技术产业是推动技术集约化和产业结构优化升级的重要载体。上海市出台实施了一批推动现代服务业发展的政策措施，文化创意、信息服务、中介服务以及生产性服务业等新兴服务业快速发展。

2. 消费率先投资增长，世博拉动经济效果明显

投资规模增速有所放缓，经济对投资的依赖性有所减弱。2010 年，长三角地区完成全社会固定资产投资总额 4. 10 万亿元，江苏、浙江和上海的增速分别为 22. 4%、16. 3% 和 0. 8%，均低于全国平均增幅。面对投资增速的放缓，消费逐渐成为拉动经济企稳回升的重要动力。2010 年，长三角地区全年共实现社会消费品零售总额 2. 97 万亿元，江苏、浙江和上海的增速分别为 18. 7%、19. 0% 和 17. 5%，除江苏较上年基本持平以外，浙江和上海较上年分别大幅提高 3. 1 个和 3. 5 个百分点，领先投资增速。

上海世博会的成功举办，直接带动了长三角地区批发零售、住宿餐饮和交通运输等服务行业快速增长，消费品市场持续活跃。世博会期间，上海市社会消费品零售总额达 2 548 亿元，同比增长 18% 以上；世博会带来的超过 800 亿元的直接旅游收入，对长三角地区旅游及相关产业的拉动显著。

3. 对外贸易稳步增长，开放水平进一步提高

2010 年，长三角地区进出口总额达 10 881. 32 亿美元，同比增长 21. 53%，较上年提高 34. 63 个百分点。其中，进口总额 4 563. 17 亿美元，同比增长 38. 25%，较上年大幅提高 47. 51 个百分点；出口总额 6 318. 14 亿美元，同比增长 33. 26%，较上年大幅提高 48. 84 个百分点，基本克服了金融危机带来的影响。

利用外资规模进一步扩大。全年外商实际直接投资达 506. 29 亿美元，同比增长 10. 52%，较上年提高 8. 78 个百分点。对外直接投资规模不断扩大。以上海市为例，全年对外投资总额达 24. 2 亿美元，同比增长 57. 5%，完成对外承包工程和劳务合作营业额约 73 亿美元。

4. 财政、居民收入不断增加，企业效益逐步回升

财政收入增长较快。2010 年，长三角地区地方一般预算收入达 9 561. 94 亿元，同比增长 20. 86%，其中江苏、浙江和上海地方一般预算收入同比分别增长 26. 4%、21. 7% 和 13. 1%。三地全年地方一般财政支出共计 11 355. 13 亿元，同比增长 16. 74%，其中江苏、浙江和上海同比分别增长 18. 6%、20. 9% 和 10. 5%。

城乡居民收入保持平稳较快增长。2010 年，江苏、浙江和上海城镇居民人均可支配收入分别为 22 944 元、27 359 元和 31 838 元，同比增长 11. 6%、11. 2% 和 10. 4%；农村居民人均纯收入分别为 9 118 元、11 303 元和 13 746 元①，同比分别增长 13. 9%、12. 9% 和 11. 5%。

企业生产经营状况逐步改善。2010 年，江苏、浙江和上海全年规模以上工业企业利润总额

① 上海市该项数据为“农村居民家庭人均年可支配收入”对应数据。

分别达到5 705.91亿元、3 000亿元和2 216.55亿元，同比分别增长43.6%、47.0%和56.7%。

（二）经济运行中应关注的问题

1. 价格指数上涨较快，通货膨胀压力增大

2010年，由食品价格引发的居民消费价格不断上涨，特别是从6月份开始居民消费价格指数（CPI）涨幅逐月上升，2010年11月同比上涨5.1%，创28个月以来的最大涨幅，通货膨胀压力明显。其中，食品类价格上涨7.2%，上拉总指数2.3个百分点，占居民消费价格总涨幅的69.7%；非食品价格较快上涨，其中全年居住价格同比上涨4.5%，对居民消费价格的影响为21.2%，在一定程度上表明物价上涨已经由食品价格向全面的价格上涨扩散。预计今后一段时间CPI可能仍在高位运行。

在CPI持续走高的态势下，社会通货膨胀预期较为强烈，居民物价满意度持续降低。江苏省银行家问卷调查显示，银行家对2011年第一季度总体物价、投资品、消费品的价格预期指数分别为77.76%、74.45%、79.04%，分别比上季度提高7.36个、11.77个、6.25个百分点，为2004年开展调查以来的最高水平。浙江省储户问卷调查显示，74.75%的被调查者认为当前物价偏高，难以承受，比第三季度提高15.75个百分点，只有4.0%的被调查者对当前物价水平满意。上海市储户问卷调查显示，第四季度物价满意指数为12.8%，降至有监测记录以来最低点，75%的储户认为当前物价高，难以承受。在通货膨胀预期下，居民消费有所缩减，可能导致经济下滑。需要密切关注通货膨胀下居民消费行为的变化，采取及时的宏观调控措施防止经济波动。

2. 房地产宏观调控力度加大，市场前景不明朗

为了遏制部分城市房价的过快上涨势头，国务院相继出台了一系列政策，落实房地产调控措施，但三地的调控效果不尽相同。2010年，上海市住房销售量明显萎缩，房价快速上涨势头得到抑制，全年房地产行业实现增加值1 042.5亿元，同比下降22.8%，全年商品房销售面积2 055.53万平方米，同比下降39%，其中商品住宅销售面积1 685.35万平方米，同比下降42.4%。浙江省房地产市场运行总体较为平稳，房屋销售价格指数同比上涨11.1%；从价格波动趋势看，政策效应阶段化特征明显，1—4月房地产市场快速发展，5—8月在政策调控影响下运行态势趋缓，9—12月出现回升态势；全年商品房销售面积4 810万平方米，同比下降13.1%，增幅比上年大幅下降97.8个百分点。江苏省在“新国十条”出台后，连续三个月全省商品房实际登记销售面积下滑，但从8月份开始销售面积出现反弹；省内13个城市的市区商品房成交价除在5月份短暂下跌13.04%外，均呈持续上升态势。三地情况均反映了政策调控的短期效应，但当前的“回暖”迹象说明调控政策对稳定房价的效果并不明显，房价调控并未达到公众预期，市场进入博弈观望期，未来走势仍不明朗。伴随着连续加息和物价上涨，购房者还贷压力明显增加，部分资质低、实力弱的开发商资金链也将趋紧，风险隐患值得关注。

3. 国际环境变化的不确定性增加，贸易出口面临挑战

长三角地区经济外向型特征明显，经济增长的出口依存度较高。2010年，尽管地区出口实现较快增长，但对外贸易面临的不确定因素仍然较多。在应对金融危机过程中，主权债务危机在欧洲持续蔓延，许多国家政府财政和债务负担不断加重，不少发达经济体纷纷提出通过扩大出口促进经济尽快复苏。在此背景下，国际市场竞争加剧，保护主义有所抬头，贸易摩擦增多，

加之人民币升值幅度较大，诸多因素给长三角地区外贸前景带来较大的不确定性。2010 年，浙江省对欧盟、美国、日本等主要贸易伙伴国的出口恢复相对较慢，增速分别低于出口总额增速 1. 7 个、3. 6 个和 17. 2 个百分点。江苏省下半年以来出口、进口增速总体均出现高位回落趋势，其中出口增速由上半年的 44. 4% 回落至下半年的 29. 5%，进口增速由上半年的 56% 回落至下半年的 28. 1%。其中，下半年对欧盟出口增长 33. 69%，增速较上半年下滑 19 个百分点。

二、长三角地区银行业稳健性评估

2010 年，长三角地区银行业金融机构保持了良好的发展势头，改革成效明显，风险抵御能力增强，资产质量持续提高，盈利水平明显上升。但同时也应看到，流动性管理难度增加、房贷风险增大以及银行金融服务创新中的潜在风险等问题依然制约着银行机构的持续健康发展。

（一）银行业运行情况

1. 资产规模稳步增长

截至 2010 年底，长三角地区银行业金融机构本外币资产规模总额 20. 59 万亿元，同比增长 17. 90%；本外币负债总额 19. 94 万亿元，同比增长 17. 47%；本外币存款余额 16. 73 万亿元，同比增长 19. 64%；本外币贷款余额 12. 53 亿元，同比增长 18. 46%。在国家调整经济结构、管理通货膨胀预期、保持经济平稳较快发展的宏观调控政策下，银行资产、负债、存款和贷款增速放缓，分别较上年同期减少 15. 06 个、15. 50 个、11. 50 个和 18. 83 个百分点。

2. 资产质量不断提升，风险抵御能力继续增强

2010 年，长三角地区银行机构加大不良贷款的清收核销力度，不良贷款实现持续“双降”，贷款质量依然保持全国领先。截至 2010 年底，银行业金融机构五级分类本外币不良贷款余额为 1 318. 59 亿元，比年初减少 210. 98 亿元，不良贷款率 1. 05%，比年初下降 0. 56 个百分点。各地法人银行机构资本充足水平和拨备覆盖率进一步提高，抗风险能力进一步增强。

3. 盈利水平大幅提高，收入结构有所改善

在经济持续回暖、企业融资需求扩大的背景下，商业银行贷款定价能力普遍提升，带动净息差触底反弹。截至 2010 年底，长三角地区银行业机构累计实现净利润 1 951. 80 亿元，同比大幅增长 31. 51%。在业务快速发展的同时，长三角地区银行机构高度重视经营效益的提高和盈利结构的改善。基金代理销售、电子银行等中间业务快速发展，在一定程度上改善了银行机构收入来源过于单一的现状。

4. 跨境贸易人民币结算业务稳步扩大

随着长三角地区涉外经济的强劲复苏以及 2010 年下半年人民币汇率形成机制改革的不断推进，外汇收支和结售汇规模增长迅速，并创历史新高，涉汇主体贸易融资和套利需求愈加强烈。上海跨境人民币业务呈平稳发展态势，试点以来至 2010 年底，银行累计办理跨境贸易人民币结算业务 769. 1 亿元，跨境人民币购售 263. 6 亿元，跨境同业融资 163. 1 亿元。代理清算网络不断扩大，截至 2010 年底，共有 67 个国家和地区的境外参加行在上海开立人民币同业往来账户 369 个，账户总数占全国一半以上。

（二）银行业发展中应关注的问题

1. 地方法人金融机构流动性管理难度加大

2010年人民银行连续六次提高存款准备金率，宏观政策面趋紧，长三角地区地方法人金融机构流动性有所收紧，流动性缺口有所放大。江苏省12月末全省地方法人金融机构流动性比率比年初下降3.26个百分点，法人金融机构整体备付率较年初下降0.27个百分点，其中城市商业银行流动性比率比年初下降5.46个百分点。浙江省中小法人金融机构总体流动性水平自年初开始不断下滑，年底较年初下降0.86个百分点。其中第三季度末，全省中小法人机构90天流动性缺口更是达到1 557.45亿元，流动性缺口率-24.24%，大大低于-10%的监管标准。上海市商业银行的信贷资产增速高于流动性资产增速，流动性比例和存贷比季节波动性特征明显，且年底各法人银行存贷比为72.2%，较上年下降1.8个百分点。

政策调整对地方法人金融机构的约束作用已经逐步体现，这对流动性管理提出严峻挑战。在楼市、股市等市场分流作用下，银行存款活期化趋势增强，存款增速明显放缓，尤其在贷款新规执行、存贷比按月考核等监管要求压力下，银行同业竞争日益加剧，月末季末通过高价买存款、中介变相返点等不规范行为时有发生，严重影响了存款市场正常运行和地方法人金融机构的日常经营管理。加之连续六次上调存款准备金率对银行放贷能力造成较大影响，一些存贷比较高的地方法人金融机构资金管理面临较大压力，隐含的风险不容忽视。

2. 宏观调控政策变化对房地产贷款的影响增大

随着房地产调控力度的加大，市场出现较大波动，市场前景不明朗。在这种形势下，2010年长三角地区房地产行业信贷风险积聚，部分地区开发商资金紧张，房地产行业及上下游相关行业贷款风险上升，个人按揭贷款违约风险加大，部分公司贷款抵押品价值缩水，部分还款来源不稳定。以上海为例，截至2010年底，该市中外资商业银行本外币房地产贷款余额为8 981.87亿元，同比增长27.2%，占全部贷款余额的26.3%。一旦房地产市场出现大的波动，这部分银行贷款将面临上述风险。随着上海、重庆等地区房产税开始试点，未来一段时期内房地产市场走势更为复杂，因此需要密切关注房地产市场和房地产贷款质量的变动情况。

3. 银行金融创新中的问题值得关注

2010年，长三角地区银行业金融机构积极推进改革创新，金融组织体系建设继续加强，金融服务稳步提升。在金融组织创新方面，新型农村金融组织建设取得了明显成效。但在农村金融改革实践中仍然存在一些亟待解决的问题，包括：新型农村金融组织受网点资源缺乏、品牌效应不足、服务手段落后等因素影响融资，部分农民资金互助社的业务经营不够规范，创新型金融组织政策保障机制有待进一步完善等。在金融服务创新方面，部分银行通过设计发行信贷资产类理财产品，将存量贷款和增量贷款移出表外，从而规避资本监管和计提拨备的要求，其中的潜在风险需引起关注。

三、长三角地区证券业稳健性评估

长三角地区证券期货业发展总体稳定。截至2010年底，共有法人证券公司24家，较上年增加2家；基金管理公司32家，较上年增加1家；法人期货经纪公司50家。

（一）证券业运行状况

1. 证券机构经营业绩有所下降，但抗风险能力保持稳定

受资本市场整体表现不佳等因素影响，长三角地区证券机构资产规模和经营业绩均有小幅下降。截至2010年底，长三角地区法人证券公司总资产为5 062.47亿元，同比减少18.51%；全年实现营业收入分别达446.88亿元，同比减少25.74%。但净资本规模有小幅增加。截至2010年底，长三角地区证券公司净资本总额达到1 414.16亿元，较上年有所增加。证券公司的抗风险能力和市场竞争力仍然良好，抵御风险冲击能力进一步增强。法人期货公司盈利能力不断增强，风险控制能力与合规经营水平也得到进一步提升。

2. 直接融资功能大幅增强，证券化程度进一步提高

截至2010年底，长三角地区共有境内上市公司558家，占我国全部境内上市公司总数的26.12%。全年新增境内上市公司100家，占当年全国境内上市公司总数的28.65%，首发融资达到1 170.05亿元，占全国首发融资的23.83%。其中，江苏省全年新增境内上市公司41家，首发融资470.68亿元，再融资297.47亿元，上市公司总量和直接融资规模均取得了新突破。浙江省上市公司融资活跃，全年新增境内上市公司45家，较上年多增34家，境内累计融资额718.6亿元，同比增长135.82%，其中首发融资572.2亿元，同比大幅增长722.84%。上海市新增上市公司14家（中小板、创业板各7家），是上年IPO数量的两倍，辖区上市公司资本市场直接融资1 184.2亿元（含H股），同比增长20.7%，创历史新高。长三角地区在上市公司总量和直接融资取得新突破的同时，上市公司后备资源不断扩大，证券化程度大幅提高。截至2010年底，长三角地区境内上市公司总市值占该地区生产总值的比重为63.29%，证券化程度远高于其他地区。

3. 股指期货业务有序展开，融资融券影响力逐步增强

2010年，长三角地区金融创新和开放步伐加快，一批证券业创新型业务相继推出。沪深300股指期货平稳推出，融资融券试点业务规模不断扩大，信贷转让市场启动运行，银行间市场渐次推出信用风险缓释工具、超短期融资券等创新金融工具。在后金融危机的背景下，对这些金融创新采取严格控制机构入市门槛的方法，试点先行，逐步和国际接轨过渡。截至年底，长三角地区股指期货和融资融券平稳运行半年多，对丰富资本市场工具、稳定市场起到了积极的作用。

（二）证券业运行中应关注的问题

1. 证券公司盈利模式仍未有实质性突破

2010年，长三角地区证券公司积极开拓多元化业务，证券承销、自营投资、资产管理业务对收入贡献度均有所上升，但是以传统经纪业务收入为主的盈利模式仍然是主要收入来源。在2010年股票市场整体表现不佳的背景下，与股票市场表现高度关联的经纪业务收入和自营业务收入出现明显下降，从而带动业务总收入的下滑。证券公司对具有核心竞争力的高附加值业务开拓较少，主要业务受外部市场环境波动影响较大，这种盈利模式已成为制约证券公司提高竞争力的一个重要障碍，对整个行业的盈利性和稳定性产生较大影响。随着创新业务试点范围逐

步扩大以及股指期货、融资融券等新业务进一步发展，证券公司的收入结构有待进一步多元化。

2. 低价竞争和违规营销行为仍然存在

随着证券机构营业部的不断增加，部分证券机构采用价格竞争方式开拓业务争取客户源。例如，在这种简单价格竞争方式下，2010年浙江省证券市场的平均佣金率仅为8‰，同比下降21.82%，不仅低于行业平均水平，在全国各省市中也处于最低水平。另外，各经营机构为保持既有的市场份额，大力发展证券经纪人。部分经纪人在开展营销过程中采用开户送礼等多种违规手段，如果管理不当，容易引发恶性价格竞争，扰乱正常市场竞争秩序。

3. 合规管理深入推进，但部分非法证券活动仍然存在

2010年，长三角地区证券期货基金公司积极落实证监会“一参一控”政策要求，不断推动健全公司治理结构和内控机制、积极落实保证金封闭管理制度，及时做好预警信息的核查处理工作，行业自律管理功能进一步发挥。但是，随着证券市场的快速发展，非法证券期货活动仍然存在，且手段不断翻新。例如，为躲避本省监管，部分非法机构利用外省媒体开展非法证券投资咨询活动，诱使投资者上当受骗。因此，需要健全联合执法的长效机制，做好非法证券活动的防范工作，以维护长三角地区证券市场的安全稳定运行，保护投资者利益。

四、长三角地区保险业稳健性评估

2010年，长三角地区保险业保持平稳发展态势，市场体系逐步完善，保费收入增速创近年新高，业务结构有所调整，产品创新步伐加快，补偿功能充分发挥，服务“三农”的农业保险得到快速发展。

（一）保险业发展概况

1. 经营主体不断增加，资产规模持续增长

保险公司经营主体不断增加，市场体系逐步完善。截至2010年底，长三角地区共有省级分公司以上保险公司279家，新增52家。资产规模不断增加。截至2010年底，省级分公司以上保险公司资产总额共计6 046.98亿元，同比增长21.70%。

2. 保费收入大幅增长，人身险赔付支出有所下降

截至2010年底，长三角地区实现保费总收入2 880.96亿元，同比增长29.87%，较上年大幅提高16.22个百分点，占全国的19.83%。其中，财产险保费收入835.62亿元，同比增长33.15%，人身险保费收入198.31亿元，同比增长23.17%。全年赔款和给付支出共计662.42亿元，同比小幅减少1.19%。其中财产险支出366.17亿元，同比增加9.43%，人身险支出267.20亿元，同比减少20.42%。

3. 产品服务创新加快推进

保险财产险公司在巩固机动车辆险、企业财产险、货物运输险“老三险”的基础上，业务领域不断拓展。江苏省加快推进苏州环境污染责任保险试点，推出全国首创的包含“自然灾害条款”的保险产品，成功开办新农合补充保险。浙江省将林木保险纳入中央财政补贴范围，推广水稻气象理赔指数应用，推出中小企业出口信用保险、环境污染责任保险等试点工作，建立

覆盖全省的医疗责任保险制度。上海市以服务民生为出发点，积极推动商业健康险、养老保险、船舶污染责任保险、农业保险、信用保险、责任保险等业务的发展，推动服务世博的世博会保险。上述服务产品创新，充分发挥了补偿功能，较好地服务了社会经济发展。

（二）保险业发展中应关注的问题

1. 关注银保新政对保险公司经营的影响

2010 年 11 月，银监会下发《关于进一步加强商业银行代理保险业务合规销售与风险管理的通知》（以下简称银保新政），对商业银行代理保险业务提出了多项规范性要求。银保新政中“每个网点原则上只能与不超过 3 家保险公司开展合作，销售合作保险公司产品”的规定，可能会强化银行的议价能力。尤其是对于一些自主销售能力较强、代销保险产品手续费收入占比不高的银行来说，选择权无形中将得到进一步的强化。另外，由于保险公司通过银保渠道获得的保费收入占比较高，而银行销售人员对较复杂的保险产品销售能力不强，取消保险公司在银行的驻点人员会对期缴型产品销售产生较大影响。

2. 市场仍然存在不规范竞争

随着市场主体的不断增加，加上整体创新能力不强以及产品服务雷同等因素影响，保险市场竞争日益加剧。保险市场经营方式简单粗放、销售渠道单一的格局并未有显著改善。部分保险公司为获得价格优势，变相突破手续费支付标准，个别保险公司还通过账外额外支付手续费，或利用旅行、培训等活动变相支付手续费。一些中小保险公司为了在短期迅速扩大公司规模聚集资金，通过大幅降低费率降低保险产品价格来扩大业务规模。这些竞争手段简单粗放，不利于行业秩序的维护，给市场发展带来了不稳定因素。

3. 从业人员素质亟待提高

保险公司管理和销售人员的培训较其他类型的金融机构周期长、时效性强且更为复杂。保险业务员按劳取酬，保障性较过去明显降低，职业危机感增强，保险业务员职业吸引力降低，保险公司难以招募到高素质的优秀人才。目前保险从业人员素质参差不齐，市场上对人才的竞争不够规范，互相挖取人才的现象较为严重。如果保险公司对自身管理和销售人员的培养不投入精力，这对整个行业的发展非常不利，而最终损害的将会是投保人的利益。此外，部分保险公司业务员专业知识缺乏，素质不高，诚信度也较差，影响到保险行业的社会形象和认同程度。

五、长三角地区金融基础设施稳健性评估

（一）支付体系

2010 年，长三角地区不断加大支付结算业务的区域合作力度，进一步完善农村地区支付服务环境建设，继续加强银行卡风险及犯罪案件防控能力，圆满完成世博会金融服务和支付环境建设任务。

一是长三角地区支付结算业务区域合作力度不断加大。从长三角地区各省市异地支付业务情况来看，2010 年长三角地区省市支付业务往来在其异地支付业务中均列首要位置。长三角地

区之间存在紧密的经济依存度，而支付体系的建立和完善则为长三角广大腹地之间资金、信息流转提供了高效的基础性服务。2010年，两省一市共同签署了《“长三角”金融服务一体化发展合作备忘录》，长三角地区商业承兑汇票工作得到了推广，区域合作性不断提高。

二是农村地区支付环境建设进一步完善。江苏省深入推进农村支付结算“快通工程”建设，积极推广非现金支付工具在农村地区的使用，深入开展农村地区支付结算业务创新，农村支付结算服务水平进一步提升。浙江省深入推进“便农支付工程”，支付系统覆盖除邮储银行对私网点外的所有银行网点，并延伸至金融服务空白地区。截至2010年底，省内ATM在乡镇的覆盖率达到80%，农村居民人均持卡1.8张，持卡消费7 971亿元，同比增长48%，农村地区支付环境改善取得显著成效。

三是银行卡风险及犯罪案件防控能力继续加强。2010年，两省一市建立以风险事件、案件案情报送、共享和处置为主要内容的长三角地区银行卡风险联合防范机制，开展了长三角地区银行卡重大突发事件应急演练，有效提高了共同防范和打击银行卡违法犯罪的合力。浙江省还组织开展银行卡市场专项检查、POS机专项清理检查、商户年检等系列清理工作，宣传安全用卡，会同公安机关打击银行卡犯罪专项行动，全年共破获2 875起案件，挽回经济损失近2.5亿元，抓获犯罪嫌疑人1 395名，收缴银行卡1.1万张。

四是世博会金融服务和支付环境建设工作成绩显著。2010年，长三角地区积极推进本外币卡受理环境建设，改善外币兑换环境，维护支付清算系统安全运行，圆满完成世博会支付环境的建设任务。上海市在世博会期间启动了长三角地区铁路售票受理银行卡和中嘉湖高速公路6个收费站银行卡缴费试点工作，实现市内AAA级以上景点受理银行卡服务，推进中国银联及32家银行在境内外9个国家和地区累计发行上海旅游卡160万张，启动园区连锁快餐企业开展银行卡小额免签支付试点工作。截至世博会结束，浙江省共有1.63万台ATM开通外卡受理功能，占全部ATM的90%，全省外卡商户数量4 716户，比年初增长18.4%。

（二）征信体系

2010年，长三角地区征信系统服务领域进一步扩大，征信数据覆盖面全面提升，中小企业和农村信用体系建设深入推进。征信体系运行稳健，防范风险水平不断提高，信用环境继续改善。

一是征信系统服务领域进一步扩大。截至2010年底，浙江省各级金融机构已开通查询用户5.1万个，系统日均查询量11.5万多次，同比分别增长8.5%和25.5%，全年通过查询企业征信系统拒绝各类风险贷款117亿元，占申请贷款金额的8.1%。受理社会公众个人信用报告查询10.7万笔。上海市全年累计受理各类查询70 305笔，其中个人查询57 317笔、法院查询12 903笔，受理个人异议申请85笔，异议回复率和解决率均为100%。

二是征信数据覆盖面全面提升。以浙江省为例，截至2010年底，征信系统已覆盖该省企业48.7万户，3 305万自然人建立了信用档案，金融机构累计开通50 385个查询用户，较上年增加3 492个用户。征信系统信息采集范围进一步拓宽，社保、电信、法院、交通等部门的公积金缴存信息、电信欠缴信息和交通违法信息等均已加入征信系统。非银行信息来源进一步多元化，在金融机构信贷风险识别和利率定价等方面发挥了重要作用。

三是中小企业和农村信用体系稳步推进。江苏省组织研发了全省统一模式的“江苏省中小企业信用信息辅助管理系统”，加快推动常州和南通两地信用体系建设成果转化，全面推动江苏省农村信用体系建设工作。截至2010年底，全省已建立农户信用档案875万户，建档面达65.84%。浙江省全面开展针对中小企业的信用服务综合试点工作。截至2010年底，16.2万户尚未与银行发生信贷关系的中小企业建立了信用档案，其中2.7万户中小企业因此累计获得4 200亿元贷款；531万户农户建立信用档案，211万户农户累计获得5 390亿元贷款。上海市稳步推进中小企业信用体系建设，截至2010年底，全市已有36 709家中小企业纳入信用档案系统，16 015家获得银行贷款。

（三）反洗钱体系

2010年，长三角地区大力开展反洗钱调查和案件协查，加强世博会期间反恐融资的检测调查，有效防范和打击了洗钱犯罪活动。

一是切实加强反恐融资监测和调查，确保上海世博会的顺利举办。上海市不断健全金融机构反恐融资制度体系和工作机制，现场督导金融机构反恐融资工作，切实有效做好世博会期间反恐融资工作，确保了世博会的顺利举办。浙江省加强对金融机构重点可疑交易报告工作的检查指导和培训力度，提升对涉恐资金交易的分析水平和识别能力，及时发现和报告涉恐交易线索，确保银行机构有效履行反恐融资义务，保证世博会期间安全。

二是大力开展反洗钱调查和案件协查，反洗钱工作成效明显。2010年，浙江省加强反洗钱调查和案件的协查工作，全年共开展反洗钱调查72次，移送26起重点可疑交易线索，立案18起，协助破获重要案件3起，其中特大网络赌博案2起。上海市落实反洗钱自评估制度，开展大额交易和可疑报告质量年活动，在做好重点可疑交易报告日常接收工作的同时，主动开展涉嫌网络赌博案件的反洗钱协助调查，成功配合公安机关调查和破获了上海“5·22”特大网络赌博案件。

六、总体评估与政策建议

（一）总体评估

2010年，长三角两省一市积极贯彻中央宏观调控政策，经济保持平稳较快增长，为区域金融稳定创造了良好的宏观环境。金融业加快改革发展步伐。银行资产规模稳健扩张，资产质量不断提升。证券业机构实力不断增强，证券市场融资功能大幅增强。保险业充分发挥补偿功能，有效保障了社会经济平稳发展。区域金融市场运行平稳，金融基础设施建设不断完善，金融生态环境持续优化。总体而言，2010年长三角地区金融稳定状况良好。

运用区域金融稳定定量评估模型，对长三角地区2010年区域金融稳定状况进行定量评估。从量化结果来看，2010年长三角地区金融稳定状况综合得分为90.0分，属于稳定区间②，较上

② 将定量评估结果进行五大区间的等级评估：非常稳定（95分及以上）、稳定（85～95分）、较稳定（75～85分）、较不稳定（60～75分）以及不稳定（60分以下）。

年提高4.7分，表明长三角地区基本克服国际金融危机的影响，经济金融稳定状况逐渐好转。

具体来看（见表1），在宏观经济方面，得益于经济增长的回升、投资增速的合理放缓、进出口和利用外资情况的好转、城乡居民收入的适度增长，宏观经济得分较上年有大幅提升，但通货膨胀压力和房地产价格波动也给经济稳定带来一定的负面影响。银行业受流动性趋紧因素的影响，得分出现小幅下降。证券业由于资本市场波动，盈利水平下滑较大，稳健运营的基础有所削弱，得分也出现下滑。保险业得分有所提高，主要原因在于保费收入大幅增加，经营效益稳步提升。在金融生态环境方面，地方财政收入稳步增加，金融基础设施逐渐完善，长三角地区金融稳定的“软件”实力有所加强，得分出现上升。

表1　　2010年长三角地区评价指标及其变动情况

指标分类		变动方向	评价指标	变动情况		
				改善	稳定	下降
宏观经济		↑	国内生产总值增长率	√		
			第三产业增加值增长率		√	
			全社会固定资产投资增长率	√		
			社会消费品零售总额增长率		√	
			实际利用外资增长率	√		
			进出口总额增长率	√		
			城镇居民可支配收入增长率	√		
			农村人均纯收入增长率	√		
			居民消费价格指数			√
			城镇登记失业率		√	
			典型城市房地产销售价格指数			√
金融机构	银行业	↓	核心资本充足率		√	
			不良贷款率		√	
			资产利润率		√	
			流动比率			√
	证券业	↓	净资本充足率		√	
			净资本负债率			√
			资产利润率			√
	保险业	↑	寿险公司退保率		√	
			应收保费率		√	
			保费收入增长率	√		
金融生态环境		↑	法治环境调查综合得分		√	
			地方财政收入占GDP比重	√		
			银行服务密度		√	
			征信数据库覆盖率		√	

注：表中“↑”表示改善，“↓”表示下降，“→”表示稳定。

结合历史数据考察区域金融稳定的变动趋势（见图1），长三角地区金融稳定状况在经过

2007 年小幅提升以后连续三年出现下滑，2010 年大幅回升，与经济周期基本一致。其中，宏观经济和金融生态环境得分与总体得分变动趋势相一致，但宏观经济波动幅度较大；银行业总体趋势呈现倒“U”形，历年得分偏高且幅度变动较小，在三大行业中稳定状况表现最好。证券业总体趋势呈现倒“W”形，其中 2008 年和 2010 年得分下落至较稳定区间，波动幅度较大；保险业总体趋势呈现正“W”形，波动幅度较为适中，历年得分均属于稳定区间。

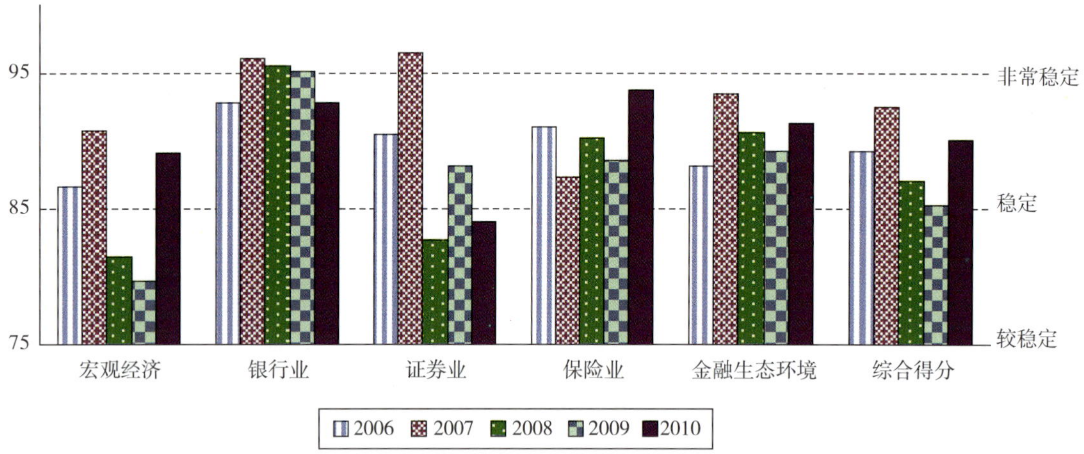

图 1　2006—2010 年长三角地区金融稳定变动情况

（二）政策建议

2011 年是“十二五”规划的开局之年。长三角地区应继续贯彻落实科学发展观，加快推动经济发展方式转变和经济结构调整，加强通货膨胀预期管理，提高风险防范水平，优化金融生态环境，不断推动长三角地区经济社会又好又快发展，切实维护辖区金融稳定。

1. 加快结构调整，促进经济转型升级

一是要加快产业结构升级。把产业结构优化升级作为转变增长方式的主要途径，把依靠科技进步和提高劳动者素质作为转变增长方式的根本举措，把推进资源要素集约利用作为转变增长方式的重要内容，努力提高产业竞争力，促进经济平稳持续较快发展。

二是要调整经济增长的内部结构。加快推动我国经济增长从主要依靠投资、出口拉动向依靠消费、投资和出口协调拉动的转变。在保持适度投资率和出口的同时，完善促进消费和提高居民收入的各项政策，积极推动最终消费增加，提高消费对经济发展的贡献，增强内生发展能力。

三是要加大金融对经济结构战略性调整的支持力度。在经济结构调整中，充分发挥好货币信贷政策的引导作用，重点支持扩大内需特别是居民消费需求、产业结构优化调整、区域协调发展和城镇化建设以及节能环保、生态建设、应对气候变化等，把信贷资金更多投向实体经济。要进一步完善调控货币信贷总量的手段和方式，逐步增强利率、汇率等价格杠杆在促进经济结构调整中的重要作用。

2. 加强通货膨胀预期管理，保持物价平稳运行

在流动性充裕和通货膨胀预期较强的背景下，潜在的通货膨胀压力必须高度关注。要在引导货币信贷适度增长的同时不断优化信贷结构，维护价格总水平的稳定，提高金融支持经济发

展的可持续性。同时，要尽快推动经济和金融体制改革，拓宽居民投资渠道，探索更多的替代股票和房地产的金融工具，引导充裕的流动性从单一的资产市场回流到有真正融资需求的实体经济中或向境外输出，缓解资产价格膨胀压力。此外，还应加强对民间非理性通胀预期的引导。保持宏观经济政策特别是货币政策的透明和稳定，稳定公众预期。进一步建立健全价格监测预警系统，及时发布相关价格信息，正确引导居民消费行为。

3. 密切关注经济金融运行中出现的新问题，提高风险防范水平

国际金融危机影响深远，各国出台克服金融危机的政策措施可能产生溢出效应，并可能通过我国金融体系的薄弱缓解对国内金融市场产生冲击。另外，我国直接融资和间接融资比例严重失衡，地方政府融资平台债务过度膨胀，金融机构贷款总量增长过快和“贷大、贷长、贷集中”等结构性问题持续存在。这些问题都是引发系统性金融风险的隐患，必须进一步深化改革，并采取防范化解的有效措施。

当前要根据国内外经济金融形势的变化，密切关注资产价格波动风险、企业信贷风险、非法集资活动风险以及其他各类可能引发金融风险。尤其是地方中小金融机构应密切关注资金头寸情况，通过临时头寸性再贷款、再贴现以及隔夜头寸拆借市场及时解决银行机构流动性紧张问题，切实防范可能出现的流动性风险，进一步完善风险应急处置预案。证券期货方面要加强对非法证券活动的打击力度，避免对正常社会经济金融活动的干扰。保险公司要加强偿付能力状况变化趋势的预测，通过调整业务规模、加强分保、优化业务结构等措施改善偿付能力，以及通过上市、增资扩股、发行次级债等方式筹集资本金，缓解偿付能力不足的压力。

4. 积极促进区域经济金融联动升级，深入拓展长三角地区金融领域的协调发展

推动长三角地区协调发展是国家区域发展总体战略的重要组成部分。2011 年，长三角地区要以金融市场体系建设为核心，以金融改革开放先行先试和营造良好金融发展环境为重点，积极推进长三角地区金融合作。按照“小题目、实举措、真成果、一体化”的要求，本着“重在取得实效、有效实现多赢”的原则，长三角两省一市应继续拓展合作领域，深化落实具体措施，有效支持区域经济的整体实力提升。

积极促进长三角地区区域经济金融联动升级。作为我国经济金融最发达的地区之一，长三角地区能否率先实现跨越、真正实现经济发展方式转变，区域联动与金融支持是两大助推力量。要以区域经济一体化为目标，以具体题目为落脚点，以务实举措为抓手，以实际成果为要求，努力推动区域经济金融的联动升级。

扎实推进长三角地区金融协调发展具体工作。全面推广授信支票业务，缓解中小企业融资难问题。以电子商业汇票系统建设为契机，推动商业承兑汇票的广泛使用，研究建立交易市场。共同研究对特定非金融机构管理的措施，发展在农村地区的新兴电子支付服务和手机支付试点。推进金融市场融合创新，完善长三角地区票据业务联席会议机制，促进金融机构票据业务的写作、交流与融合。发展异地金融服务，促进长三角地区信贷资金跨区域流动。加大长三角地区联动打击银行卡犯罪力度。推动长三角地区信用评级一体化，开展反洗钱区域合作，建立可持续发展的长三角地区金融环境。

资料来源：上海总部金融稳定部。

专题 2　地区资产价格与金融稳定

资产价格是影响金融稳定的重要参数。一般而言，资产价格主要包括房地产价格和股票市场价格。由于股票市场的统一性特征，其价格对金融稳定的影响具有全局性。从区域金融稳定的视角考量，房地产价格更具区域特征，与区域金融稳定的联系也更为密切，应当作为分析地区资产价格与金融稳定关系的重点。

一、地区资产价格波动影响金融稳定的渠道

从传导机制看，地区资产价格波动可以通过两个渠道影响金融稳定，即直接影响渠道和间接影响渠道。

（一）直接影响渠道

1. 不良贷款效应

房地产金融是联系房地产价格与金融稳定的直接媒介。对房地产开发企业而言，建造房子需要大量的资金投入，单靠自有资金难以胜任，需要借助金融杠杆；对购房者而言，购买房子是一笔十分庞大的开支，单靠自身积累将耗时长久，需要得到金融支持。上述两方面原因使得金融在房地产开发和销售环节都是不可或缺的要素。随着房地产金融规模的日趋扩大，当房地产价格发生不利变化时，大量房地产开发企业和购房者无力还款，导致银行机构不良贷款增加，盈利能力下降，资本迅速消耗，甚至可能出现流动性不足并在银行体系内传染扩散，引发金融体系动荡。

2. 金融产品价格效应

如果金融市场中大量的金融产品与房地产有关，则房地产价格的不利变化将迅速影响金融产品价格，进而损害持有该类产品的金融机构的资产负债表，引发系统性金融风险，美国次贷危机是一个非常典型的案例。

（二）间接影响渠道

1. 关联行业效应

从产业关联度角度看，房地产行业无疑可以称为一个“超级行业”。据不完全统计，国民经济中有数十个行业受到房地产行业的直接和间接影响，包括规划设计、钢材、水泥、装饰材料、家具等行业。由于涉及面广，一旦房地产价格发生不利变化，很可能引起连锁反应，影响相关行业和企业的经营发展，导致相关行业和企业贷款质量下降，威胁金融稳定。

2. 财富效应

房屋是一种特殊商品，兼有消费品和投资品两重属性。在房地产价格发生不利变化时，房

屋所有人可能会由于房屋价值缩水，产生负向财富效应，压缩消费，影响消费需求。此外，许多房地产企业是上市公司，当房地产价格发生不利变化时，股票价格通常会下跌，导致股票持有人财富缩水，也可能压缩消费，影响消费需求。在现代经济条件下，消费需求往往是影响经济景气度的关键因素，消费需求不足会给经济发展带来一系列的负面影响，导致金融业发展的外部环境恶化，影响金融稳定。

二、当前各地区资产价格波动影响金融稳定的范围和程度分析

（一）房地产行业在地区经济中的地位

一个行业的影响力与该行业的规模及其在经济发展中的地位成正比。用房地产增加值占GDP的比重进行衡量，近年来，房地产行业在地区经济中的地位不断提升。统计显示，2010年16个样本地区[①]房地产增加值占GDP的比重均值为4.62%，其中海南、北京、江苏、湖北、浙江五省市比重超过5%。从发展趋势看，2010年样本地区房地产增加值占GDP的比重均值比2006年提高0.2个百分点。可见，房地产行业已经成为各地区经济中的一个重要产业。

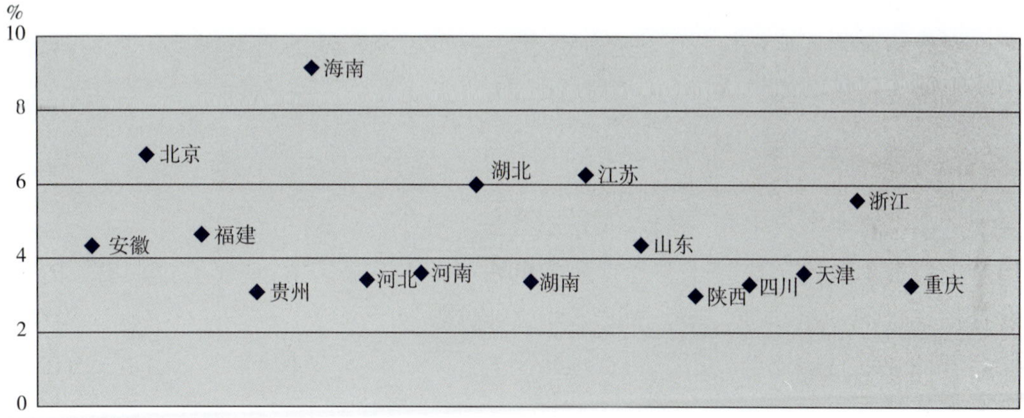

资料来源：样本地区统计局。

图1　样本地区房地产增加值占GDP的比重

（二）房地产金融的深度和广度

1. 房地产贷款

房地产贷款是房地产金融的核心和主体。统计显示，2010年16个样本地区房地产贷款占各项贷款余额的比重均值为18.29%，其中重庆、河南、北京、海南、江苏、福建、四川、安徽八省市比重超过20%。从发展趋势看，2010年样本地区房地产贷款占各项贷款余额的比重均值比2006年提高了3.32个百分点。

---

① 安徽、北京、福建、贵州、海南、河北、河南、湖北、湖南、江苏、山东、陕西、四川、天津、浙江、重庆。

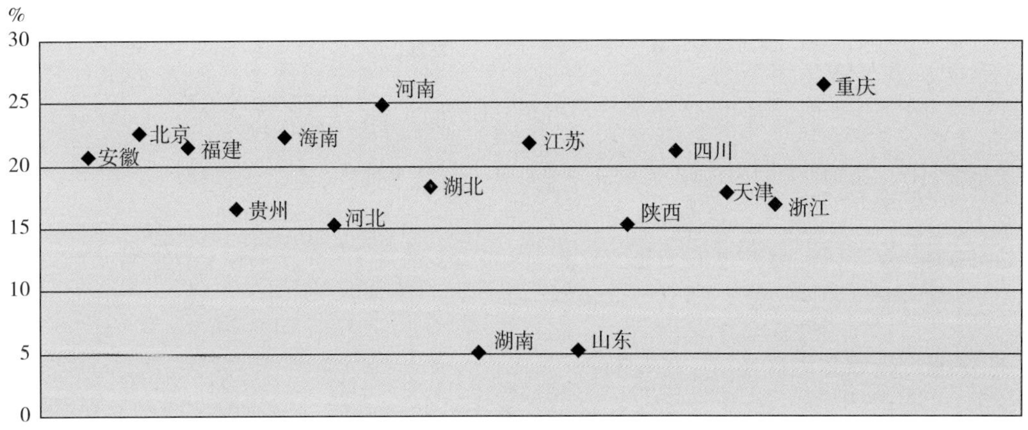

资料来源：样本地区人民银行分支机构。

图2 样本地区房地产贷款占各项贷款余额的比重

2. 房地产贷款证券化

房地产贷款通常只涉及银行与开发企业或购房者之间的债权债务关系，一旦经过证券化，将演变为广大投资者与开发企业或购房者之间的债权债务关系，涉及面迅速扩大。截至目前，我国只允许对优质个人住房按揭贷款进行证券化，并且对资产池的质量以及信息披露要求较高，尚没有国际金融危机前欧美金融市场广为流行的次贷类证券化产品。

（三）核心指标分析

1. 房地产开发贷款核心指标分析

房地产项目资本金比例普遍高于政策规定的水平。开发商在房地产项目中投入的资本金是保障开发贷款安全的一道重要屏障。资本金比例越高，开发贷款获得的安全保障程度也越高。根据银监会《商业银行房地产贷款风险管理指引》的规定，商业银行对申请贷款的房地产开发企业，应要求其开发项目资本金比例不低于35%。抽样调查显示，38家样本银行②房地产开发贷款项目平均资本金比例均值为39.34%，其中有33家样本银行高于政策规定的水平，占比86.84%。

贷款违约处于较低水平。贷款违约情况是判断贷款质量的重要前兆信息。抽样调查显示，38家样本银行房地产开发贷款违约金额占比均值为1.77%，其中32家占比低于1%。总体上，房地产开发贷款违约处于较低水平。

2. 个人购房贷款核心指标分析

首付比例普遍高于三成，相当部分银行首付比例达到四成以上。高首付比例将给个人购房贷款提供大的安全边际，抽样调查显示，38家样本银行个人购房贷款首付比例均值为38.91%，其中33家银行首付比例超过三成，10家银行首付比例超过四成，表明银行普遍按照政策要求加强了个人购房贷款的风险管理。

② 包含城市商业银行、农村商业银行、农村信用社。

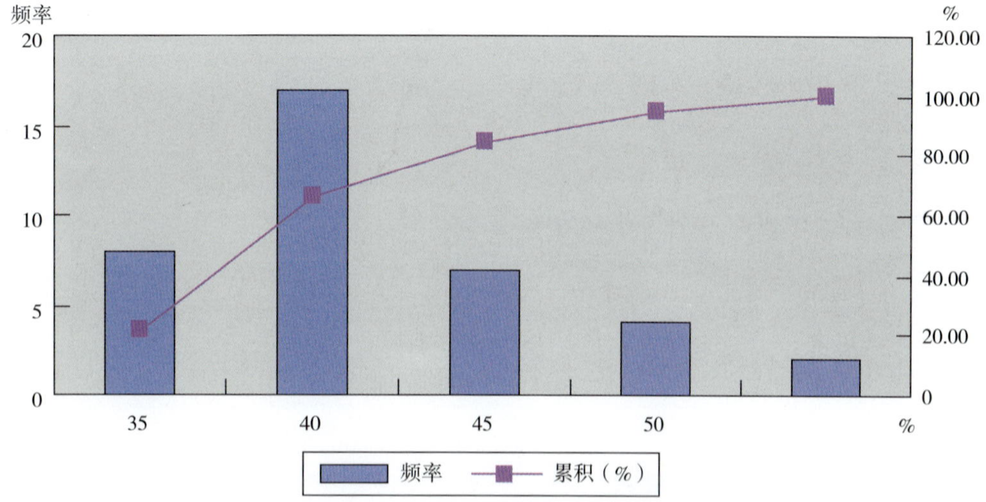

资料来源：样本银行。

图3　样本银行房地产开发贷款项目平均资本金比例分布图

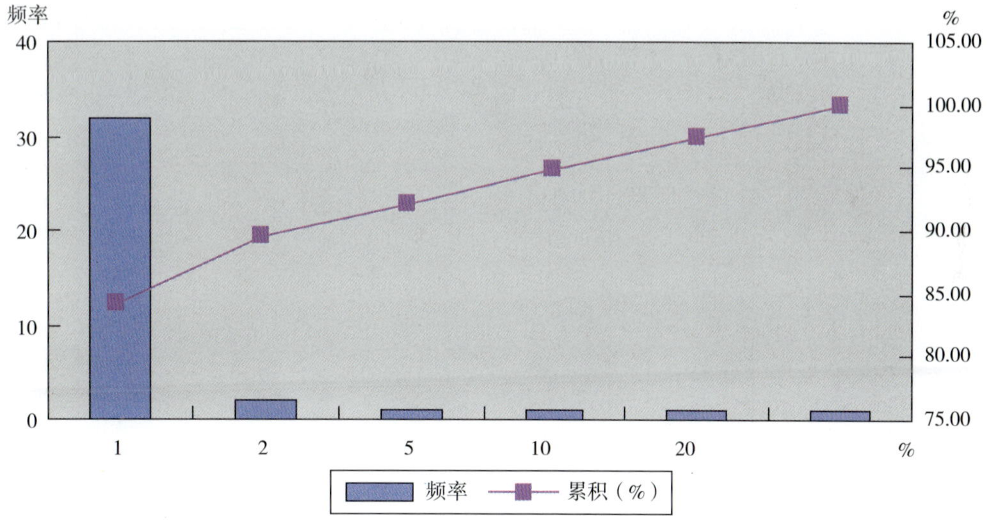

资料来源：样本银行。

图4　样本银行房地产开发贷款违约金额占比分布图

月供收入比低，第一还款来源保障充分。抽样调查显示，38家样本银行个人购房贷款月供收入比均值为39.08%，除少数几家银行月供收入比偏高接近或超过50%之外，大部分样本银行月供收入比低于45%，表明借款人债务负担有限，个人购房贷款的第一还款来源保障比较充分。

贷款房价比指标稳健，第二还款来源保障有力。个人购房贷款均以所购住房作为抵押物，一旦借款人违约，银行有权处置抵押物。调查数据显示，38家样本银行的贷款房价比（个人购

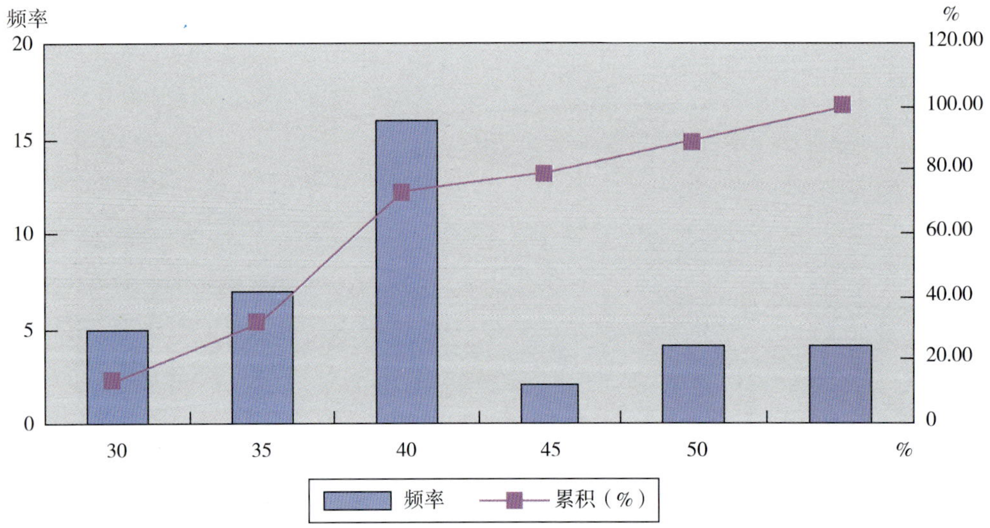

资料来源：样本银行。

图5　样本银行个人住房贷款首付比例分布图

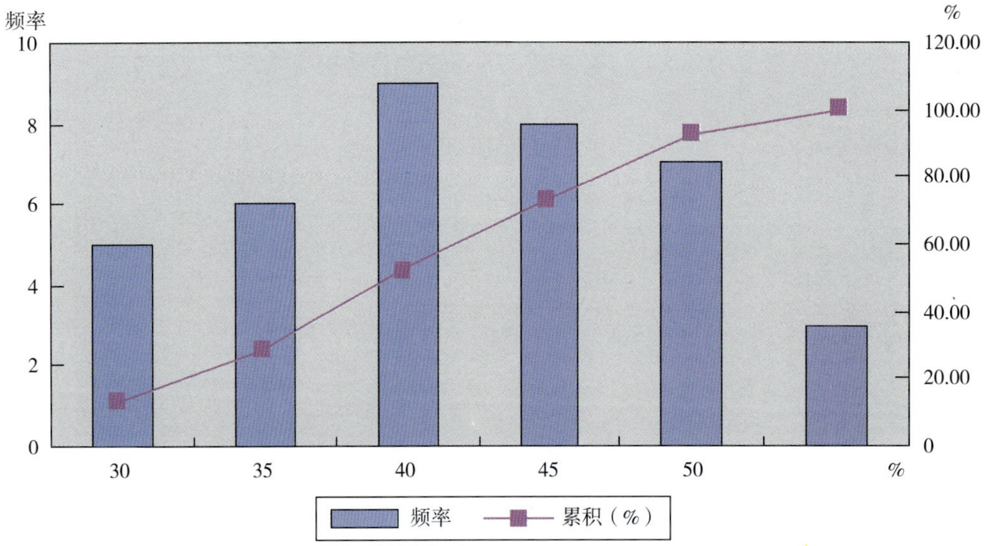

资料来源：样本银行。

图6　样本银行个人住房贷款月供收入比分布图

房贷款余额/房产总价值）均值为48.82%，表明只要银行能够以房屋现价的五折出售抵押物，贷款便可以全额收回。

贷款违约状况保持稳定。抽样调查显示，38家样本银行个人购房贷款违约金额占比均值为0.63%，其中30家占比低于1%。总体上，个人购房贷款违约处于较低水平。

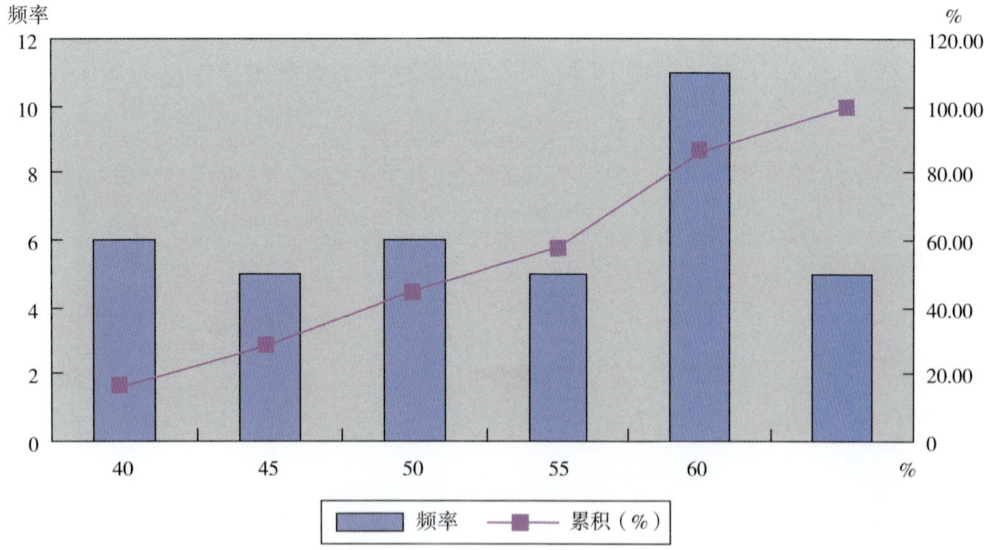

资料来源：样本银行。

图7　样本银行个人住房贷款房价比分布图

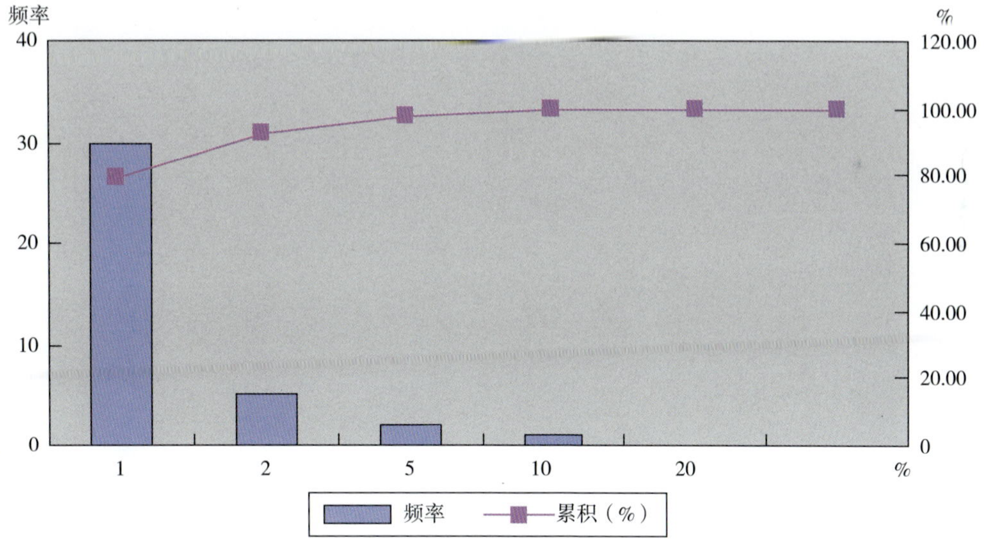

资料来源：样本银行。

图8　样本银行个人住房贷款违约情况分布图

（四）压力测试结果

2010年，为考察房地产价格调整对贷款质量的影响，部分银行业机构在监管部门的统一组织下开展了房地产贷款压力测试。测试结果显示，155家样本银行③在轻度压力情形下，房地产

③　包含国有银行省级分行、股份制银行省级分行、股份制银行总行、城市商业银行、农村商业银行、农村信用社。

贷款不良率平均提高1.37%；在中度压力情形下，房地产贷款不良率平均提高3.92%；在重度压力情形下，房地产贷款不良率平均提高7.98%。在重度压力情形下新增房地产不良贷款与2010年利润之比均值为61.64%，表明样本银行有足够的能力抵御房价深度回调所带来的损失。

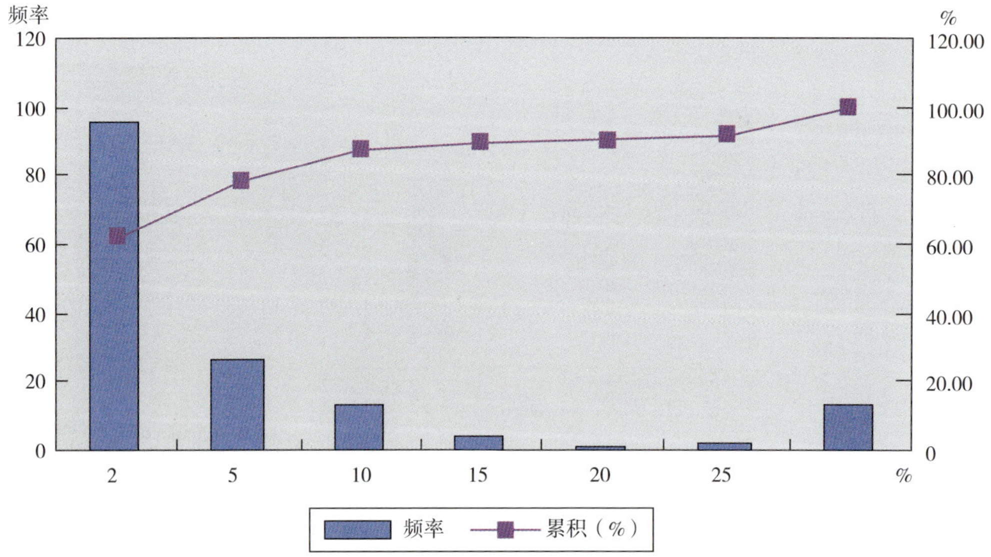

资料来源：样本银行。

图9 重度压力下样本银行房地产贷款不良率变化分布图

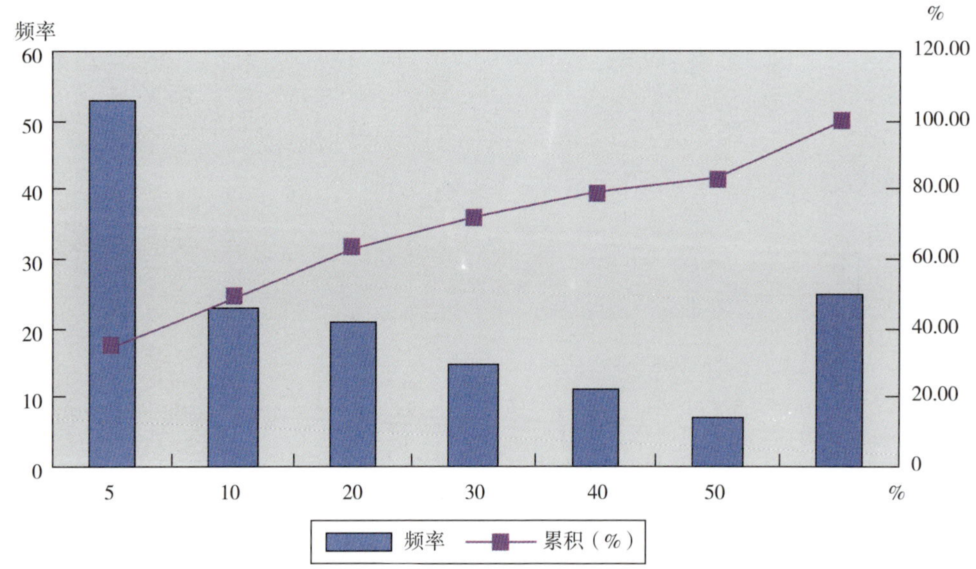

资料来源：样本银行。

图10 重度压力下样本银行房地产不良贷款增加与利润比分布图

三、结论与建议

（一）基本结论

1. 短期影响基本可控

一方面，从当前房地产项目资本金比例、首付比例、月供收入比、贷款房价比、压力测试结果等信息判断，与引发危机的美国次级贷款不同，我国的房地产贷款多为优质贷款，即便房地产价格向下调整，不良贷款增加幅度有限。同时，近年来我国银行业机构盈利状况普遍较好，具有较强的抗风险能力。另一方面，我国房地产贷款证券化程度不高，相关金融产品数量有限，房地产价格向下调整不会通过金融产品价格效应大幅影响银行业机构的资产负债表。

2. 长期影响不容忽视

一方面，房地产行业已经成长为地区经济中的重要行业，房地产价格向下调整引发的关联行业效应不容忽视。另一方面，由于房地产贷款的优质特征，银行业机构持续增加房地产贷款的规模，不断提高房地产贷款在贷款余额中的占比，导致风险过度集中，一旦房地产价格大幅下调，将严重威胁银行体系的稳健发展。

（二）有关建议

1. 保持房地产金融调控政策的连续性和稳定性，以房地产市场的短期向下调整换取经济金融的长治久安

次贷危机带给全世界的惨痛教训便是放任泡沫的无限膨胀将引致灾难性的后果。国家有关部门在房地产市场出现泡沫失控倾向之际，综合运用各种手段抑制房价过快上涨，实践证明是明智之举。当前，地产商和投机者等主体以金融安全为由要挟政府救市的呼吁并不可取。一方面，从房地产金融数据看，房价的适度回调对金融体系稳健经营所形成的冲击有限；另一方面，让房价理性回归到合理水平并保持基本稳定，从经济角度看有助于维护经济金融稳健运行、加快经济结构优化的步伐，从社会角度看有助于改善民生、缓和社会矛盾。因此，目前的恰当选择是继续实施前期推出的有利于遏制房地产投机的各项金融调控政策比如二套房贷政策；同时密切关注房地产价格和销量变化，在必要时适度调整首套住房金融政策以避免房地产价格急剧大幅下挫。

2. 各有关监管部门要加大检查力度，督促商业银行严格执行各种风险防范措施，有效管理房地产金融存量风险和增量风险

受逐利动机驱使，部分金融机构始终存在规避甚至违反监管规定的倾向。如果不对其进行有效监管和处罚，一方面会扰乱市场秩序，带来不公平竞争；另一方面会影响调控政策的实施效果。因此，相关监管部门应当各司其职，加大检查力度，共同督促商业银行严格执行有关政策，不断提高管理房地产金融风险的水平。

3. 加大房地产金融创新力度，拓宽融资渠道，尽快改变房地产业过度依赖银行信贷的格局

必须着力改变当前房地产贷款占比持续提高，房地产业过度依赖银行信贷的局面。要允许

甚至鼓励符合条件的房地产企业在资本市场和货币市场发行股票、债券和短期融资券等进行融资；要适时发展房地产信托、REITS 等业务；要在强化信息披露的基础上加快推进住房按揭贷款证券化步伐。通过改革创新，力争尽早形成多元化、多层次的房地产金融体系，从而使房地产金融风险得到有效分散和管理。

资料来源：中国人民银行广州分行金融稳定处。

专题3 我国城市商业银行风险状况及改革进展

我国城市商业银行（以下简称城商行）出现于20世纪80年代对城市信用社的重组。随着我国金融业的改革开放，城商行发展迅速，在我国的城市金融中发挥了重要的作用。近年来，随着社会经济的发展，部分城商行原来仅仅服务于地方城市金融的功能定位已经悄然发生了变化，一些经营情况较好的城商行开始了新一轮的改革重组，积极引进战略投资者，拓宽发展空间，探索上市之路，综合实力明显上升。

一、城商行整体经营及风险状况

（一）业务发展迅速，机构规模快速增长

经过多年的快速发展，我国城商行已经从小规模城市信用社逐步发展成具有一定规模、初具现代金融企业制度的商业银行。机构主体不断增加。截至2010年底，全国共有城商行147家，比年初增加4家，其中已上市城商行3家；城商行从业人员20.66万人，增长16.22%。市场份额有所增加。截至年底，全国城商行各项存款余额6.1万亿元，增长31.18%，增幅超过全国银行业机构平均增幅11.35个百分点，占全部银行业机构存款余额的8.32%，比上年提高0.72个百分点；各项贷款余额3.6万亿元，增长24.57%，增幅超过全国银行业机构平均增幅4.92个百分点，占全部银行业机构存款余额的7.07%，比上年提高0.28个百分点。资产负债规模稳步上

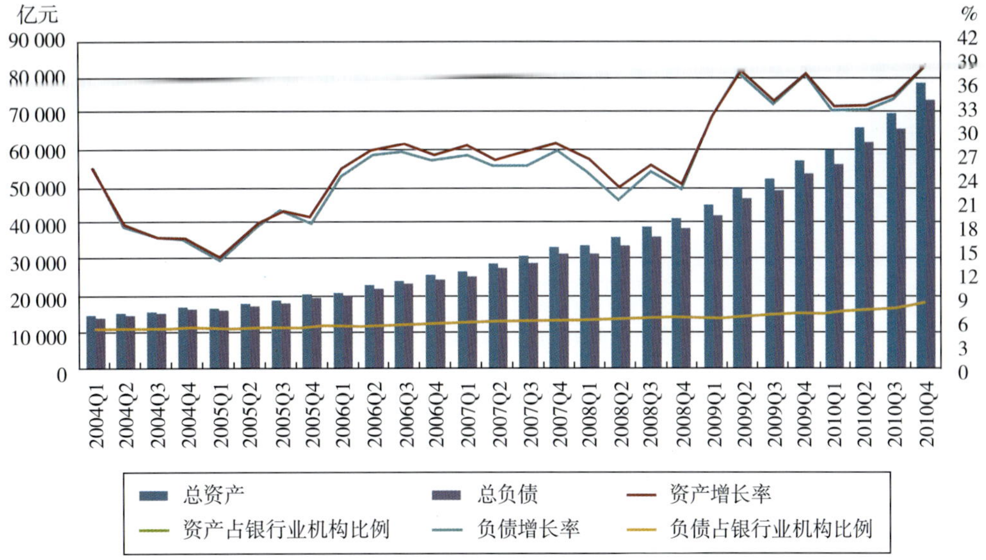

图1 我国城商行资产负债规模变化情况

升。截至年底，全国城商行资产总额7.85万亿元，增长38.2%，增幅超过全部银行业机构平均增幅18.5个百分点，占全部银行业机构资产总额的8.3%，比上年提高1.1个百分点；负债总额7.37万亿元，增长38.5%，增幅超过全部银行业机构平均增幅19个百分点，占全部银行业机构负债总额的8.3%，比上年提高1.1个百分点。总体上看，城商行整体经营发展势头良好。

（二）资产质量持续提升，流动性状况有所趋紧

经过近几年的改革发展，特别是2010年进一步加强信贷管理和风险控制机制建设，加大不良贷款清收力度，通过资产置换、剥离不良资产等多种方式积极处置不良资产，我国城商行信贷资产质量有效提升。截至年底，全国城商行不良贷款余额325.6亿元，比年初减少51.3亿元；不良贷款率0.91%，比年初下降0.39个百分点，不良贷款率比全国银行业机构平均水平低0.23个百分点，首次降到个位数以下，不良贷款实现持续“双降”。从样本城商行[①]不良贷款的结构看，与年初相比，样本城商行次级、可疑、损失类不良贷款绝对额均出现下降，下降幅度分别为16.95个、12.48个和6个百分点，不良资产余额下降21.43%，整体资产质量稳步提升。从流动性状况看，受信贷调控的影响，全国城商行整体存贷款比例有所下降，年底存贷比为59.02%，比年初下降3.13个百分点；样本城商行流动性比例为47.94%，比年初下降7.05个百分点，核心负债比例为52.68%，比年初上升0.84个百分点，人民币超额备付金率为6.19%，比年初下降2.47个百分点。整体上看，城商行整体流动性状况良好，业务正常支付能力得到有效保障，但在信贷政策转向稳健的背景下，部分城商行的流动性水平有所下降。

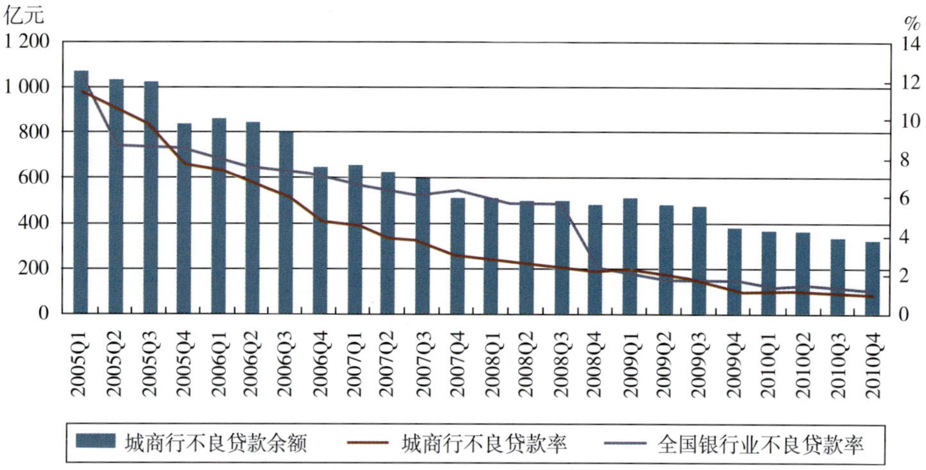

图2 我国城商行不良贷款变动趋势图

（三）盈利水平稳步提高，收入结构继续优化

受益于经济的快速增长，全国城商行盈利水平稳步提高，2010年，全国城商行实现税后利

---

① 基于数据的代表性和可得性，本专题选取全国104家城商行作为样本，对部分指标进行分析说明，样本城商行数量占全国城商行的70.75%，样本城商行资产总额占全国城商行的67.2%。

润769.8亿元，比上年增长55.05%；资产利润率1.14%，比上年提高0.13个百分点，比全国平均水平高0.14个百分点；资本利润率18.31%，比上年提高2.43个百分点，比全国平均水平高0.81个百分点。盈利增速大幅超过规模扩张速度，主要得益于：一是信贷需求旺盛，城商行议价能力提高，利差有所扩大；二是财务重组效果显现，大量低效资产剥离，提高了盈利资产的比重。从样本城商行营业收入的结构看，净利息收入、投资收益和手续费及佣金净收入是收入构成的三个主要部分，其中，净利息收入占69.73%，比上年下降3.36个百分点；投资收益占17.63%，比上年上升2.37个百分点；手续费及佣金净收入占6.02%，比上年上升2.02个百分点。虽然存贷款利差收入依然是城商行最主要的业务收入来源，但中间业务收入继续保持快速增长，2010年样本城商行实现中间业务收入72.99亿元，增长56.48%，增速比上年高出19.17个百分点，对营业收入的增加发挥了较强的带动作用。

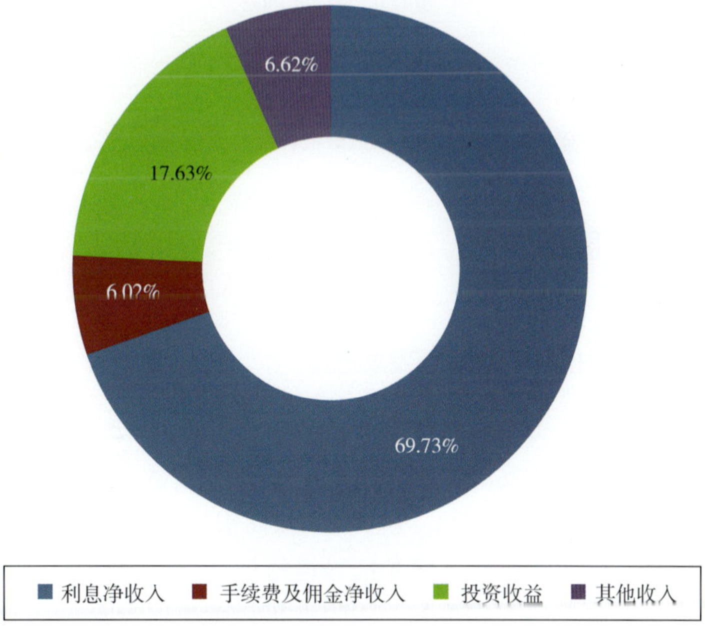

图3 2010年样本城商行收入结构图

（四）资本充足性不断提高，风险抵补能力稳步提升

2010年，在贷款增加、资本质量要求明显提高的形势下，城商行通过增资扩股、发行次级债等多渠道的资本补充机制，不断补足资本，资本充足率不断提高，2010年底全国城商行的平均资本充足率达到12.84%，核心资本充足率达到11.07%，分别比年初提高0.56个和0.44个百分点，分别比全国银行业机构平均水平高0.64个和0.97个百分点，全国城商行资本充足率全部达标，充足的资本使城商行抗风险能力有所增强，也为业务持续增长创造了条件。此外，城商行加大资产减值准备的计提，风险抵补能力进一步提高。2010年底，样本城商行拨备覆盖率达225.11%，比年初提高65.8个百分点，比全国平均水平高6.81个百分点；贷款损失准备充足率达223.99%，比年初提高19.8个百分点。

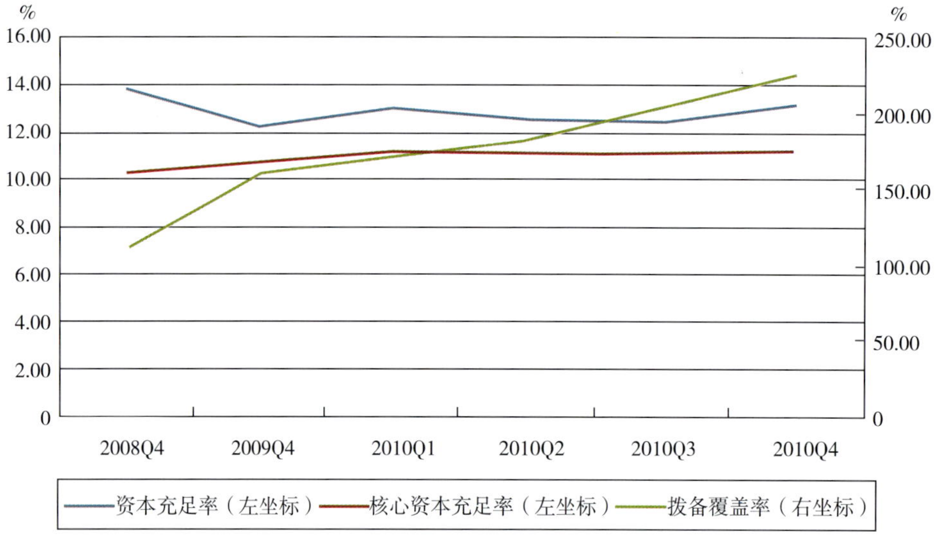

图4　样本城商行的风险抵补能力变化情况

二、城商行改革进展情况

（一）机构改革重组步伐加快，跨区经营发展迅速

为解决规模和资本金约束，实现金融资源的重新整合，近年来一些规模较小、实力较差的中小城商行通过联合、重组，不断发展壮大。2005年9月，安徽省以合肥城商行为龙头，陆续吸收合并了5家城商行、5家城市信用社，挂牌成立徽商银行，拉开了城商行联合重组的序幕。此后，江苏、吉林、宁夏、云南、山西、黑龙江等地纷纷进行区域内的城商行的联合重组。经过改革重组，各地城商行的竞争力大大增强，为企业提供金融服务的能力也得到提升，并为跨区域业务拓展打下基础。据2010年英国《银行家》杂志排名，北京银行、上海银行、江苏银行、南京银行、徽商银行、杭州银行、宁波银行等城商行排名进入世界银行业前500强。随着银监会《城市商业银行异地分支机构管理办法》和《关于中小商业银行分支机构市场准入政策的调整意见（试行）》的相继发布，城商行在全国范围内设立异地分支机构的步伐明显加快。从2005年上海银行获批成立全国城商行第一家异地分支机构起，一些城商行陆续在经济总量较大、金融资源丰富、发展前景较好的地区设立省内异地或跨省的分支机构。据不完全统计，截至2010年底，全国城商行设置的异地分支机构已近300家。跨省分支机构已从初始期集中在上海、北京、天津等大城市向中西部城市延伸。如2010年以来广东省内城商行开设6家异地分行中有一半设在中西部地区，包括湛江商业银行重庆和长沙分行，东莞银行长沙分行。除了直接设立跨区分支机构外，部分城商行通过发起设立村镇银行的形式实现跨区发展，如2010年12月长沙银行发起设立了全国第一家地市级村镇银行——湘西长行村镇银行。城商行呈现走出区域、向外扩张的发展态势。

（二）法人治理结构逐步完善，引进战略投资者稳步推进

随着城商行业务规模的壮大、业务品种的拓展和经营范围的扩大，部分城商行股权结构不合理，法人治理结构不完善，股东大会、董事会、管理层、监事会职责不明确，无法达到有效制衡等问题逐渐暴露。为解决改革发展中暴露出的问题，城商行纷纷下大力气健全内控制度和完善法人治理结构，股东大会、董事会、监事会和高级管理层议事规则和决策程序进一步完善，职责边界也更加明晰，法人治理结构逐步得到优化。以浙江省为例，目前该省城商行已经建立了比较完善的法人治理结构，构建了良好的权力制衡机制，完善了股东大会和董事会的决策程序，设立了专门委员会并明确相应的职责；在内控制度方面，各城商行建立了以岗位职责、管理办法、操作规程等为主要内容的内控制度体系，以董事会、风险控制委员会、风险管理职能部门为成员的内控组织体系和以资产负债比例管理和风险监测指标为内涵的内控监测体系。此外，各城商行也纷纷加快引进战略投资者和开展业务合作以提升管理水平，目前已有上海、南京、西安、济南、北京、杭州、天津、宁波、青岛、厦门、南充等地的城商行成功引进了境外战略投资者。如2009年厦门银行成功引入台湾富邦银行，成为首家台湾金融机构参股的大陆银行，2010年厦门银行与富邦银行开展后台支持保障、产品开发研究、零售渠道整合、营运服务升级、资金系统建制、风险制度梳理等六大方面共计18个战略合作项目。引进境外战略投资者后，城商行发生了明显变化，经营业绩明显改善，资产质量显著提高，经营管理、内控及风险防范机制和竞争能力都得到了提升。

（三）上市步伐逐步加快，多渠道的资本补充机制初步建立

经过多年的改革发展，城商行上市取得突破。2007年7月9日，南京银行、宁波银行率先叩开资本市场大门；2007年10月18日，北京银行登陆上海证券交易所，并创下当时境内IPO申购冻结资金的最高纪录。这3家城商行的成功上市，成为其他城商行共同追求的标杆。2010年以来，规模增长带来的资本约束更是促进城商行纷纷力争公开上市以获得长期发展动能。目前我国已有超过40家城商行提出上市规划，杭州银行、上海银行、盛京银行等正积极挤入城商行A股IPO重启的首批名单。上市融资不仅提升了城商行的经营品质，也为城商行建立起资本补充的长效、动态机制。由于次级债是一种快捷、高效的资本补充方式，也是一种主动、长期的负债来源，发行次级债也逐渐成为城商行补充资本金的重要途径。据统计，2009年共有19家银行发行了33只次级债，募集附属资本达2 825.3亿元，是上年的3.9倍。此外，增资扩股也成为城商行资本补充的重要选择和趋势。如辽宁省内除本溪商业银行外，其余13家城商行均采取增资扩股的方式进行了改造重组。经过努力，城商行适度集中、相互制衡的多元化股权结构逐步形成，资本充足率得到提升，为今后健康稳健发展奠定了基础。

（四）市场定位更加多元化，服务质量不断提升

目前我国大部分城商行还属于地方性中小法人机构，区域性质明显，主要定位于“服务地方经济、服务中小企业、服务百姓民生”，如福建省内3家城商行立足于建立区域性的城商行，坚持以“服务海西经济、服务中小企业、服务百姓民生”为市场定位，以构建“区域精品银行”

为目标，将信贷资源主要投向于符合市场定位的融资需求。但经过近几年的快速发展，城商行的发展也出现分化，部分城商行已经逐渐走出区域，面向全国，城商行的市场定位也更加多元化。如首批上市的3家城商行已经通过跨区经营逐渐走向全国，四川省的成都银行、南充市商业银行、攀枝花市商业银行等3家城商行也计划发展成为全国性的股份制商业银行。此外，部分城商行在定位于服务地方经济的同时，实行“跨区分支机构设立与村镇银行发起设立”双线并行的跨区域发展目标，进一步扩展区域版图，加速实现上市目标。在市场定位多元化的同时，各城商行也在持续推进业务创新与转型，提升金融服务质量，以应对同业竞争日益激烈的严峻挑战。特别是近几年各城商行都加大体制、机制和业务创新，积极拓展中小企业金融服务，设计开发创新业务品种，满足中小企业客户个性资金需求；积极探索担保形式多样化，推广动产质押、股权质押、应收账款以及基于核心企业付款的准信用等多种担保方式，有效地控制风险，为中小企业融资创造便利条件。

三、城商行改革发展过程中应关注的问题

（一）市场定位执行存在偏差

虽然大部分城商行的市场定位于“中小企业的银行、市民的银行”，但在实际经营中，“求大”却成为一种潮流，城商行为追求经济利益，在执行市场定位时往往会有所偏差。部分城商行贷款集中度高，不甘心只定位于小企业，而是模仿大银行，偏好大项目、大企业。特别是在城商行跨区域经营过程中，新设机构出于生存和满足总行考核的要求，往往将市场目标瞄准大客户、大企业，以便在短期内迅速做大规模，不可避免地影响到“立足中小”的市场定位，“服务中小”的定位逐步淡化。而一些刚刚完成增资扩股，引入战略投资者的城商行，凭借雄厚的资本金，也明显加快跨区域经营的步伐，以实现布局全国的战略，这种“裂变式”的发展模式，本质上已经脱离了地区银行的范畴。此外，还有一些城商行以参股或相互持股的方式来谋求联合，其立足点是通过间接渠道实现由小到大的转变，超越城市概念。这些改革在表现形式上，有的仍然提出要立足于市企、市政、市民，但从结果上看，都把城商行的名字外壳弃掉，走出城市，立足全省，走向全国已经成为其内在的真正追求。

（二）机构快速扩张的潜在风险

一是补充资本金的压力进一步增大。机构的扩张使得其资产规模迅速扩张，导致资本消耗过快，加之对资本充足率和核心资本充足率监管要求的提高，部分扩张过快的城商行系统性资本短缺问题凸显。二是原有的管理模式受到了挑战。随着跨区域经营后分支机构的增加，传统城商行的两级管理体制，变成了总分行的三级发展管理模式，这种管理模式的改变对原有的二级管理模式提出了严峻的挑战。此外，不同区域的经济运行情况、产业发展规划和行业调控政策存在较大的差别，随着跨区域经营的进一步深化，分支机构的业务结构、客户结构以及所面临的风险状况也有很大的差异，原有的管理制度主要适用于本地机构而非异地分行，制度更新可能跟不上跨区经营发展速度，加大了操作风险。三是人力资源不足制约其远期成长。与大型银行和全国性股份制银行相比，城商行在优秀的经营管理和高端专业人才招募竞争中处于弱势，

随着管理半径和幅度的不断扩大，城商行相对较弱的经营管理能力和对异地分支机构相对宽松的管理制约了其长远的发展。

（三）业务经营同质化趋势明显

目前，我国城商行跨区域设立发展以进入大城市、发达地区的情况较多，地区分布不均衡。城商行通过“更名—跨区域经营—上市”的发展路径，依靠规模扩张实现效益增长和机构发展。这种“一哄而起”的同质化扩张模式不利于城商行稳健发展。从城商行跨区域设立情况看，已实现跨区域发展的城商行设立的异地分行级分支机构中，位于东部地区的占到49%；位于我国经济最发达的三大经济圈——长三角、珠三角、环渤海的分支机构数量占到52%。城商行跨区域扎堆进入经济发达地区的特征十分明显，这将进一步加剧我国金融资源地区分布的不平衡。在城商行的业务发展中，不少城商行采用对大中型银行的“跟随”战略，市场定位、产品、服务与大中型银行趋同，同质现象明显，存在被动模仿其他大银行、产品品种比较单一的情况。同时，为短期内做大规模，城商行倾向于与大银行争抢大企业、大项目，利用金融创新来服务特定市场的效率不高，没有发挥城商行的特色，部分丧失了占领特定市场的主动权。此外，由于城商行客观存在经营覆盖面小、品牌知名度不高等问题，主要利润来源于传统业务，城商行之间业务高度同质化，所提供金融产品的替代性较强，顾客忠诚度较低。

（四）风险管控能力仍有待提升

随着经营规模的扩大，城商行的风险管理水平也得到了一定程度的提高，但仍存在着一些问题。一是部分城商行风险管理架构尚未完善，风险管理活动仍集中于传统信贷领域，还不能做到对市场风险和操作风险的全面覆盖，离全面风险管理体系的要求还有距离；二是风险管理技术落后，风险识别和评估能力不强，由于历史数据积累不足，还不能实现风险的动态监测和量化管理；三是风险管理赖以开展的业务信息系统不完善，还不能做到对风险的科学定价，部分城商行信贷业务仍主要依赖手工操作，在目前利率、汇率日益市场化，金融创新层出不穷，银行间竞争日益激烈的情况下，将导致城商行市场开拓和产品创新的支撑能力不足，成为制约城商行信贷发展及风险管理的重要因素；四是内控机制建设与业务发展不相适应，在规模不断扩大的同时，内控制度建设与执行还需不断完善，使之与业务发展相适应。

四、对策建议

（一）明确市场定位，实施差异化经营策略

城商行要在激烈的市场竞争中站稳脚跟，求得生存与发展，必须根据市场环境，结合自身的优势，制定适合自身特色的市场定位和发展策略。一些规模较大、业绩较好、竞争力较强的城商行可以通过异地设立分支机构、参股、控股或兼并其他城商行等方式迅速做大做强，发展成为提供特色金融服务的跨区域商业银行。但更多的城商行应该立足中小企业，更加贴近小企业；立足市民，更加贴近普通百姓；立足地方经济，更加贴近社区。转变发展方式，走差异化、

特色化道路。区分金融市场中不同需求的差别性，为客户量身定制金融产品，实行差异化营销。规避在技术能力、产品设计和资本规模等方面存在的不足，充分发挥贴近地方、了解地方、拥有本地资源、操作灵活、业务流程便捷、决策效率较高等比较优势，与大型商业银行和股份制商业银行开展差异化、特色化竞争。

（二）完善内控体系，提升全面风险管理水平

城商行要进一步健全内部控制机制，努力构建包括信用风险、市场风险、操作风险等在内的全面风险管理体系，有效识别、计量、监测、控制各类风险。在各项业务和管理活动中制定明确的内部控制政策，规定内部控制的原则和基本要求，建立分工合理、职责明确、报告关系清晰的组织结构，明确所有与风险和内部控制有关的部门、岗位、人员的职责和权限。引进国际先进的风险识别与评估技术，建立符合国际标准的银行信用内部评级体系和风险模型，坚持自主开发，持续优化，不断改进和完善内部评级体系，实现风险管理定性与定量的有效结合。完善责任追究体系，提升各项规章制度的执行力，真正做到业务处理流程的各环节职责清晰、标准明确。

（三）加大金融创新力度，提升服务效率

金融创新能力滞后是影响城商行竞争力的重要因素之一，使得城商行处于跟随者的地位，无法确立自身的竞争优势。城商行作为服务型企业，应根据目标客户的实际需要来加大产品创新，设计和优化金融产品，为目标客户群提供全方位的金融产品和综合化服务，尽可能提高服务效率，以实现最大限度的客户满意度。在架构流程上，要以客户为中心配置资源，构架组织运作体系，形成以客户服务为中心的层级式服务体系，使组织里边的每一个环节都成为服务的一环，并结合所服务的特定金融市场，加强利用信息科技的能力，促进业务经营及管理的创新。围绕提高区域市场需求响应的快速性、决策信息的高效性以及科技管理模式的合理性，进行产品、服务科技创新和管理创新，将信息技术与特定顾客服务、风险控制系统、综合经营管理等建设有效结合。

（四）加大人才储备和培养的力度，建立有效的激励约束机制

无论是差异化发展、风险控制还是产品创新，这些都依赖人才来实现。城商行要进一步完善人力资源的使用和培养机制，健全人才开发和教育培训机制，加快自身的人才队伍建设，并积极引进国内外优秀管理人才和专业技术人才，发挥引入人才的“鲇鱼效应”，激活员工的工作积极性和主动性。跨区域经营过程中，充分挖掘当地人才，通过人员属地化与总行派驻相结合的方式，优化异地分支机构人力资源结构，并积极创造条件促进分支机构银行文化的快速融合。建立有效的薪酬激励机制，构建科学的业绩考评指标体系，吸引和留住关键岗位人才。理顺总、分、支行三级薪酬关系，使薪酬与岗位、规模、贡献度等相匹配，构建适应现代商业银行运营要求的薪酬体系。在人才战略上，城市商业银行不能只是进行“输血”，更重要的是要实现“造血”，要前瞻性地从战略高度做好人才的培养工作，实现自身可持续的健康发展。

资料来源：中国人民银行福州中支金融稳定处。

专题4　农村金融机构改革进展及存在的问题

农村金融是我国金融体系的重要组成部分，是支持服务“三农”的重要力量，在统筹城乡发展和推进社会主义新农村建设等方面发挥着积极作用。2003年以来，以农村信用社改革试点为标志的新一轮农村金融改革稳步推进，在现有机构的改革重组、组织机构创新、金融基础设施建设和改善农村金融服务等方面取得了积极成效。当前，农村金融机构改革正处于关键时期，制约改革深入推进的问题和困难仍然较多，尚需在产权制度、管理体制、公司质量等方面加快制度创新步伐，为农村金融机构的稳健运行和可持续发展奠定基础。

一、农村金融机构改革进展与成效

（一）资金实力不断增强，促进支农力度加大

截至2010年底，全国农村信用社（含农村商业银行、农村合作银行，下同）各项存款余额8.8万亿元，比2002年底增长了3.4倍。随着资金实力的增强，农村信用社“支农服务主力军”作用进一步发挥。各地区农村信用社适应不同特色农村经济的需要，创新了大联保体、第三方质押等信贷品种和银行卡、ATM等新型服务方式，努力解决农民贷款难和支付结算难等问题。截至2010年底，农村信用社各项贷款余额5.9万亿元，比2002年底增长了3.2倍，涉农贷款余额和农户贷款余额分别为3.87万亿元、2万亿元，比2007年底分别增长77%和68%。

（二）内控管理明显加强，资产质量和效益逐步改善

改革过程中，农村信用社切实加强了授权授信管理、不良贷款责任追究、成本费用控制、利润分配、劳动用工等相关制度的建设和落实，不同部门、不同岗位的行为规范逐步形成，经营管理的规范化程度不断提高，风险防范水平有所增强。近年来，全国农村信用社不良贷款持续“双降”，五级分类不良贷款比例从2006年底的27.93%下降至2010年底的4.2%。自2004年农村信用社开始实现转亏为盈，2010年全年实现利润678亿元。

（三）股金结构不断改善，股本稳定性有所增强

近年来，各地农村信用社普遍加大了增资扩股力度，吸收大量企业法人和自然人等民间资本入股，资本实力明显增强，对提高资本充足率起到重要推动作用。截至2010年底，全国农村信用社股金总额2 407.86亿元，为2003年底的3.95倍，资本净额由2003年底的-194.16亿元提高至3 926.93亿元。同时，资格股清理和大股东吸纳使资本稳定性增加，逐步摆脱了改革前股本金总额较少、股权结构单一、自然人股权占比分布较大的状况。如山东省2010年底已基本

完成资格股清理工作，前十大股东金额占比呈现逐年上升态势，2010 年底前十大股东股本占比达 20.25%。

（四）扶持政策落实到位，历史包袱得到有效化解

截至 2010 年底，人民银行采取专项票据和专项借款两种方式，共计对农村信用社安排资金支持 1 718 亿元，财税部门减免营业税、所得税 760 亿元，拨付保值贴补利息 88 亿元。以上合计，中央安排用于农村信用社化解历史包袱的资金额度累计超过 2 500 亿元，占全国农村信用社 2002 年底实际资不抵债数额的比例超过 80%。此外，各级地方政府通过股金分红补贴、集中处置不良贷款、出台财税扶持政策等方式，支持农村信用社改革和发展。如青海省财政已为全省农村信用社建立了风险补偿专项基金 4 479 万元，从 2005 年起连续 6 年共拨付 1 800 万元专项扶持资金。浙江省台州市农村合作金融机构在 2004—2010 年期间，共享受各项政策优惠 9.1 亿元。在各项政策支持下，截至 2010 年底，全国农村信用社共消化历年亏损挂账 788 亿元，降幅达到 60%，共有 1 713 个县（市）已全额消化了历年亏损挂账。

（五）机构改革稳步推进，农村金融组织体系不断完善

截至 2010 年底，以县（市）为单位统一法人社由 2002 年底的 94 家发展为 1 976 家；农村合作银行和农村商业银行由 2002 年底的 3 家发展为 300 家，其中农村合作银行 216 家，农村商业银行 84 家。新型农村金融组织快速发展。截至 2010 年底，全国共组建新型农村金融机构 509 家，其中开业 395 家（村镇银行 349 家，贷款公司 9 家，农村资金互助社 37 家），筹建 114 家；各地已设立小额贷款公司数达到 2 451 家，比上年末增加 1 280 家；贷款余额 1 975.05 亿元，增加 1 201.82 亿元。

二、当前存在的问题及制约因素

农村金融机构改革虽然取得了明显成效，但仍存在一些突出问题，特别是制约农村信用社长效发展的产权制度、管理体制、法人治理等深层次改革尚未取得实质进展。表现在：一是产权改革仍不彻底。形式上产权是明晰的，但股本金存款化特征明显、结构高度分散的现状决定了所有者无法对经营者形成有效约束，所有者缺位和“内部人控制”问题尚未明显改观。二是管理体制有待进一步理顺，突出表现在省联社职能定位不清晰，拥有对县级联社的人事任免、大额财务支出审批、大额贷款咨询等实权，县级法人联社难以实现“四自”经营。三是法人治理结构仍不完善。由于产权改革不彻底、管理体制未理顺，“三会”制度流于形式，职责分明、合理授权、有效激励与制衡的法人治理结构难以真正形成。四是部分信用社账面指标的改善靠非常规手段实现，经营困难的状况仍未取得根本转变。

上述问题集中反映了改革制度设计与政策执行过程中存在的突出矛盾，主要表现在：

（一）增资扩股的诸多限制影响产权关系的真正明晰

明晰产权是本次深化改革的重点之一。为避免外部人控制，保持支农职能，改革在股权设计上要求扩大入股范围，广泛吸收农民、个体工商户和其他各类经济组织入股，并限制单个法人和自然人的最高入股比例，导致单户入股金额小、股东数量众多、股权高度分散的局面，入股社员很难与信用社形成共同利益取向，加之绝大多数股东缺乏金融知识和管理才能，难以形成有效的外部监督。另外，部分信用社由于历史包袱沉重、盈利能力低下，增资扩股毫无吸引力，只能以“退股自由、保息分红”等承诺招揽股金，存款化股金在所难免。所有者的虚置导致产权关系仍处于混沌状态。

（二）省级政府承担风险责任与县级联社实施法人治理之间存在现实矛盾

改革政策明确规定，改革后信用社的风险防范和处置责任交由省级政府负责。在此背景下，省级政府必然要通过省联社对县级联社全面加强行业管理，加之改革政策对“管理”定义不明确以及省联社对管理权的内在渴望，导致省联社从人、财、物等方方面面对县级联社进行严格控制的现实，县级联社理事长、主任实际由省联社提名任免，与公司法的相关要求相悖。县级联社以三权分离、委托管理和授权经营为基本内容的权力制衡机制难以真正形成，法人治理无法真正完善。随着以股份制为主导的产权改革的加快推进和县级农商行“四自”的实现，这种情况只会愈加严重，届时将使省级政府面对责、权、利不对等局面，从而无法对农信社的发展和风险处置负责。

（三）产权不清和过度干预，导致法人治理结构有形无神

在改革过程中，农村金融机构虽然普遍完成了法人治理机制建设，初步建立了理事会、监事会和社员代表大会制度，但是从实践角度看，“三会”运作过多停留在形式上，法人治理结构的作用并未真正有效发挥。在内部所有者缺位和外部省联社干预的情况下，县级联社“三会一层”完全行政化，完善法人治理结构难以取得实质进展。改革要求的理事会负责决策、经营层负责管理、监事会负责监督的权力制衡机制，演变为决策、经营、监督的实际控制掌握在理事长一人手中，表明改革制度安排与现实环境的适应性较差。

（四）以县为单位的法人体制存在一定弱势效应

现行的以县为单位的法人体制在一定程度上满足了国家的支农要求，有利于缓解农村的资金外流现象，但也存在较大缺陷：一是以县为单位的法人机构规模小，抗风险能力较差，服务对象又是高风险的农村和农业，导致金融风险不断积累。二是不利于形成规模经济优势，许多新产品研发、科技创新、培训等单靠县级小法人往往无力解决或需付出高昂成本，将直接导致创新意愿和创新能力的下降，不利于农信社的可持续发展。三是阻碍了农信社化解历史包袱的进程，有些农信社历史包袱很重，单靠自身努力根本无力化解或者要花上10～15年才能彻底消化，但由于各县级联社的小法人性质，效益好的农信社无法对其支援，客观上削弱了对“三农”的支持作用，影响了农村金融稳定和农村基础产业发展。

三、完善制度设计，深化农村金融机构改革

（一）实施股份制改造，进一步深化产权制度改革

一是积极引进战略投资者，打破投资入股的地域限制，鼓励经营状况好、管理能力强的金融机构参股或控股农村信用社，并带动、推荐其他符合条件的优质工商企业投资入股，加大战略投资者的引进力度，实现农村信用社的跨区域战略合作及重组，进一步改善股权结构，在提高股东素质、强化股权约束的同时，加强区域间业务联系，推动经济合作。二是进一步提高单个投资者的持股比例，提高股东话语权，强化约束机制，解决股东分散、内部人控制等问题。三是鼓励和支持条件成熟的农村商业银行择机上市，拓宽资本筹集渠道。同时，探索建立农村信用社股权交易平台，方便股权顺利流动，解决社员无法“用脚投票”问题，强化市场约束，不断提高法人治理水平。

（二）明确省联社职能定位，进一步理顺管理体制

按照“政企分开、规范管理”的原则，逐步理清省政府与省联社之间的职责安排，逐步理清省联社与基层法人社之间的权责关系，坚持省联社行使管理职责与不干预基层信用社自主经营的二元化统一，逐步弱化省联社的行政管理，按照市场化原则，强化业务指导和行业服务。在做实省联社的基础上，放开对省联社入股市联社、县联社、农村商业银行、农村合作银行的限制，变行业管理为资本管理，既有助于克服县级小法人的规模不经济现象，提高全省农信社抗风险能力和服务“三农”的实力，而且可以降低协调和管理成本，理顺省联社与农村商业银行的关系。

（三）加大机构整合力度，积极推进银行化改革

一是加大城区农村信用社的整合重组力度，将同一设区市设在城区的农村合作金融机构合并重组成一家农商行、农合行或统一法人联社，以提高整体竞争实力，避免不必要的社间竞争。二是对经营状况和管理能力较差的农村信用社，鼓励符合条件、有实力的金融机构及其他战略投资者按照市场原则对其进行投资、收购、兼并、重组。对经过政策扶持经营状况仍持续恶化、支付风险比较突出、严重资不抵债且救助无望的农村信用社，探索实行市场退出。

（四）加强政策协调配合，确保服务“三农”的持久成效

一是加大对农村信用社的资金支持力度，考虑通过适当方式安排一定比例的资金扶持，进一步改善农村信用社资产质量，不断增强其竞争实力和支持“三农”力度。二是建立农业贷款的风险补偿机制，探索建立多种形式的农贷补偿基金，对农村信用社因支农而减少的贷款收益和造成的损失，予以补偿，充分调动农村信用社支农的积极性。三是延续各种税收减免政策，进一步完善税收优惠机制，激励农村信用社加大支农力度。四是完善农村金融服务体系，有序发展新型农村金融机构，补充农村信用社支农资金不足，形成多层次、广覆盖、可持续的农村

金融服务体系。五是大力发展农业保险，建立农业风险转移机制。加快政策性农业保险体制建设，推动商业性保险机构涉足农村保险业务，推出多层次、多品种、政策性和商业性相结合的农业保险产品，通过保险转嫁信贷风险，消除农村信用社发放农业贷款的后顾之忧。此外，充分发挥地方政府的作用，制定和落实促进农信社发展的相关扶持政策，取消对农信社业务拓展推广中的一些限制性政策，为农信社创造更加宽松的经营环境。大力整治社会信用秩序，积极培育和建设良好的农村金融生态环境，协助农村金融机构做好不良资产的清收和处置，为农村金融发展创造良好的外部条件。

资料来源：中国人民银行济南分行金融稳定处。

专题5 各地区地方政府融资平台风险探讨

一、地方政府融资平台的发展与规范

近年来，为应对国际金融危机，满足中央项目配套资金和自身投资需要，全国各地政府融资平台数量增加较多，通过举债融资，为地方经济和社会发展筹集资金，负债规模增长过快，出现了一些亟须高度关注的问题。为有效防范财政金融风险，加强对地方政府融资平台的管理，保持经济持续健康发展和社会稳定，国务院于2010年6月10日下发《关于加强地方政府融资平台公司管理有关问题的通知》（国发［2010］19号），随后，《关于贯彻国务院关于加强地方政府融资平台公司管理有关问题的通知相关事项的通知》（财预［2010］412号）、《关于下发融资平台公司债务清理核实情况表的通知》（财预［2010］429号）、《关于进一步做好地方政府融资平台公司名录及债务余额工作的通知》（财预［2010］525号）、《关于地方政府融资平台贷款清查工作的通知》（银监办发［2010］244号）及《关于做好下一阶段地方政府融资平台贷款清查工作的通知》（银监办发［2010］309号）等文件出台，对政府融资平台公司管理及平台贷款管理提出了相关政策和明确要求。

根据国务院要求，地方各级政府抓紧清理核实并妥善处理融资平台公司债务以及在建项目后续融资问题，对融资平台公司存量贷款逐笔评估，发现问题和风险要及时采取整改保全措施。对融资平台公司进行清理规范，继续留存的公司应完善治理结构，实现商业化运作。加强对融资平台公司的融资管理和银行业金融机构等的信贷管理，凡没有稳定现金流作为还款来源的不得发放贷款，向融资平台公司新发贷款要直接对应项目，适当提高融资平台公司贷款的风险权重。坚决制止地方政府的违规担保承诺行为。

目前，各地的财政厅、发改委、人民银行分支机构和银监局已经对政府融资平台公司名录及债务余额进行了核实和盖章确认，部分地方四部门已经达成了一致意见。从对各地政府融资平台债务余额的核查结果来看，平台债务绝大部分是银行贷款。

根据国务院、人民银行、银监会规范政府融资平台贷款要求，各银行业金融机构按法人原则落实台账管理并建立定期报送制度，按分期还贷原则改进贷款偿还方式，按照现金流覆盖比例计算资本充足率贷款风险权重，对平台贷款按分类处置原则分类监管，按属地原则组织现场检查，严格控制增量，扎实缓释存量，强化问责处罚。

随着一系列加强地方政府融资平台管理的政策措施出台，清理整顿工作的开展以及管理政策的落实，目前，地方政府融资平台贷款增速明显回落。

二、各地区政府融资平台风险分析

（一）部分地方政府融资平台偿还贷款压力大

地方政府融资平台贷款增长中，县级政府融资平台贷款增长尤为突出，而在清理整顿中，县级地方政府融资平台退出力度相对较大，使得部分县、乡级政府融资平台还本付息压力明显加大，项目资金紧缺等问题有所暴露。个别县市，平台公司资产可变现价值与负债相抵后，尚留有较大的负债缺口，部分地区地方预算收入难以全部覆盖债务支出等。

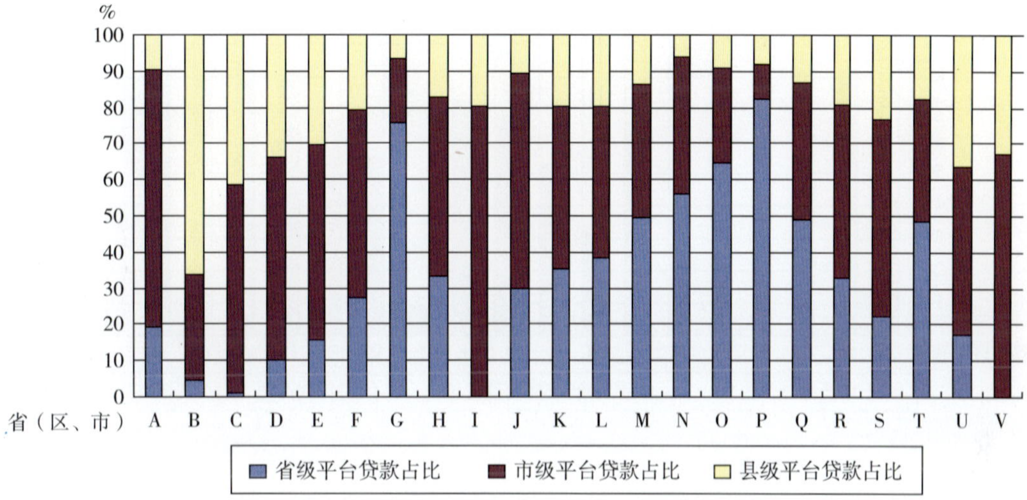

注：字母A，B，…代表考察地区，下同。

数据来源：相关地区人民银行调查数据。

图1　部分地区各级地方政府融资平台贷款情况

从贷款期限看，平台贷款以中长期为主（见图2），在清查中要求商业银行做好合同修改等工作，按分期还贷原则改进贷款偿还方式，同时，一年内到期的平台贷款由于主要是流动资金贷款，全额落实资产抵押可能性较小，难以办理"到期周转"，导致相关平台面临偿债压力大。而如果分期还贷实施效果不理想，则需要防范未来平台贷款集中到期带来的偿债能力不足风险。

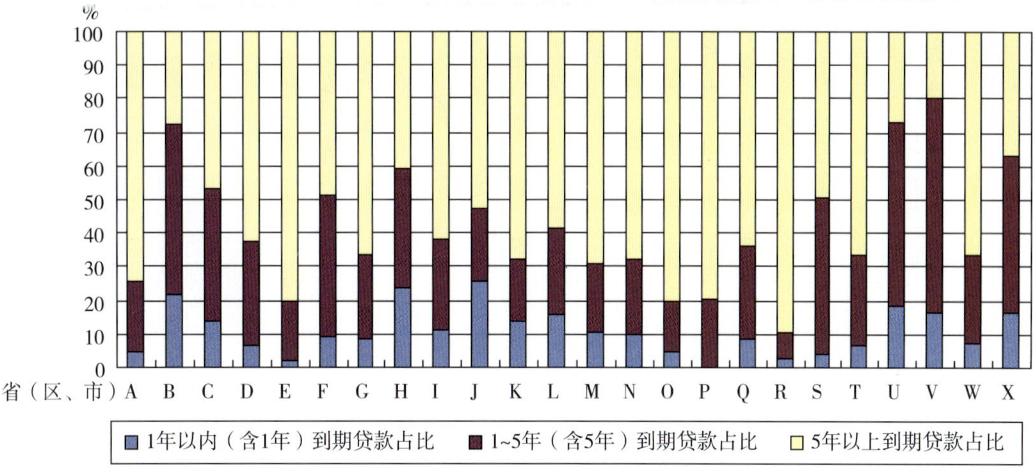

数据来源：相关地区人民银行调查数据。

图2　部分地区地方政府融资平台贷款期限情况

从贷款方式看，土地抵押贷款占比较大，个别省（区、市）地方占比甚至超过50%，以土地为抵押品的贷款归还受土地市场波动影响较大。个别省（区、市）信用贷款比重过大，面临的风险因素更复杂（见图3）。

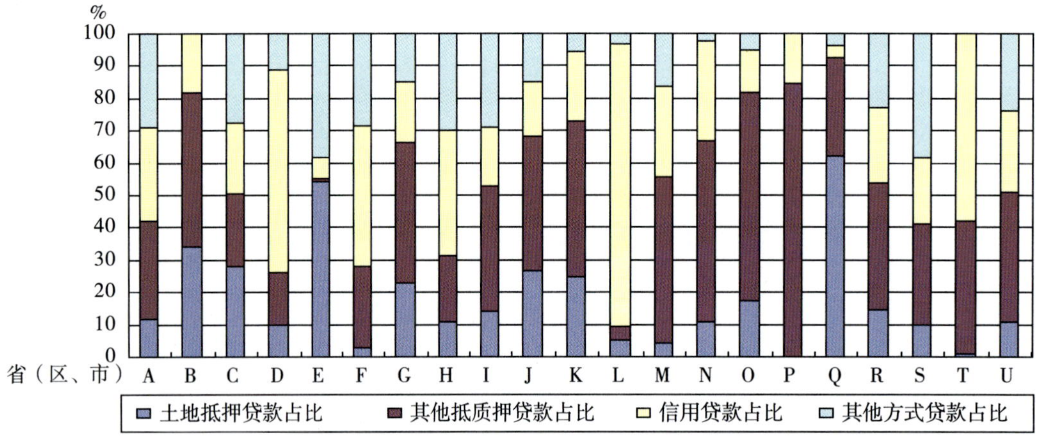

数据来源：相关地区人民银行调查数据。

图3 部分地区地方政府融资平台贷款方式情况

（二）部分政府融资平台项目后续资金来源存在困难

按照国发［2010］19号文规定，"经地方政府审核后，对还款来源主要依靠财政性资金的公益性在建项目，除法律和国务院另有规定外，不得再继续通过融资平台公司融资，应通过财政预算等渠道，或采取市场化方式引导社会资金解决建设资金问题。"调查显示，这类项目多数回报低，期限长，后续资金引入社会资金难度较大，前期投放的贷款已经面临风险。截至2010年底，全国各地公益性贷款仍占一定比重，个别省（区、市）公益性贷款占比甚至超过50%（见图4），项目后续资金来源压力较大。

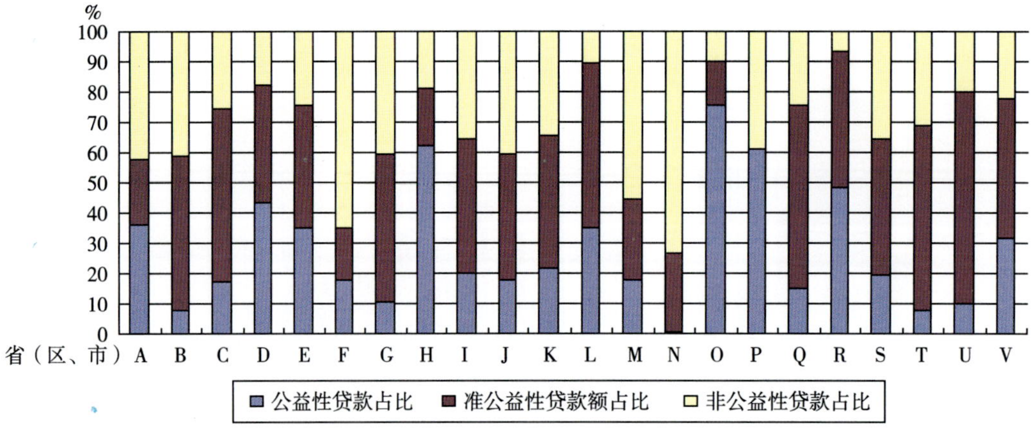

数据来源：相关地区人民银行调查数据。

图4 部分地区地方政府融资平台贷款按性质分类情况

根据银监会要求，贷款项目自身现金流、担保及抵质押品折现价值合计不足贷款本息120%的融资平台贷款，应至少归为次级类；不足80%的，应至少归为可疑类；融资平台贷款拨备覆盖及贷款拨备率不得低于一般贷款拨备水平等；从2011年第一季度开始，商业银行要按照现金流覆盖比例划分的全覆盖、基本覆盖、半覆盖和无覆盖平台贷款计算资本充足率贷款风险权重，分别为100%、140%、240%和300%。这将促使商业银行加紧对非全覆盖的平台贷款进行回收。调查显示，个别省（区、市）平台贷款现金流覆盖本息情况不理想（见图5），继续获得银行贷款支持将较为困难。

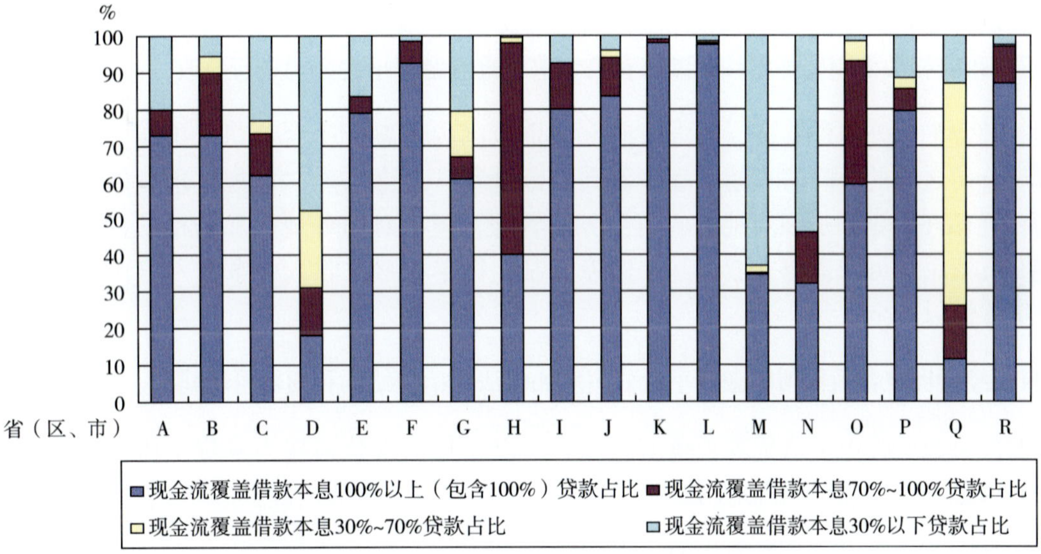

数据来源：相关地区人民银行调查数据。

图5 部分地区地方政府融资平台贷款现金流情况

（三）平台清理操作及后续规范发展管理难度大

按照国家政策要求，原则上除第四类融资平台公司（承担有稳定经营性收入的公益性项目融资任务，且公益性项目偿债资金30%以下来源于财政性资金）外，要逐步取消其他融资平台公司为公益性项目融资的功能，转化成普通意义上的国有企业或予以注销。目前各地已经确定注销或将注销部分不符合条件的平台公司，并将进一步注销部分融资平台公司或不再保留其融资功能。在清理整顿过程中，作为主要债权人的商业银行难以及时针对这些公司出台“一户一策”的贷款保全措施，切实防范贷款风险。政府融资平台多头融资和银行业机构多头授信问题较为普遍，缺乏统一管理，难以掌握其真实负债情况。部分地方政府融资平台公司运作不规范，缺乏可持续发展能力。

三、部门协调、共同努力、实现政府融资平台公司规范健康发展

（一）各银行业金融机构要严格规范融资平台信贷管理

完善贷款手续，明确责任主体，切实加强贷后跟踪，积极落实相关抵押和担保手续，增加

融资平台授信业务的还款保障，积极防范贷款风险。在确保信贷资产安全的同时，要按照国发［2010］19号文件要求，“对凡符合国家产业政策、土地政策、环境保护政策、信贷审慎管理规定及宏观调控政策等要求的项目，要继续按协议提供贷款，推进项目建设”。

（二）各地人民银行和银监局要加强对政府融资平台贷款的管理指导工作

建立政府投融资平台登记制度和完备的投融资平台名录，在此基础上形成统一的投融资平台贷款统计制度。借鉴国外经验，建立一套既符合地方财政综合债务状况，又能反映地方财政整体风险程度及其变化发展趋势的风险控制标准，以监测和预防债务风险的发生。

（三）政府相关部门要抓紧按照国家有关要求对政府融资平台公司进行整改

做实融资平台公司资本金，地方政府在出资范围内对融资平台公司承担有限责任，建立健全政府与公司之间的风险防火墙，逐步做到规范融资，最终实现“以规范求发展、以发展促规范”的良性循环。延伸加强对地方政府债务的管理，包括对债务规模和结构的科学管理，确保地方政府负债总体可控。建立偿付基金保障机制，每年在财政收入中拿出一定比例作为政府融资平台贷款偿付基金。

（四）经清理整合后保留的融资平台公司应加强法人治理结构和内部管理建设，规范融资行为

向银行业金融机构申请贷款须落实到项目，以项目法人公司作为承贷主体，并符合有关贷款条件的规定。要严格按照规定用途使用资金，讲求效益，稳健经营。

（五）建立政府融资平台信息监测、共享和沟通机制

建立地方政府及其融资平台公司债务管理信息系统和统计报告制度。督促融资平台定期进行信息公开披露，加强跟踪监测，增强透明度。

（六）深入研究降低政府融资平台中信贷融资比重的方法

探索债券融资、项目融资、民间融资、股权融资等方式，降低财务成本以及对银行信贷资金的过度依赖。鼓励信用较高，资产规模较大的政府融资平台通过银行间市场发行短期融资券、中期票据、企业债券、股票或资产证券化等方式实现融资。积极探索发起设立产业投资基金，或建立产业投资引导基金，以跟进投资的方式，减轻财政资金压力。对主要在公益性质较强的领域从事投资建设，项目自身缺乏现金流的，积极引入民间资金，通过BOT（建设、经营、转让）、BLT（建设—租赁—移交）等方式，吸引更多民间资本参与公共基础设施投资运营。

资料来源：中国人民银行四川分行金融稳定处。

China Regional Financial Stability Report

(2011)

Chapter 1 Overview

In 2010, faced with complicated and volatile economic and financial environment, all regions[①] across China took concrete actions to carry out the decisions and arrangements of the Communist Party of China (CPC) Central Committee and the State Council. They thoroughly implemented the Scientific Outlook on Development, consolidated the achievements in coping with financial crisis, pushed for scientific and leapfrog development, promoted the transformation of economic growth pattern and coordinated economic growth with the improvement of people's livelihood. As a result, regional economic growth made new achievements. The financial system in all regions kept innovating. The quality and efficiency of financial system improved continuously. The ability of financial system to prevent risk was further enhanced.

1.1 Financial development was generally stable across regions

1.1.1 The implementation of regional development plan was accelerated to support the development of regional economy

In 2010, a series of new regional development plans were approved, including the development of Chongqing Liangjiang New Area, Yangtze River Delta Economic Zone and Qinghai and the expansion of Shenzhen and Xiamen special economic zones. Meanwhile, the implementation of existing regional development plans was accelerated. The pulling effect of regional development plan on economy became more and more evident. In 2010, the economy of most provinces and regions in China maintained a growth rate of 10% ~ 15% and the economic growth of all regions was higher compared with 2009. Central and western regions continued to maintain a rapid growth momentum and the economic growth of eastern region rose back significantly. Besides, the regional economic development was more coordinated with central and western regions growing more rapidly than eastern region. Government investment was tilted toward central, western and northeastern regions. The growth of fixed asset investment in central

① Ten provinces and municipalities directly under the Central Government in eastern region including Beijing, Tianjin, Hebei, Shanghai, Jiangsu, Zhejiang, Fujian, Shandong, Guangdong and Hainan; six provinces in central region including Shanxi, Anhui, Jiangxi, Hubei and Hunan; eleven provinces and one municipality in western region including Guangxi, Chongqing, Sichuan, Guizhou, Yunnan, Tibet, Shaanxi, Gansu, Qinghai, Ningxia, Xinjiang and Inner Mongolia; three provinces in northeastern region including Heilongjiang, Jilin and Liaoning. Hong Kong, Macau and Taiwan were excluded in this report.

and western regions continued to lead China. Moreover, the consumption stimulus package such as home appliances going to countryside has taken effect. The growth of consumption in rural areas sped up. Total retail sales of consumer goods in central and western regions realized a slightly higher growth compared with eastern region.

1.1.2 Regional development showed more distinct characteristics

In 2010, policies regarding regional plans were gradually pinned down, regional cooperation was promoted continuously, and the characteristics of regional development became more distinct. With an emphasis on industrial restructuring and transformation of growth pattern, eastern region made great efforts to raise the quality of economic growth, to develop modern service industry, advanced manufacturing and emerging industries of strategic importance and to enhance independent innovation ability and overall competitiveness. Central region took concrete measures to promote the construction of *Three Bases and One Hub* project and accelerate the implementation of large projects such as the development of *Rural Areas*, *Agriculture and Farmers* (*ARF*), low-income housing, infrastructure, energy saving, environmental protection, independent innovation, technological transformation, etc. Western region kept increasing investment in areas concerning people's livelihood, infrastructure, ecological environment construction, and continued to promote technological transformation. Northeastern region accelerated the rejuvenation of key industries, encouraged strategic merger, acquisition and restructuring of state-owned enterprises, and sped up the process of new industrialization.

1.1.3 The overall strength of financial industry for all regions was enhanced steadily②

In 2010, key indicators for the banking industry in all regions were sound and financial services kept improving. Capital market moved stably. Margin trading, shorting selling and stock index futures were launched smoothly. Securities and futures institutions generally realized a sound performance. Insurance industry maintained a good development momentum and the effect of growth pattern transformation was more and more evident.

In 2010, financial institutions in banking industry of all regions reported 899.09 billion yuan's net profit after tax, up 34.5% year on year, 20 percentage points higher than the growth rate in 2009. Credit growth decelerated to normal levels. By the end of 2010, the balance of outstanding loans in RMB and foreign currencies of financial institutions in banking industry reached 50.92 trillion yuan, with the annual increment 2.16 trillion yuan less than that in 2009. Loan balance grew 19.65%, 13.18 percentage points lower than the growth rate in

② Sources: All data in this section came from People's Bank of China (PBC), China Banking Regulatory Commission (CBRC), China Securities Regulatory Commission (CSRC) and China Insurance Regulatory Commission (CIRC).

2009. The balance of nonperforming loans reached 433. 6 billion yuan by the end of 2010, down 73. 1 billion yuan compared with the beginning of the year. Nonperforming loan ratio was 1. 13% , down 0. 46 percentage point compared with the beginning of the year.

In 2010, breakthroughs were made in the number of listed companies and direct financing scale for all regions, and the financing function of market was enhanced greatly. 349 companies went public and raised 491. 064 billion yuan through initial public offering (IPO), 2. 62 times of the amount in 2009. The primary market for A shares raised 967. 229 billion yuan in 2010, a historical high level and 1. 87 times of the amount in 2009. By the end of 2010, total net assets of China's 106 securities companies reached 566. 4 billion yuan, up 18% year on year; total net capital reached 432 billion yuan, up 13% year on year.

The profit of insurance institutions in all regions increased sharply. In 2010, total profit of insurance companies in all regions reached 83. 65 billion yuan, up 57. 7% year on year. Total assets of insurance industry continue to grow rapidly. By the end of 2010, there were 142 insurance corporations, increasing 4 compared with 2009. Insurance industry of all regions realized premium revenue of 1 452. 8 billion yuan in 2010, up 30. 4% year on year. Total assets of insurance industry reached 5. 05 trillion yuan, up 24. 4% year on year. The balance of funds employed in insurance industry reached 4. 6 trillion yuan, up 23. 1% year on year.

1. 1. 4 The reform of financial institutions in all regions was promoted continuously

The shareholding reform of large commercial banks was more or less finished. Agricultural Bank of China was listed on Shanghai Stock Exchange and the Stock Exchange of Hong Kong on July 15 and 16, 2010 respectively. Industrial and Commercial Bank of China, Bank of China, Construction Bank of China and Bank of Communication implemented their refinancing plans, completed the issuance of convertible bonds and the rights offering of A and H shares, and their capital strength was enhanced. The reform of policy financial institutions was pushed forward continuously. China Development Bank accelerated its commercialized transformation. The Export – Import Bank of China and China Export & Credit Insurance Corporation formulated a comprehensive plan for reform. Agricultural Development Bank of China deepened its internal reform.

The reform of small and medium sized financial institutions in all regions has made great achievements. The reform and restructuring of city commercial banks were accelerated and the operation in regions other than their headquarters expanded rapidly. By the end of 2010, city commercial banks had opened nearly 300 branches in regions other than their headquarters. In 2010 alone, there were 116 newly added branches. At first, these branches were mainly concentrated in large cities such as Shanghai, Beijing, Tianjin and Shenzhen, and then gradually expanded to central and western regions. Meanwhile, city commercial banks tried to bring in strategic investors. Right now, city commercial banks in Shanghai, Nanjing, Xi'an, Ji'nan, Beijing, Tianjin, Ningbo, Qingdao and Xiamen have successfully brought in foreign strategic investors.

The pilot reform of rural credit cooperatives has made important tentative achievements. By the end of 2010, China had established 1 976 rural credit cooperatives with county or city as unified legal entity, 84 rural commercial banks and 216 rural cooperative banks. All regions made large efforts to foster new kinds of rural financial institutions, introduce basic financial services to all villages and towns and increase the supply of financial services. By the end of 2010, 395③ new kinds of rural financial institutions had opened business in China, among which central and western regions accounted for over 60%. With respect to the destination of credit, 83.9% of the funds in new rural financial institutions went to *ARF* and small and medium sized enterprises.

1.1.5 The financial market system kept deepening

China continued to consolidate the building of benchmark interest rate for money market in 2010. Starting with product innovation, China strengthened research efforts on using Shibor as benchmark, and expanded the use of Shibor in the pricing of market products such as lending, repurchase, bond issuance, interbank financing and derivative trading. Urged by People's Bank of China (PBC), National Association of Financial Market Institutional Investors launched credit risk mitigation instruments, enriching investors' means to manage credit risk and enhancing the credit risk sharing mechanism in bond market. The pilot of issuing super & short-term commercial paper (SCP) was launched officially. By the end of 2010, China had issued two SCP's with a total amount of 15 billion yuan. Credit transfer was further standardized. Innovative businesses such as allowing foreign institutional investors to invest in domestic interbank market were launched. Commercial banks established fund management companies, invested in the equity of insurance and trust investment companies, and pushed forward the pilot of financial leasing companies and consumer finance companies step by step. On March 31 in 2010, Shanghai Stock Exchange and Shenzhen Stock Exchange launched the trading system for margin trading and short selling, marking that the pilot of margin trading and short selling was started officially. Stock index futures was launched officially on April 8 and regulations and rules for stock index futures improved continuously. In addition, the pilot of bonded futures delivery was put into practice.

③ Among these, there were 349 village and township banks, 9 loan companies and 37 rural mutual cooperatives. In addition, another 114 had been approved.

1.1.6 The construction of financial infrastructure was pushed forward steadily

Payment system kept improving. Shanghai Clearing House joined payment system, the RMB fund transfer business between RMB clearing banks in Hong Kong and Macau was started, Centralized Receipt and Payment Center and China UnionPay connected into small - amount payment system. Interbank clearing system for online payment was launched successfully. Electronic Commercial Draft System (ECDS) was promoted throughout China. Payment service in rural areas improved significantly. PBC established 10 liaison offices for the environment construction of rural payment service, exploring the environment construction patterns of rural payment service in different regions and at different stages of economic development.

Provisions of PBC on the Law Enforcement Inspection Procedures stipulated PBC's inspection of law enforcement. On the basis of strengthening the service and management of new financial institutions at opening, some branches of PBC gradually launched operation management with a focus on big case reporting and a comprehensive evaluation of the law enforcement of financial institutions in banking industry.

New accounting standards were fully implemented in financial industry. By the end of 2010, the whole financial industry had adopted new corporate accounting standards. Rural financial institutions had all compiled financial statements according to new corporate accounting standards, increasing the comparability of accounting information between financial enterprises. Besides, anti - money laundering was increasingly effective. PBC launched its first evaluation of national money laundering risk.

1.2 Noteworthy Issues in safeguarding regional financial stability

During the 11th five - year plan period, all regions actively took actions to cope with the shock of international financial crisis, accelerated economic restructuring and made efforts to transform economic growth pattern. As a result, the regional economy realized sound and rapid development, and the growth of investment, consumption and export became more balanced. In 2011, the economic situation at home and abroad is even more complicated, and there are both long - term and short - term issues in regional economy and finance. All these present a tremendous task to prevent systematic risk.

1.2.1 Regional economy grew more rapidly, but future economic restructuring would be more difficult

In 2010, the economy of all regions continued to grow rapidly with the growth rate of regional GDP exceeding 2009. Regions tended to develop industries that could fully tap their own advantages and such division of industries among regions was more and more evident. Meanwhile, regional development was increasingly coordinated. But in general, future economic restructuring for all regions would be more difficult. Above all, the momentum for the future development of the tertiary industry was inadequate. Due to the changing international market and national macro control policies, there was great uncertainty for some advantageous industries in eastern region. The share of the tertiary industry in GDP was relatively small in central, western and northeastern regions and there were already varying degrees of decline in the tertiary industry. The long – term structural issues in economy and the legacy of crisis – investment concentration made it more difficult for the economy to restructure during transformation. Secondly, all regions depended too much on traditional advantageous industries, and the ratio of high – energy – consumption, high – pollution and resource – dependent industries was still very high. Resource industry dominated in central and western regions while high – tech industry, light industry and auto industry occupied only a small share. Thirdly, the cost of production factors such as raw materials, land and labor went up, and the constraint from resources and environment became increasingly strong.

1.2.2 Price continued to stay at high levels, and there was still great upward pressure in future

The volatility caused by international financial crisis was easing gradually around the globe, the world economy was recovering slowly, but the momentum for recovery was not strong and there were still many unstable and uncertain factors. Main developed countries such as the U. S. continued to implement quantitative easing policies, causing flush liquidity around the globe, amplifying the asset bubble and inflation pressure in emerging markets. China's economy has been growing rapidly and there was a strong expectation of RMB appreciation. In this context, international liquidity kept flowing into China and a lot of base money was released into economy, bringing a large upward pressure on price. Since 2010, inflation expectation has kept strengthening. The rapid increase of nonfood price demonstrated that price rising had spread from food price to all prices. The price of commodities rose rapidly and continuously and the increase of global natural disasters caused the price of agricultural raw materials to rise. All these constituted imported inflation and would create great upward pressure on price in all regions in 2011. CPI was expected to hover at high levels in future.

1.2.3 The banking industry in all regions maintained a stable performance, but systematic risk was still a great concern

Thanks to the stable and rapid development of China's economic and financial reform in recent years, the financial system of all regions maintained a stable performance despite the severe challenge from crisis. However, there were still some common problems in the operation and development of banking institutions in all regions. Above all, the impulse to expand credit was still strong for all regions, the loan of financial institutions grew too fast and structural problems such as lump, long - term and concentrated lending persisted. Secondly, the potential credit risk of banking industry in all regions increased significantly. As the government cleared up and regulated local government financing platform, strengthened the regulation and control of real estate market, and promoted the transformation and restructuring of economy, the credit asset quality of relevant industries might be affected. Thirdly, all countries have released policies to cope with financial crisis, and in the big context of financial globalization, many of these policies would have spillover effects and cause shocks to domestic financial market through weak links of China's financial system.

1.2.4 Direct financing reached a historical high and there were still weak links in the development of securities and insurance industries

In 2010, both the number of listed companies and the scale of direct financing in all regions made breakthrough, and large efforts were made to develop new businesses such as margin trading, short selling and stock index futures. With the development of innovative businesses, there might be new changes to the mechanism and pattern of market movement, and the development of securities companies would be subject to more complicated factors. However, there was no substantial breakthrough in the profit model of securities institutions, and the market movement and the development of private equity investment funds need to be standardized further. In addition, with the further broadening of investment channels for insurance funds, unsecured bonds, properties and equity became investment with relatively high risk, raising high requirements for insurance companies in preventing investment risk. Besides, the solvency of a minority of insurance companies was inadequate.

1.2.5 The development of regional economy was coordinated on the whole, but different regions were faced with different problems in financial development

In recent years, China has taken measures to improve regional industrial structure and promote coordination and development of economy. As a result, the economic gap between different regions narrowed gradually and the development of regional economy was coordinated on the whole. However, as different regions were at different stages of economic development, they faced different difficulties in economic and financial development. In eastern region, the uncertainty of export growth increased. The aftermath of financial crisis, faster appreciation of RMB and macro economy control would have negative impact on exports in the short term. As its housing credit was large and occupied a high ratio, eastern region would receive more impact from macro control. The real estate market would face large uncertainty and some areas might even incur real estate risk. In central region, the demand for capital supporting economy growth was still very large. As the ratio of direct financing was low in central region, when credit policy returned to normal, it would have negative impact on the catch – up development of central region. And this kind of impact has already begun to show. In western region, the financial emergency management system needed to be improved further. Since disaster insurance system and disaster backup system were absent, there were still some difficulties in using the financial emergency management system to deal with various sudden natural disasters. In northeastern region, the production of high – energy – consumption industries such as steel, metallurgy and chemical began to pick up, new starting projects were concentrated on certain areas and the risk of credit concentration in traditional industries was rising.

Chapter 2 Regional Economic Performance

In 2010, economies in all regions continued to grow up relatively rapidly and developed in consistent with macro - control participation. Three industries developed overall and harmoniously, consumption increased steadily, structure of fixed asset investment was improved and foreign trade revived relatively fast. Economic structure adjustments and transformation sped up in all regions, endogenous power and vitality were kept strengthened, and steady and relatively rapid momentum of economic development was consolidated further.

2.1 Basic situation of regional economies

2.1.1 Regional economies kept growing relatively fast and three industries developed harmoniously

In 2010 regional economies maintained relatively rapid growth. The growth rate of GDP rose up year on year, compared to the first half of year, the increase of GDP in the second half of year descended. GDP in Eastern, Central, Western and Northeastern regions reached 22.93 trillion yuan, 8.54 trillion yuan, 8.08 trillion yuan and 3.71 trillion yuan, up 12.31%, 13.81%, 14.16% and 13.59% respectively (Table 1). In regional terms, GDP of Tianjin increased by 17.4%, which ranked first among all provinces in China. Growth rates of provinces in central region were close to each other. GDP of Shanxi increased by 13.9%, up 8.5 percentage points, which changed the slow down of growth rate resulting from merger and acquisition of mineral enterprises and economic cycle. GDP in western regions grew up rapidly generally, in which Chongqing, Qinghai and Sichuan increased by 17.1%, 15.3% and 15.1% respectively. Inner Mongolia still stood forefront by the growth rate of 14.9%, in spite of a deceleration of 2 percentage points year on year. In northeastern region, GDP of Heilongjiang increased 12.6%, up 1.5 percentage points, which assumed a trend of accelerating increase (Figure 1).

Table 1 GDP and its growth rate by region

Item	East		Central		West		Northeast	
	2010	2009	2010	2009	2010	2009	2010	2009
GDP (RMB 100 million yuan)	229 257.82	194 670.87	85 437.40	70 137.35	80 824.63	66 866.70	37 090.36	30 556.78
Proportion of whole country (%)	52.99	53.74	19.75	19.36	18.68	18.46	8.57	8.44
Growth rate (%)	12.31	10.74	13.81	11.66	14.16	13.55	13.59	12.56

Source: Statistics Bureau of Municipality.

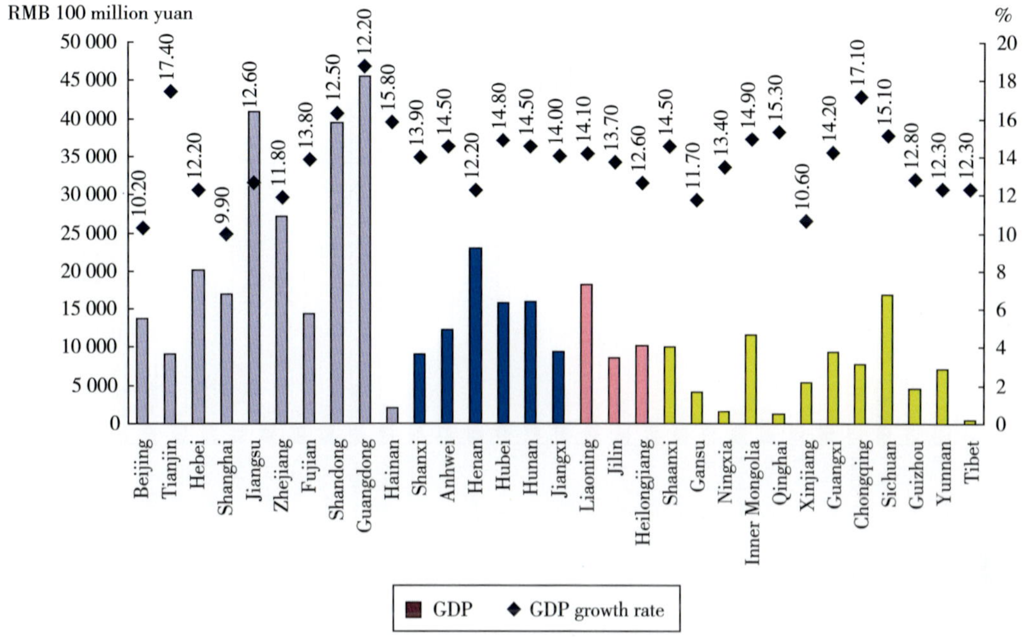

Source: Statistics Bureau of Municipality.

Figure 1 GDP and its growth rate by province, 2010

Three industries in all regions developed harmoniously in 2010. Faced up with relatively serious natural calamities, agriculture continued to maintain rapid growth. Annual grain output was high again and outputs of other agricultural products kept steadily. The added values of primary industry in Eastern, Central, Western and Northeastern regions reached 1 462. 35 billion yuan, 1 124. 80 billion yuan, 1 070. 57 billion yuan and 398. 36 billion yuan, up 4. 85%, 4. 50%, 4. 91% and 5. 31% year on year respectively. The secondary industry in Eastern, Central, Western and Northeastern regions realized added values of 11. 41 trillion yuan, 4. 51 trillion yuan, 4. 05 trillion yuan and 1. 94 trillion yuan, up 15. 02%, 18. 38%, 18. 85% and 16. 57% year on year respectively. The proportions of secondary industry to GDP in Central, Western and Northeastern regions increased 2. 24, 2. 85 and 2. 42 percentage points year on year respectively, all of which made greater contributions to the growth of GDP. The tertiary industry realized 43% added value of GDP, in which finance and real estate industry grow at a significant pace. The tertiary industry in Eastern, Central, Western and Northeastern regions realized added values of 10. 06 trillion yuan, 2. 92 trillion yuan, 2. 96 trillion yuan and 1. 37 trillion yuan, up 11. 76%, 10. 43%, 11. 30%, 11. 62% year on year respectively (Figure 2).

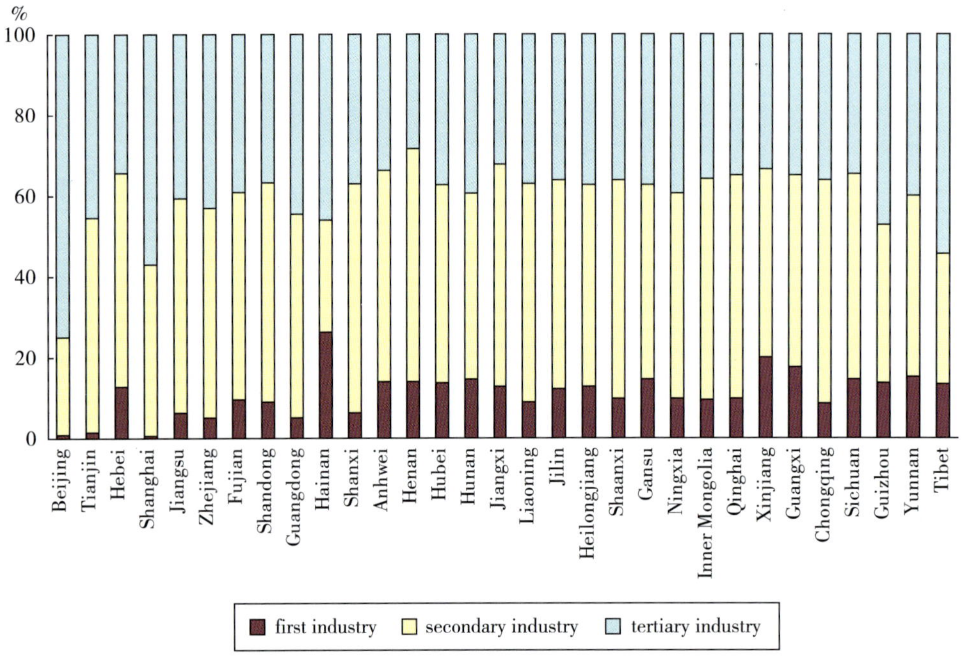

Source: Statistics Bureau of Municipality.

Figure 2 Industrial structure by province, 2010

2.1.2 Regional consumption went up steadily while investment structure needed to be further optimized

Demands of consumption in all regions stayed stable in 2010. Total retail sales of consumer products in Eastern, Central, Western and Northeastern regions reached 8.31 trillion yuan, 3.07 trillion yuan, 2.69 trillion yuan and 1.43 trillion yuan, up 18.23%, 19.00%, 18.84% and 18.69% year on year, respectively (Figure 3). In terms of urban and rural areas, the growth in urban is faster than it in rural, but the difference basically maintained stable. The consumption promotion policies, especially policies for electric equipment going out to the villages and old exchanging for new one, had a significant effect, which directly promoted a rapid increase of relative product sales. The successful hold of Shanghai World Expo directly brought a rapid growth in service trade of Yangtze River delta, such as wholesale and retail, accommodation and restaurant, traffic and transportation, etc. During the Expo, the gross retail sales of consumer products of Shanghai realized 254.8 billion yuan, up over 18% year on year. The Expo brought direct tourism revenue over 80 billion yuan, which played a significant role in the drive of tourism and other relative trades of Yangtze River delta.

Under the effect of macro-control policies, the growth of social fixed asset investments in

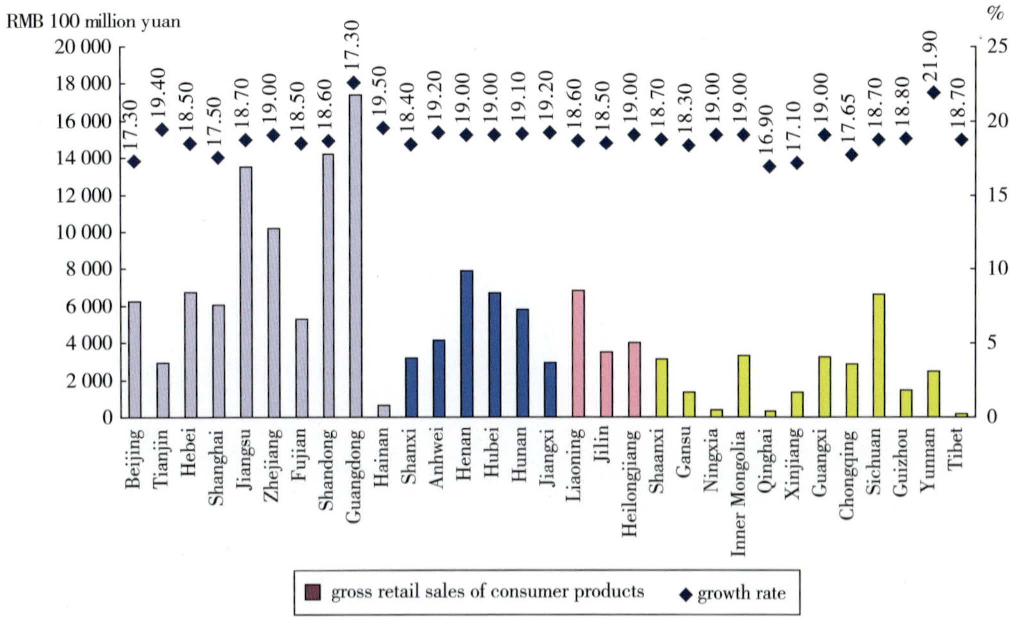

Source: Statistics Bureau of Municipality.

Figure 3 Gross retail sales of consumer products and its growth rate by province, 2010

all regions slowed down monthly and investment structure was improved. The total fixed asset investment of Eastern, Central, Western and Northeastern regions reached 11.71 trillion yuan, 6.42 trillion yuan, 6.45 trillion yuan and 3.25 trillion yuan, up 20.89%, 27.97%, 24.80% and 32.11% year on year, respectively. The growth rates of Eastern, Central and Western declined 3.11, 8.21 and 15.27 percentage points respectively while Northeastern remained basically the same to the previous year (Figure 4, Table 2). The urban fixed assets investments of Eastern, Central and Western regions increased 22.8%, 26.9% and 26.2% year on year respectively, in which the growth rates of Central and Western regions were strikingly faster than that of Eastern region. In terms of industries, investments in three industries increased 18.2%, 23.2% and 25.6% annually, while the investment of tertiary industry rose distinctly faster than those of primary and secondary industries. In 2010, the State Council introduced *The Advice on Encouraging and Guiding Private Investment to Develop Soundly*, which promoted the peoples' confidence in private investment. As a result, private investments in all regions④ kept a rapid growth and monthly growth rates during that year maintained over 30%.

④ Private investment means urban investment, exclude state - owened and state stake - controlled investments, investments from Hong Kong, Macao and Taiwan, and foreign investments.

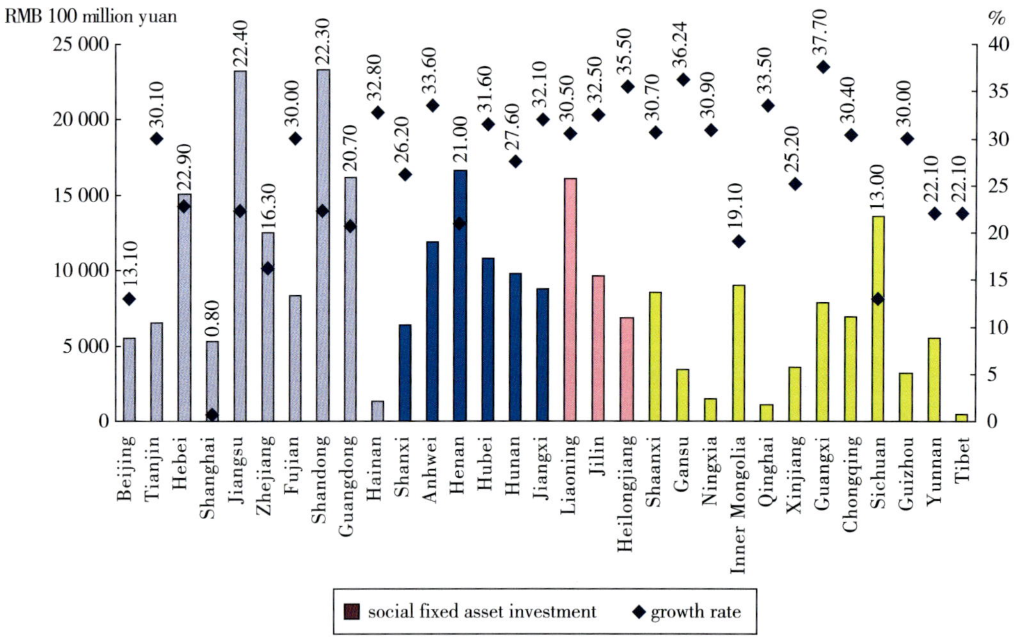

Source: Statistics Bureau of Municipality.

Figure 4 Fixed asset investment and its growth rate by province, 2010

Table 2 Social fixed asset investment by region

Item	East		Central		West		Northeast	
	2010	2009	2010	2009	2010	2009	2010	2009
Social fixed asset investment (RMB 100 million yuan)	117 077.01	96 704.08	64 183.85	50 550.96	64 538.73	51 257.96	32 477.40	25 363.50
Proportion of whole country (%)	42.07	43.20	23.06	22.58	23.19	22.90	11.67	11.33
Proportion of GDP (%)	51.07	49.68	75.12	72.07	79.85	76.66	87.56	83.00
Growth rate (%)	20.89	24.01	27.97	36.18	24.80	40.07	32.11	31.56

Source: Statistics Bureau of Municipality.

2.1.3 Foreign trade recovered rapidly, the size of foreign capital further expanded

In 2010, the value of foreign trade in all regions totaled USD 2 972.8 billion, increasing by 34.7% year on year, which was 48.6 percentage points higher than that of 2009. The volume of foreign trade had recovered to pre – crisis levels. Trade surplus was USD183.1 billion, down 6.4% than that of previous year. Foreign trade had seen a balanced development overall. In 2010, the value of export and import of Guangdong province totaled USD 784.66 billion, up 28.4% year on year. The value of export and import of Jiangsu province, Shanghai and Beijing was USD 465.79 billion, USD 368.89 billion and USD301.41 billion respectively , up 37.5% , 32.8% and 40.3% compared to last year, while that of Zhejiang, Shandong, and Fujian province was USD 253. 47 billion, USD188. 95 billion, USD108. 78 billion respectively, up 35% , 35. 9% and 36. 6% than that of 2009. Foreign trade in central and western regions grew remarkably. In particular, the value of export and import of Gansu province reached USD 7. 33 billion, up 89. 7% , while that of Tibet, Yunnan, and Jiangxi province was USD 0. 84 billion, USD13. 37 billion, USD21. 47 billion respectively, up 110% , 66. 1% and 68% year on year (Figure 5).

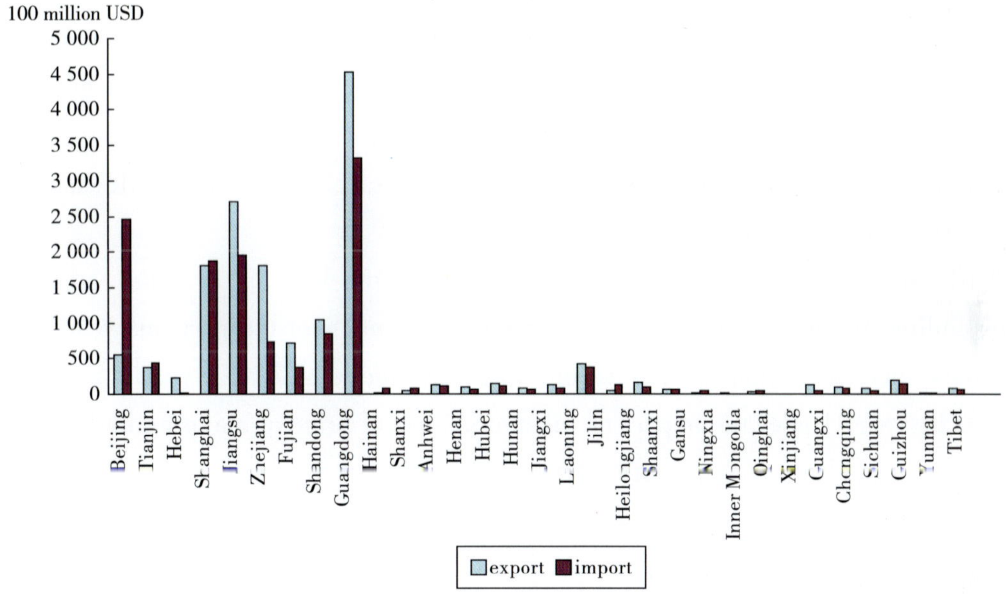

Source: Statistics Bureau of Municipality.

Figure 5 Export and Import by province, 2010

The size of foreign capital further expanded. In 2010, the value of annual foreign direct investment in the eastern, central, western and northeastern regions reached USD 112. 912 billion, USD 27. 102 billion, USD 20. 724 billion and USD 24. 69 billion respectively, an increase of 9. 54% , 21. 48% , 40. 77% and 30. 35% year on year. Value of direct investment of non – financial institutions in all regions reached USD 59 billion, an increase of 36. 3% year on year. In particular, the value of foreign investment by oversea purchasing increased year by year to USD 23. 8 billion in 2010, accounting for 40. 3% of total investment.

2. 1. 4 Profitability of enterprises in all regions had enhanced, income of urban and rural residents continued to grow

The production of above – scale industrial enterprises in all the regions grew markedly with profit rebounded substantially. In 2010, the added value of above – scale industrial enterprises increased by 15. 7% , up 4. 7 percentage points higher than previous year. The production of 32 industries out of 39 major industrial sectors had seen a faster increase than last year, contributing to 82. 1% of the whole growth. Profit of Above – scale industrial enterprises in eastern, central, western and northeastern regions was 2 647. 092 billion yuan, 777. 656 billion yuan, 731. 582 billion yuan and 337. 264 billion yuan respectively, increasing by 43. 38%, 54. 11%, 54. 26% and 48. 21% year on year.

The income of urban and rural residents remained stable and fast growth. In 2010, per capita disposable income of urban residents reached 19 109 yuan, increasing by 7. 8% by deducting price factor. In terms of region, per capita disposable income of urban residents in eastern, central, western and northeastern regions was 23 273 yuan, 15 962 yuan, 15 806 yuan and 15 941 yuan respectively, increasing by 11. 1%, 11. 1%, 11. 2% and 11. 3% year on year. The ratio of per capita disposable income in eastern, central, western and northeastern regions was 147. 2:101. 0:100:100. 9. ⑤

In 2010, per capita net income of rural residents reached 5 919 yuan, increasing by 10. 9% excluding the price factor, up 2. 4 percentage points over the previous year. Income of rural residents increased rapidly, per capita wage income was 2 431 yuan, an increase of 17. 9% year on year. Under the impact of substantial rise of price of major agricultural products such as grain, vegetable, cotton, agricultural net income of rural residents increased significantly. Per capita agriculture net income reached 1 723 yuan, an increase of 15. 1% year on year, up 10. 1 percentage points over the previous year.

2. 1. 5 Local fiscal revenue in all regions grew rapidly; growth of local fiscal expenditure fell down

In 2010, the rapid economic growth had laid a solid foundation for the increase of local fiscal revenue. The rise in price and busy selling of cars also contributed to the growth of related tax revenue. An annual local fiscal revenue in eastern, central, western and northeastern regions reached 2 300. 303 billion yuan, 635. 457 billion yuan, 793. 921 billion yuan and 368. 051 billion yuan respectively, an increase of 22. 46%, 26. 14%, 30. 54% and 24. 19% year on year, which was 10. 18, 11. 76, 10. 53 and 7. 78 percentage points higher than last year (Figure 6).

The structure of local fiscal expenditure further optimized in all the regions. The government put an emphasis on livelihood construction such as education, medical care and public health, social security and employment, housing and culture, increasing the investment in *ARF*. Annual local fiscal expenditure in eastern, central, western and northeastern regions was

---

⑤ Data of this and the following paragraph are from National Bureau of Statistics sample survey data.

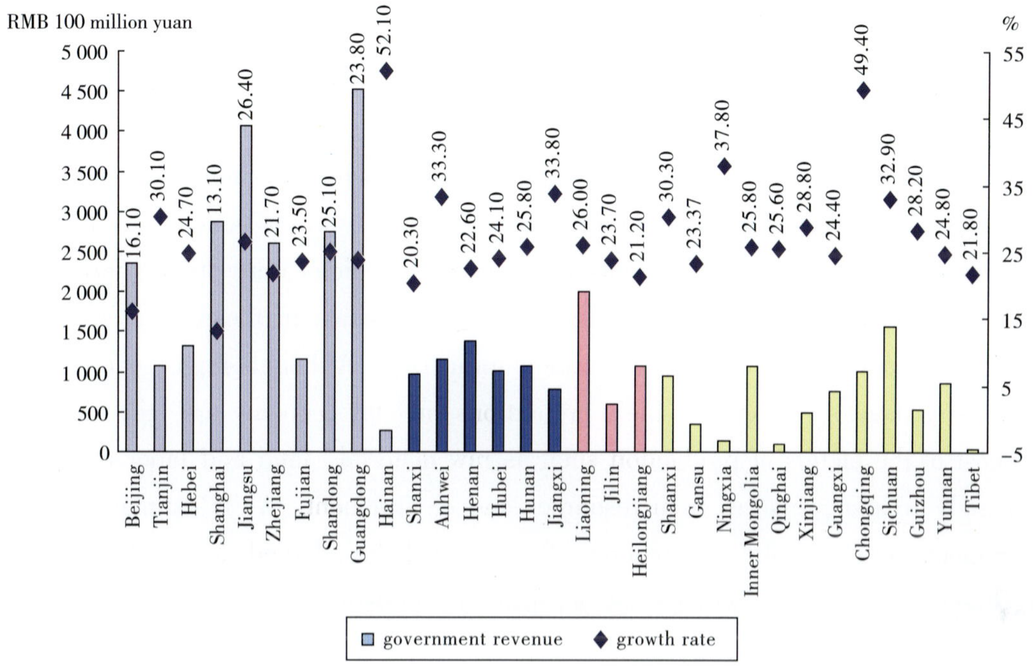

Source: Statistics Bureau of Municipality.

Figure 8 Government revenue and its growth rate by province, 2010

2. 998175 trillion yuan, 1. 459047 trillion yuan, 2. 139373 trillion yuan and 723. 515 billion yuan respectively, an increase of 20. 25% , 20. 47% , 22. 21% and 19. 8% year on year. The growth of local fiscal expenditure in the eastern region was 1. 24 percentage points higher than that of 2009, while that of in central, western and northeastern regions was 5. 33, 5. 09 and 4. 01 percentage points lower than previous year.

2. 2 Noteworthy issues in the development of regional economies

2. 2. 1 Regional economies faced increasing difficulties in economic structure adjustment

During the 11th five – year plan, all regions attached much attention to economic structure adjustment and sped up the adjustment of industrial structure and independent innovation, which greatly contributed to the significant improvement of overall quality level and competitive advantages of industrial sector, especially the equipment manufacturing, as well as the rapid growth of strategic emerging industries. However, the difficulties of further economic structure adjustment faced by all regions continued to increase. First, the tertiary industry lacked further development impetus. In 2010, the secondary industry still played a dominant role in regional industrial structures. Besides that of Eastern region maintaining at the level of 43. 86% , the proportion of the tertiary industry in entire economy of Central, Western and Northeastern regions were 34. 17% , 36. 66% and 36. 98% , respectively 1. 52, 2. 23 and 1. 55 percentage points lower than a year ago. Second, regional economies showed a strong dependence on industries with traditional advantages. Electronic equipment industry, an advantageous industry in eastern region, was distinctively affected by global market, while the industries such as auto, finance and real estate industries encountered greater uncertainty in the context of national macroeconomic control. Most provinces in central and western regions were still experiencing the middle stage of industrialization, and the economic developments in these areas were significantly affected by some high energy consumption industries. Although high – tech industries and light industry developed rapidly, their proportions in total economy are still quite small. Third, the cost of the factors of production such as raw material, land and labor mounted up, with increasingly greater pressures from resources and environment. As is estimated that more strict requirements on land policy and energy efficiency will be adopted during the 12th five – year plan, higher requirements will be set on structure adjustment and industry upgrading in some regions.

2. 2. 2 Upward pressures on overall regional inflation

Affected by multi – factors in domestic and global economy, the PPI and CPI went up at different levels in 2010, with greater upward inflation pressures in the second half of year, especially since the fourth quarter of 2010. Driven by rising prices of food and housing⑥, the CPI increase accelerated quarter by quarter. Since the fourth quarter of 2010, the boosting non – food prices signified that ascending inflation had expanded from food price to the entire price index. In May 2010, the PPI reached a maximum of 7. 1% , with a significant drop in the third quarter and a modest rebound in the fourth quarter. Surging commodities prices driven by quantitative easing policy of major economies, together with the ascending prices of agricultural production materials driven by high frequency of global natural disasters, posed imported inflation and caused upward inflation pressure nationwide in 2011.

In the context ofupward pressures on CPI, public inflation expectation mounted along with greater uncertain factors existing in steady development of regional economic and financial operation. First, enterprise's business operation was negatively impacted. The surge in raw materials and labor prices boosted production costs in relevant industries, squeezed profits of enterprises and weakened their repayment capacity. Second, consumption capability of consumers was weakened. Second, the ascending CPI decreased the level of actual interest rate and reduced

⑥ Food prices rose 7. 2% year on year, contributing 2. 3 percentage points or 69. 7% to overall CPI. Housing prices maintained ascending trend and rose 4. 5% year on year, offering 21. 2% to CPI. The hike of food prices and housing prices accounted for 90. 9% in CPI.

the actual purchasing power of local residents. The soaring food expenditure limited the growth of other expenditure items. Third, stability of liability business of banking institutions was influenced. The increasing prices reduced local residents' propensity to save, and caused some residents to divert deposits into other investment products, which greatly impacted on the stability of liability business of banking institutions.

2.2.3 Foreign trade sector was heavily impacted by global market environment

In 2010, China's foreign trade sector rebounded along with rapid growth of exporting. The exporting amount of eastern, central, western and northeastern region totaled USD 1 378.7 billion, USD 63.476 billion, USD 72.028 billion and USD 63.876 billion, or an increase of 29.87%, 51.44%, 38.41% and 36.90% or 44.44, 80.66, 61.35 and 63.54 percentage points year on year. However, affected by complex external environment and uncertain factors, sustainable growth of external demands would be limited to the comprehensive influence of multi-factors. First, stimulus effects of global expansion policies had been weakened step by step along with slowing down of refilling stock. Second, economic recovery of advanced economies was not robust enough and many countries attached attention to boosting economic recovery through promoting exporting sector. Therefore, the competition of global trade market had been greatly intensified along with rallying trade protectionism and more trade barrier and trade conflicts. Third, the appreciation rate of RMB accelerated in 2010 and reached 3% for the whole year. The expectation of RMB appreciation had been strengthened and the range of fluctuation of RMB exchange rate was enlarged, which exerted directly negative influence on export enterprises. Foreign companies shortened the term of their orders to hedge risk of RMB appreciation, while local labor-intensive export enterprises can only bear limited appreciation of RMB.

2.2.4 Accumulation effects from macro-control measures gradually appeared

In 2010, China carried out a series of macro-control measures including curbing the surge of housing prices in some cities, improving differential housing credit policies, regulating financing platform of local governments and controlling surplus production capacity. The implementation of these policies exerted some influences on economic development in the region as well as promoting adjustment of economic structure. First, steady trends had been shown in real estate market. The growth of the sales volume and sales amount of commercial residential houses plunged 32 percentage points and 57.2 percentage points respectively along with slowing down of the surge of housing prices. In Dec. 2010, the prices of residential houses in 70 medium and large cities of China rose 6.4 percentage points year on year, 6.4 percentage points less than its highest growth in Apr. 2010. The impact of cooling house market on industries such as construction material and steel had been exerted increasingly. Second, the policies regulating financing platforms strengthened fiscal sustainability of local governments. As commercial banks tightened their borrowing criteria to financing platforms, local governments confronted limited source of capital with infrastructure construction. Third, the effects from consumption – encouraging policies were decreasing. With the expiration of low – emission car purchase tax reduction policy and decreasing effects from encouraging consumption policies such as car and electric appliances going to the country, sustainable consumption could be limited. Further expanding domestic consumption in all the regions was not optimistic and sustainable growth of consumption was difficult, which could boost the dependence of regional economic growth on investment.

Chapter 3 Regional Financial Stability by Sector

In 2010, regional financial system kept running steadily and soundly. The business scale of banking institutions expanded steadily, the asset quality continued to improve, the profit level promoted significantly, and the risk prevention capability enhanced. The strength of securities institutions was boosted up. The fundamental institutional construction advanced orderly, the industrial standards improved further, the capital market's financing function displayed sufficiently. The asset scale of insurance institutions continued to grow, the profit condition was good, and the investment yield of insurance funds decreased slightly.

3.1 Banking sector

Banking sector in all regions maintained steady growth, a number of core indicators such as asset scale, asset quality, profit capability and the risk prevention capability enhanced steadily, monetary conditions returned to normal. Those factors have effectively safeguarded the financial stability in all regions.

3.1.1 Overview of banking sector's development in regional economy

3.1.1.1 Asset size of banking sector in all regions was enlarged steadily

In 2010, the operation scale of banking sector in all regions continued to expand. The total asset of banking sector in eastern, central, western and northeastern regions reached 50.53 trillion yuan, 13.28 trillion yuan, 15.58 trillion yuan and 6.45 trillion yuan, up 18.53%, 22.09%, 24.76% and 15.7% respectively, accounting for 58.86%, 15.48%, 18.15% and 7.52% of their total in China. The total liability of banking sector in eastern, central, western and northeastern regions reached 49.02 trillion yuan, 12.99 trillion yuan, 15.17 trillion yuan and 6.28 trillion yuan, up 18.16%, 22.22%, 24.41% and 15.49%, accounting for 58.74%, 15.56%, 18.18% and 7.53% of their total in China respectively (Figure 7).

Geographically speaking, although eastern region's share of banking assets in the whole country dropped annually, it still accounted for 50% of the total. In 2010, the asset size of banking sector in western region grew fastest in the four regions and its proportion in banking sector nationwide increased by 0.70 percentage point year on year. The asset size of banking

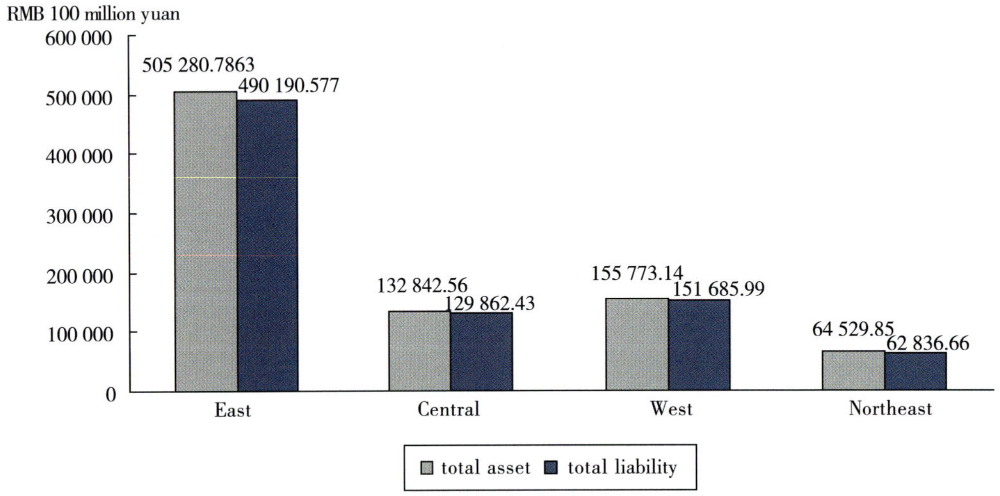

Source: People's Bank of China (PBC).

Figure 7 Banking institution's assets and liabilities by region, 2010

sector grew more than 15% in most provinces. Xinjiang, Qinghai and Hainan ranked top three, achieving year - on - year increase of 34. 9%, 32. 89% and 32. 82% respectively in the asset scale (Figure 8).

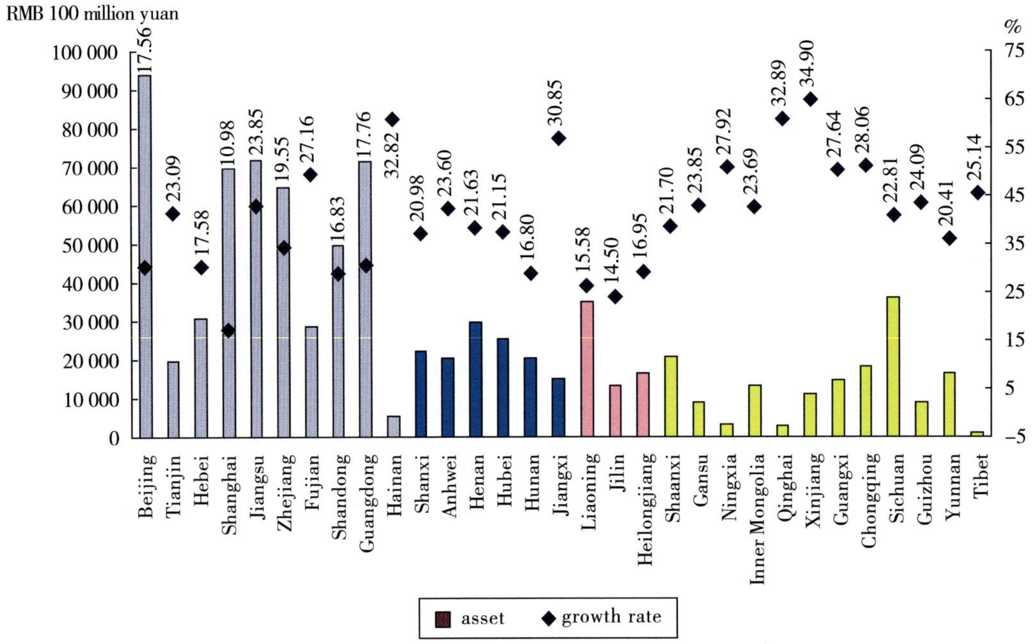

Source: People's Bank of China (PBC).

Figure 8 Banking institution's assets and its growth rate by province, 2010

3.1.1.2 Risk prevention capability of banking sector in all regions continued to be enhanced

As of end - 2010, the capital adequacy ratios of 281 commercial banks were all above 8%. Outstanding NPLs of banking sector in eastern, central, western and northeastern area reached 423.62 billion yuan, 317.02 billion yuan, 235.49 billion yuan and 209.98 billion yuan, and NPL ratios were 1.53%, 4.44%, 2.66% and 6.12% respectively, dropping moderately from previous year. Among all the four regions, the NPL ratio in western region declined most, dropping 1.65 percentage points (Table 3). The provision coverage ratio of commercial banks reached 218.3%, up 63.28 percentage points over that at the beginning of the year.

Table 3 Non - performing loan by region

Item	East		Central		West		Northeast	
	2010	2009	2010	2009	2010	2009	2010	2009
Non - performing loan (RMB 100 million yuan)	4 236.19	5 094.24	3 170.22	3 588.46	2 354.87	2 714.31	2 099.88	2 143.62
Non - performing loan rate (%)	1.53	2.19	4.44	6.09	2.66	3.78	6.12	7.48

Source: PBC.

Liquidity level of banking sector in all regions decreased. As of end - 2010, the liquidity ratio of banking institutions was 43.7%, down 2.10 percentage points year on year. The loan/deposit ratio was 69.4%, decreasing 0.10 percentage point over the beginning of the year. The ratio of excess cash reserve of commercial banks stood at 3.2%, down 0.60 percentage point over the beginning of the year.

3.1.1.3 Operation effectiveness of banking sector in all regions was upgraded constantly

In 2010, the profits of banking institutions in all regions increased substantially, and profitability continued to improve. The book profits of banking institutions in eastern, central, western and northeastern regions reached 693.20 billion yuan, 147.72 billion yuan, 204.93 billion yuan and 52.08 billion yuan, up 64.7%, 39.73%, 48.16% and 13.90% respectively (Figure 9). The earning ability of banking institutions was enhanced significantly. Among the four regions, the profits growth rate in eastern region was 74.67 percentage points higher than that at the end of the last year. The average ROE and ROA of the banking institution reached 17.50% and 1.03% respectively. But the proportion of intermediary business was still low, the sustained rapid growth of profits, and improvement of profit structure were all confronted with larger pressure.

3.1.1.4 The medium and long term loan of banking sector in all regions raised more

As of end - 2010, outstanding deposits in domestic and foreign currencies of financial in-

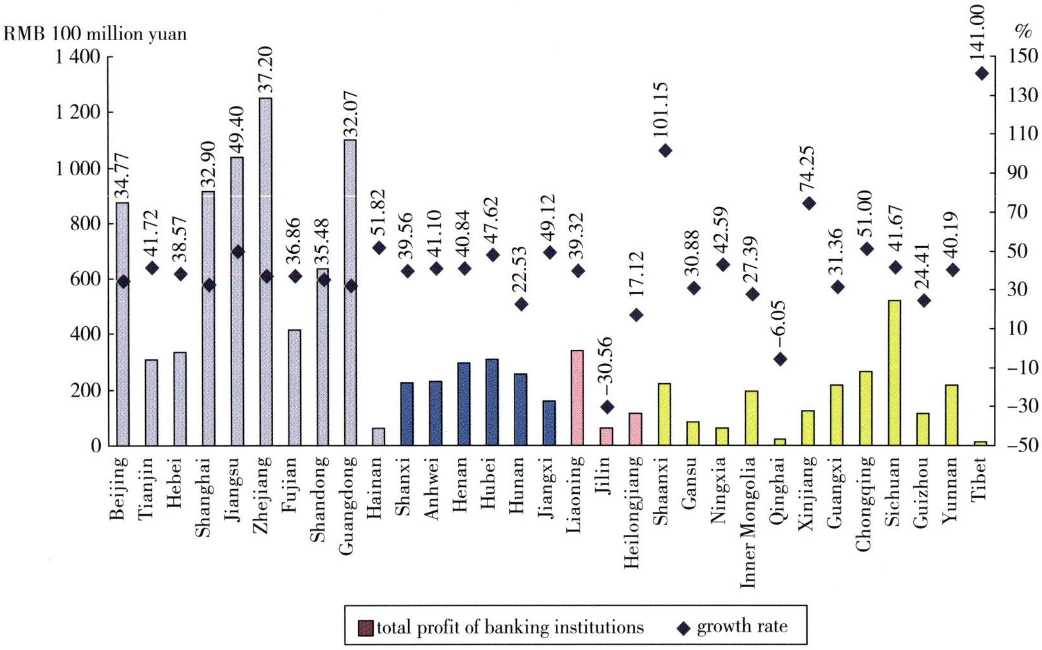

Source: PBC.

Figure 9 Total profit of banking institution and its growth rate by province, 2010

stitutions in eastern, central, western and northeastern regions totaled 39.94 trillion yuan, 10.80 trillion yuan, 12.54 trillion yuan and 5.07 trillion yuan, up 18.80%, 22.41%, 23.04% and 18.22% year on year respectively. The growth of deposits of non – financial institutions was slightly faster than household deposits. The trend for a higher share of demand deposits was still significant. Among new household deposits, the share of demand deposits reached 56% for the entire year. The share of demand deposits of non – financial institutions accounted for 55% in 2010.

Banking sector strictly implemented macroeconomic management policies, properly managed the pace of credit provisions. As of end – 2010, outstanding loans in domestic and foreign currencies of financial institutions in eastern, central, western and northeastern regions reached 27.74 trillion yuan, 7.14 trillion yuan, 8.85 trillion yuan and 3.43 trillion yuan, up 18.98%, 21.23%, 23.24% and 19.62% year on year respectively (Figure 10). The outstanding medium and long term loan of eastern, central, western and northeastern region reached 15.93 trillion yuan, 4.20 trillion yuan, 5.84 trillion yuan and 2.03 trillion yuan, an increase of 26.50%, 32.99%, 26.37% and 34.38% (Table 4). New medium and long term loan in the four regions accounted for 72.39%, 79.05%, 92.00% and 88.43% of total new lending in domestic and foreign currencies in 2010.

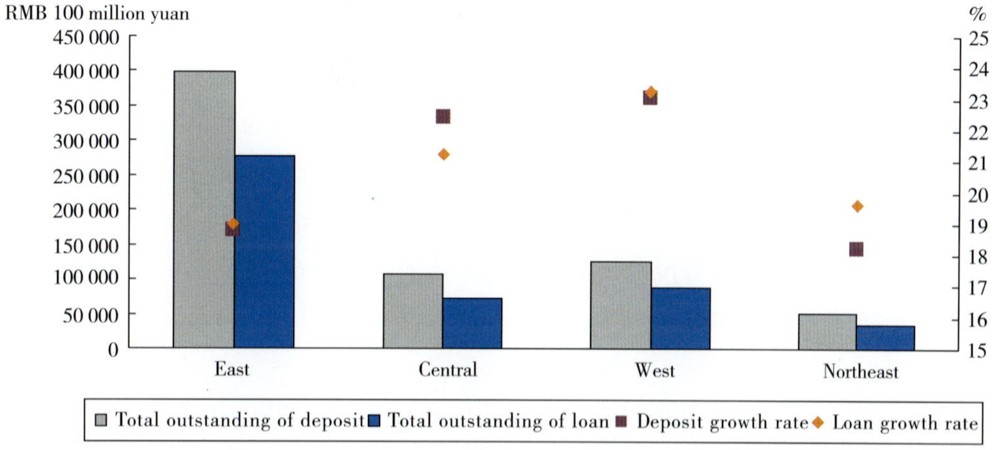

Source: PBC.

Figure 10 Deposits and loans by region, 2010

Table 4 Banking institution's medium and long term loan by region

Item	East		Central		West		Northeast	
	2010	2009	2010	2009	2010	2009	2010	2009
Medium and long term loan (RMB 100 million yuan)	159 268. 35	125 905. 94	41 953. 43	31 546. 27	58 412. 38	46 224. 15	20 310. 24	15 113. 93
Growth rate (%)	26. 50	43. 90	32. 99	44. 22	26. 37	48. 59	34. 38	43. 84
Medium and long term loan rate (%)	57. 42	54. 00	58. 73	53. 54	66. 00	64. 37	59. 23	52. 72

Source: PBC.

3. 1. 1. 5 The reform of banking sector further deepened

In 2010, four large and listed commercial banks, the Industrial and Commercial Bank of China (ICBC), the Bank of China (BOC), the China Construction Bank (CCB) and the Bank of Communications, consolidated their achievements, indicators continued to be improved and comprehensive strength increased steadily. Following the successful listing in both Shanghai and Hong Kong stock market, the Agricultural Bank of China (ABC) continued to deepen and implement its trial reform of *ARF* – related financial divisionalization in 561 county branches from 8 provinces including Sichuan, Chongqing, Hubei, Guangxi, Gansu, Jilin, Fujian and Shandong. The China Development Bank actively explored the development of the medium and long term business, and steadily proceeded with its transition to commercial operations.

The reform of locally incorporated financial institutions went further. The trans – regional operation of city commercial banks developed rapidly. Significant achievements were made in the reform of the RCCs. The trans – regional branches of city commercial banks initially concentrated in the big cities such as Shanghai, Beijing, Tianjin, Shenzhen etc. , and then extended to the cities in central and western regions. According to incomplete statistics, as of end – 2010, the trans – regional branches set by city commercial banks reached about 300. At end – 2010, a total of 1976 RCCs, 84 rural commercial banks, and 216 rural cooperative banks had been established, all with legal person status at the county (city) level. The Chongqing rural commercial bank went public in Hong Kang on December, 2010, the first listed small and medium – sized rural commercial bank in the country. All the four regions made great endeavors to cultivate new type rural financial organizations, promoted the full coverage of basic financial service to villages and towns with no financial service, and added financial supply.

Non – banking financial institutions continued to developsteadily. In 2010, the first 4 consumer finance companies operated smoothly, and the business developed quickly. Trust and investment corporations' capability for sustainable development was enhanced. The business scales of finance companies continued to expand. Financial leasing companies made great efforts in product innovation. The funding problem of auto financing company had been relieved. Financial assets management companies' trial transition to commercial operations achieved positive results.

3.1.1.6 The innovation capacity of banking sector on product services strengthened

The product services innovations of banking sector in all regions were carried out gradually. Various collateral patterns as pledge by warehouse receipts, pledge of accounts receivable, building property mortgage, intellectual property mortgage etc. were launched. Various wealth management products became an important channel of social investment and bank service. As of end – 2010, the accumulative types of individual wealth management products of 124 commercial banks registered 7 049; the book balance reached 1.7 trillion yuan. Electronic banking business was brisk; the number of online – banking users totaled above 279 million, and transaction value reached 520.77 trillion yuan.

Comprehensive operation of banking sector advanced steadily. Trials of commercial banks were smoothly promoted, such as setting up fund management companies, equity investment in insurance companies, trust and investment corporations, establishing financial leasing companies and consumer finance companies. Four financial assets management companies acquired security companies, insurance companies, trust corporations and leasing companies as their wholly owned or holding subsidiaries. As of end – 2010, 8 commercial banks set up fund management companies respectively, 4 commercial banks became the trail institutions conducting equity investment in insurance companies, 7 commercial banks set up or invested 7 financial leasing companies respectively, 2 commercial banks invested 2 trust and investment corporations, and 3 commercial banks set up or invested 3 consumer finance companies.

3.1.1.7 Financial support for ARF was reinforced and the financial service for small enterprises was pushed forward actively

New – type rural financial institutions developed quickly. As of end – 2010, 395 new – type rural financial institutions were set up, including 349 village and town banks, 9 small – loan companies, and 37 rural mutual cooperatives. 223 new – type rural financial institutions were established in 2010, up 129.65% year on year, which included 201 village and town banks and 21 rural mutual cooperatives, up 135.81% and 131.25% year on year respectively. By suiting measures to local conditions and carrying on various policies at the same time, the banking institutions in all regions set up standard and simple business establishments, installed POS and ATMs, supplied credit service by neighboring institutions. And the entire coverage of basic financial service to villages and towns had been accomplished by end – 2010, ahead of the expected time schedule.

Rural financial services continued to be improved. As of end – 2010, the outstanding agro – linked loans of banking sector reached 11.80 trillion yuan, up 2.63 trillion yuan from end – 2009, up 28.80% year on year and 5.80 percentage points higher than the growth of total loans during the same period of 2009. The share of agro – linked loans in total lending by financial institutions was 1.60 percentage points higher than that at end – 2009. Those all greatly strengthened their financial support to *ARF* development.

Financial service for small enterprises was pushed forward actively. As of end – 2010, 109 commercial banks in all regions had set up specialized institutions providing financial services for small enterprises. Specialized institutions providing financial services for small enterprises fully implemented the CBRC requirements of *Six Mechanisms* (Include an interest rate risk pricing mechanism, an independent accounting mechanism, an efficient examination and approval mechanism, an incentive and restraint mechanism, a professional personnel training mechanism, and a default information communications mechanism.) and *Four Separates* (Include separate credit program, separate allocation of human resources and financial resources, separate client identification and credit review, separate accounting, and establish specialized operation and evaluation system.) principle of the financial service for small enterprises, achieved partial results, and 60% of the new lending to small enterprises was provided by the specialized institutions. As of end – 2010, outstanding loans to small enterprises totaled 7.5 trillion yuan, up 29.3% year on year and an increase of 1.72 trillion yuan from end – 2009, an acceleration of 308.1 billion yuan. The imbalanced geographical distribution of small enterprises loan resources had been improved along with moderate growth of the lending to small enterprises in central and western regions.

3. 1. 2 Noteworthy issues in the development of banking sector in regional economy

3. 1. 2. 1 Banking institutions faced more difficulties in liquidity management

In 2010, affected by many factors, some banking institutions' liquidity was tight. At end - 2010, the loan/deposit ratio of banking institutions in eastern, central, western and northeastern regions reached 69. 45%, 66. 14%, 70. 58% and 67. 66%, an increase of 0. 10, 0. 11 and 0. 79 percentage point from end - 2009 in eastern, western and northeastern regions respectively, except a deceleration of 0. 65 percentage point in central region. The situation that foreign funded banks were highly dependent on interbank borrowing to relieve liquidity pressure had not been changed. If they failed to diversify their financing patterns, their liquidity management would be further challenged. So far, the restraint on local corporate institutions brought by policy changes had been gradually revealed. The consecutive RRR (reserve requirement ratios) rise had greatly influenced the banks' capacity to make loans. Some local corporate institutions whose loan/deposit ratio was higher faced more pressure in fund management, and this challenged their liquidity management.

3. 1. 2. 2 Potential credit risk of banking sector in some regions rose

The aggregates of credit provisions were bigin recent two years. In 2009 and 2010, new loans denominated in RMB reached 9. 59 trillion yuan and 7. 95 trillion yuan respectively. With the rapid credit growth, some banking institutions emphasized their business development, and the risk management was neglected. The potential credit risk was gradually emerging.

First, the risk of loans to local government financing platform companies (FPC) still existed. In accordance with the preliminary data of banking institutions by June, 2010, the outstanding loans lending to FPC reached about 7 trillion yuan. Although the risk had been mitigated by efforts enforcing regulation, the difficulty in strengthening inspection and regulation on FPC was quite large due to the huge outstanding loan of FPC and the complicated situation. Some loans lending to FPC had to be rolled over because of projects lagging behind schedule and mismatch of term structure. As a result, the loan quality declined.

Second, the real estate companies' sources of funding were tightened amid a series of macroeconomic management policies targeting the real estate sector. Some medium and small real estate developer had the risk of funding strand breaks. The loan quality of the real estate sector and related upstream/downstream industries may deteriorate; and default risk of mortgage loans was increasing.

Third, the State Council had issued a series of industrial restructuring policies in recently years, and strict controlled the development of large energy - consuming, resource - consuming and polluting industries. The risk of industrial restructuring would influence the commercial banks' balance sheets directly.

3. 1. 2. 3 Credit structure still needed to be improved

As indirect financing acted as the main financing form in China, banking sector in all regions were closely linked with the local economic performance, and many macroeconomic problems had been reflected in the balance sheets of commercial banks in the form of imbalanced industrial structure, client profile and term structure in loan portfolio. Currently, loan portfolio with concentration on infrastructure construction in term of industrial structure, large enterprises and local government financing platforms in term of client profile, and medium and long term loan in term of term structure had made the imbalanced structure worsen. The credit was centralized in some industries and large clients, which would aggravate the influence of business fluctuation, reduce the efficiency of credit funds and increase the pressure from NPLs rebounded. Medium and long term loan grew by a large margin. The proportion of new medium and long term loan in total new lending continued to rise, which would increase banking institutions' medium and long term credit risk. The problem of maturity mismatch brought by the rapid growth of medium and long term loan also increased the difficulties in liquidity risk management of commercial banks.

3. 1. 2. 4 The regulation of Bank – Trust Cooperation wealth management products should be strengthened in all regions

The market of Bank – Trust Cooperation wealth management products grew explosively in 2010. 16 main commercial banks⑦ had raised 6. 7 trillion yuan by issuing Bank – Trust Cooperation wealth management products. As of end – 2010, the outstanding volume of Bank – Trust Cooperation wealth management products reached 1. 41 trillion yuan. A number of commercial banks had made use of the Bank – Trust Cooperation to get around the regulatory requirements. The typical business model is that the banks transferred credit assets to trust companies in order to remove the relevant assets and liabilities from their balance sheets. Simultaneously, the new financing volume was large due to the rapid growth of Bank – Trust Cooperation wealth management products which invested in instrumental assets, transferred loan and trust loan, and this directly influenced the result of management policies. First, the issue of some wealth management products had affected the statistic scope of money supply, disturbed the statistics of money supply. Second, some funds raised by wealth management products flew to strictly regulated industries like real estate sector through Bank – Trust Cooperation channel, and the risk would

⑦ The Industrial and Commercial Bank of China (ICBC), the Agricultural Bank of China (ABC), the Bank of China (BOC), the China Construction Bank (CCB), the Bank of Communications, CITIC Bank, China Everbright Bank, Huaxia Bank, China Guangfa Bank (CGB), Shenzhen Development Bank, China Merchants Bank, Shanghai Pudong Development Bank, Industrial Bank, China Minsheng Bank, Bank of Beijing, Bank of Shanghai.

been extended to banking system and ordinary investors. Third, some local government financing platform companies raised funds by issuing Bank – Trust Cooperation wealth management products. This type of product involved more institutions, many ordinary investors, and transaction structure was more complicated than ordinary loan. If default occurred, the shock waves would spread to financial order and social stability.

3. 1. 2. 5 Potential risk may brought about by the rapid expansion of city commercial banks

As of end – 2010, there were 147 city commercial banks in all regions, and their total asset reached 7. 85 trillion yuan, up 38. 2% year on year, 18. 5 percentage points higher than the average growth of banking institutions. City commercial banks played more active role in stepping up financial support for local economic growth, and had became one of the most robust groups. Since Bank of Shanghai became the first city commercial bank achieving trans – regional operation in November, 2005, city commercial banks had speeded up their pace of expansion, including setting up trans – regional branches, establishing village and town banks and small – loan companies by sponsorship. According to incomplete statistics, as of end – 2010, trans – regional branches set by city commercial banks reached about 300, an increase of 116 from the previous year. But the business scale of some city commercial banks expanded rapidly; their lending and inspection standards had gone down; the potential risk couldn't be neglected. First, with the extension of institutions' management radius, problems such as the unclear authorization between city commercial bank and its branches, uncompleted rick control, unreasonable personnel arrangement and large compensation difference among regions had become increasingly noticeable. Second, under the situation that the city commercial bank's development of intermediary business was comparatively slow, its main source of profit was derived from the interest spread, and the level of capital and talents would directly restrict trans – regional branches' deposit – taking and loan – issuing capacity. Besides, trans – regional branches' dependence on large clients and infrastructure projects would increase their business risk. The case of QiLu Bank indicated that some city commercial banks didn't pay enough attention to risk management and internal control and had weakness in inner – risk management mechanism.

3. 2 Securities sector[8]

In 2010, the reform and innovation in capital market of China sped up, and overall market performed stably. Total number of listed companies and direct financing scale achieved a new

[8] Data used in this chapter were from Wind Information.

high and the development of securities market was promoted tremendously. Innovative businesses such as stock index futures, margin trading and short selling were introduced in succession. The compliance management was promoted further.

3. 2. 1 Development overview of regional securities sector

3. 2. 1. 1 Trade in stock market was active and futures market developed rapidly

Due to macro – control anticipation in real estate market and European debt crisis, both stock indices in Shanghai and Shenzhen stock markets swung and dropped down. At the end of 2010, Shanghai Composite Index closed at 2 808 points, down 14. 31% year on year (Figure 11); Shenzhen Component Index closed at 12 459 points, down 9. 06% year on year. The average P/E ratios in both markets fell down. The average A – share P/E ratios in Shanghai and Shenzhen market were 22 times and 45 times respectively, lower than 29 times and 46 times at the end of the previous year.

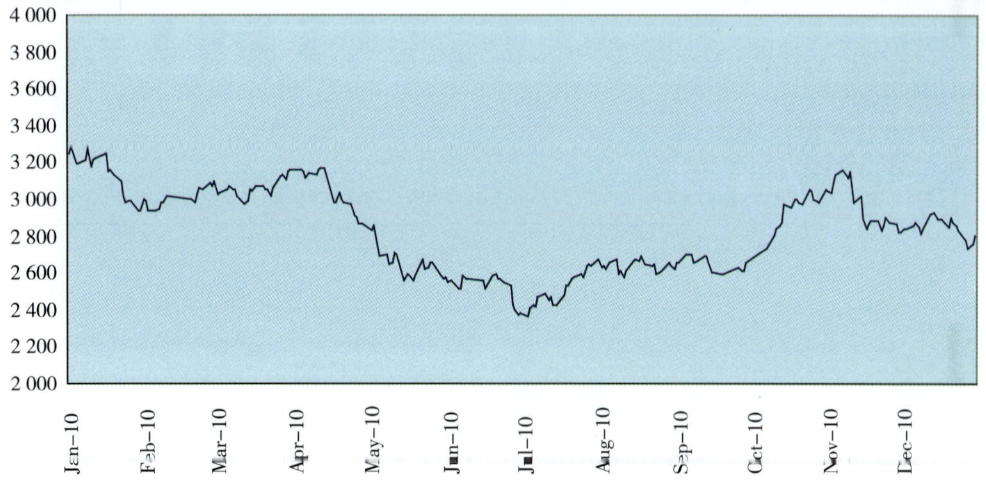

Source: Wind.

Figure 11 Shanghai Composite Index in 2010

Under the circumstance of strong economic growth, sufficient market liquidity, inflation pressure and RMB appreciation anticipation, trade in stock market was active. The annual turnover of Shanghai and Shenzhen stock markets was 54. 56 trillion yuan in cumulative terms, up 1. 80% year on year; the average daily turnover reached 225. 47 billion yuan, up 2. 64% year on year. Broken down by exchanges, the annual turnover of Shanghai stock market reached 30. 39 trillion yuan, ranking the third among all main stock markets in the world; the annual turnover of Shenzhen stock market reached 24. 17 trillion yuan, ranking the sixth in the world. Meanwhile, participants in the market were more diverse. At the end of 2010, the accounts opening in Shanghai and Shenzhen stock markets reached 154.54 million, in which the valid accounts reached 133.91 million and A share accounts reached 152.04 million. Among these A share accounts, 151.46 million were natural individual accounts, 479.9 thousand were general institution accounts, 98.6 thousand were securities institution accounts, 1 400 were securities investment fund accounts, 154 were social security fund accounts and 214 were QFII accounts.

Futures market kept on growing rapidly with both trading volume and turnover hitting a historical high. In 2010, there were 3.13 billion lots traded in the futures market, the turnover of which reached 309.1 trillion yuan, up 45% and 136.8% year on year respectively. The trading volume and turnover of commodity futures were 3.04 billion lots and 227 trillion yuan, up 40.9% and 73.9% year on year respectively.

3.2.1.2 The scale and profitability of securities institutions in all regions decreased but their risk resistance capability was stable

At the end of 2010, the number of securities companies in eastern, central, western and northeastern regions was 55, 12, 18 and 6 respectively; the number of fund management companies in eastern and western regions was 43 and 3 respectively; the number of futures brokerage companies in eastern, central, western and northeastern regions was 100, 19, 18 and 14 respectively (Table 5).

Table 5 The number of Securities Companies, Fund Companies and Futures Brokerage Companies by Region

Item	East		Central		West		Northeast	
	2010	2009	2010	2009	2010	2009	2010	2009
Securities Companies	55	53	12	12	18	18	6	6
Fund Management Companies	43	42	0	0	3	3	0	0
Future Brokerage Companies	100	100	19	20	18	19	14	15

Source: China Securities Regulatory Commission (CSRC).

Total scale and profitability of securities institutions in all regions declined in 2010. The securities institutions in central region witnessed the largest decrease of assets among all regions, and the securities institutions in western region experienced the largest decrease in debt scale and business revenue. At the end 2010, total assets of securities companies in eastern, central, western and northeastern regions reached 1 144.21 billion yuan, 167.28 billion yuan, 150.98 billion yuan and 45.20 billion yuan, down 3.53%, 4.80%, 0.17% and 0.44% year on year respectively; total debts reached 842.08 billion yuan, 111.18 billion yuan, 72.61 billion yuan and 33.71 billion yuan, down 9.40%, 11.38%, 32.94% and 6.28% year on year respectively; annual business revenue amounted to 104.78 billion yuan, 14.84 billion yuan, 12.28 billion yuan and 3.18 billion yuan, down 12.05%, 14.49%, 32.33% and 29.96% year on year respectively (Figure 12).

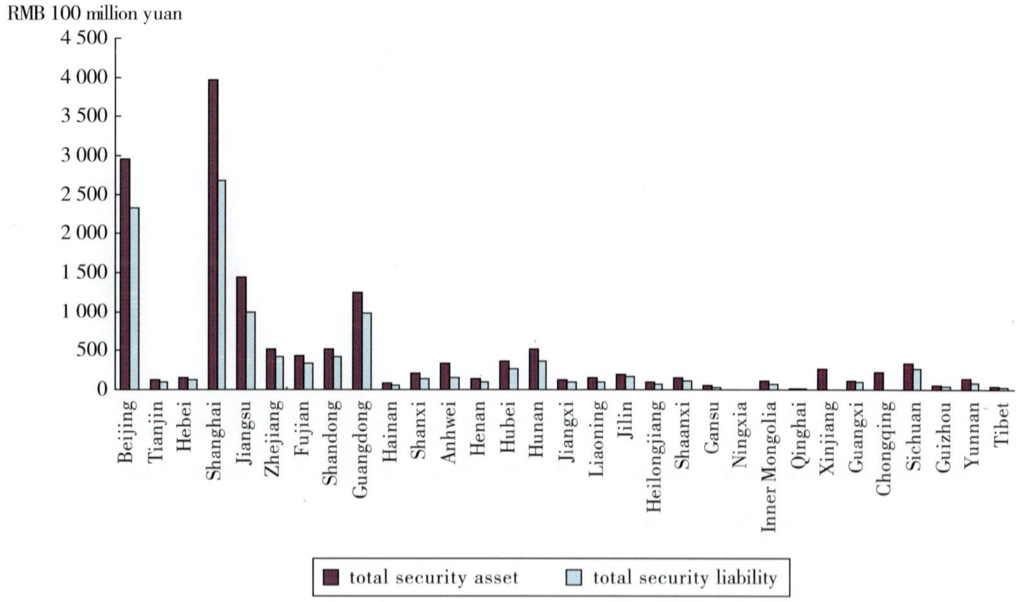

Source: CSRC.

Figure 12 Total Assets and Liabilities of Securities Companies by Province, 2010

Although securities companies in all regions witnessed a decrease in scale and profitability by different degrees, their net capital continued to grow steadily. At the end of 2010, total net assets of 106 securities companies in China reached 566.4 billion yuan, up 18% year on year; total net capital reached 432 billion yuan, up 13%. These data showed that the risk resistance capacity of securities companies was strengthened further.

3.2.1.3 The number of listed companies and the scale of direct financing increased remarkably and market financing structure improved further

In 2010, both the number of listed companies and the scale of direct financing in all regions climbed to new high and the financing function of market was enhanced significantly. Listed companies raised 967.23 billion yuan in A – share primary market in 2010, which was 1.87 times of that in the previous year and also broke the record of 789.81 billion yuan made in 2007. Initial public offering (IPO) in A – share market increased 141.5% to 488.26 billion yuan, accounting for 50.48% of total; refinancing increased 27.85% to 407.24 billion yuan, accounting for 42.1% of total. Among total refinancing, additional equity offer accounted for 254.98 billion yuan, share allotment accounted for 143.83 billion yuan and warrant accounted for 8.43 billion yuan. In addition, listed companies raised 71.73 billion yuan by issuing convertible bonds, 15.39 times of that in 2009.

Broken down by regions, the number of new listed companies in eastern, central, western and northeastern regions was 263, 40, 31 and 15 respectively; IPO in all four regions hit a historical high in that the amount reached 380.48 billion yuan, 38.19 billion yuan, 46.07 billion yuan and 26.33 billion yuan respectively, 2.19 times, 5.82 times, 6.98 times and 42.68 times of the amount in the previous year. The total amount by IPO in Beijing, Guangzhou, Zhejiang, Jiangsu and Shandong reached 134.70 billion yuan, 73.95 billion yuan, 57.22 billion yuan, 47.07 billion yuan and 25.36 billion yuan respectively, ranking the top five among all provinces. Agricultural Bank of China, China Everbright Bank and Huatai Securities raised 68.53 billion yuan, 21.70 billion yuan and 15.69 billion yuan through IPO, ranking the top three among all new listed companies.

As the financing scale of A – share market expanded rapidly, the financing structure improved as well. Firstly, with regarding to market composition, the IPO in Shenzhen SME board and GEM board in 2010 accounted for 92% of total IPOs in A – share market in terms of number and 60% of total in terms of amount. The capital raised from stock market was mainly used to support the development of small and medium sized innovative enterprises, which was consistent with national economic adjustment policies. Secondly, the change of industrial composition in financing was basically in line with the national policies for industrial adjustment (Figure 13). Besides banking sector, industries like material, durable consumer goods and clothes, biopharmaceutical, multiple finance, sales of food and main household goods, technical hardware and equipment, etc. reported relatively large increase in financing. In contrast, the financing of real estate industry experienced the largest decline of amount among all indus-

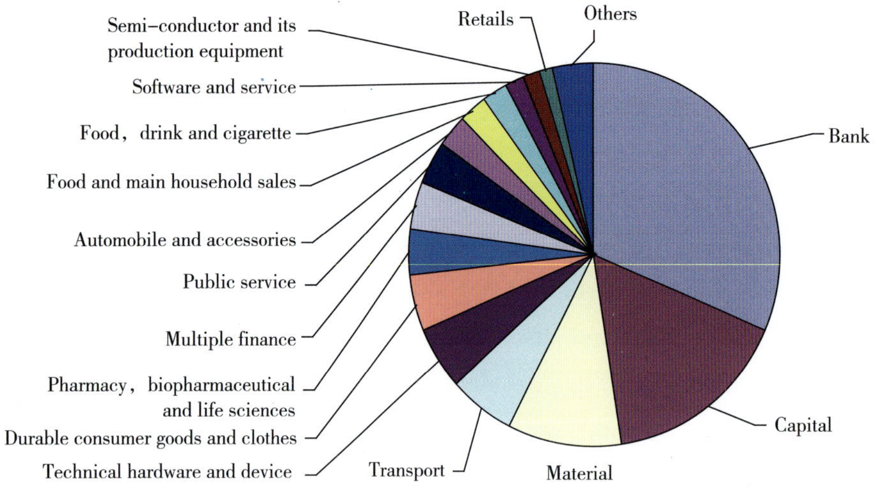

1. Source: Wind.

2. The industrial classification standard is the secondary industrial classification in Wind. The item of Others refers to the last eight industries, including media, energy, real estate, consumer service, commercial and special service, telecom service, medical care equipment and service and insurance.

Figure 13 Composition of Financing in A Share Market, 2010

tries with only an amount of 5. 26 billion yuan, a decrease of 57. 76 billion yuan year on year. The change of financing for different industries reflected the government's policies to expand domestic demand and adjust economic structure. Besides, the improvement of industrial composition in financing also contributed to the healthy and stable development of national economy.

3. 2. 1. 4 Innovation in securities sector was promoted continuously, stock index futures, shorting selling and margin trading were launched smoothly

Financial innovation and opening - up in all regions sped up, and a series of innovative businesses were introduced into securities sector in succession. In March 2010, the pilot of shorting selling and margin trading was launched officially, marking the initial establishment of credit transaction mechanism in China. By the end of 2010, the number of securities companies participating in shorting selling and margin trading pilot reached 25; accounts opening amounted to 42 000; the turnover reached 119. 77 billion yuan, of which margin trading was 117. 32 billion yuan, accounting for 98%, short selling was 2. 46 billion yuan, accounting for 2%; the average daily turnover exceeded 370 million yuan, and the largest daily turnover was 1. 42 billion yuan. Although currently the total scale of this business was not large, it maintained a good momentum of development.

In April 2010, CSI 300 index future was launched smoothly, increasing investment products and tools for hedging risk and changing the single side movement of capital market. By the end of 2010, accounts opening for index futures reached 60 000, trading volume reached 91. 27 million contracts, and turnover reached 81. 7 trillion yuan; both sides of transaction included, the average daily trading volume was 527 300 lots, the average daily turnover was about 472. 07 billion yuan which exceeded the average daily turnover in A share; the daily open position was about 30 000, and the proportion of trading volume to open position maintained at 7:1, which was close to the level in oversea mature capital market. Besides the above two new businesses, a unified interbank loan transfer market started operation, the index for GEM was issued, innovative financial instruments such as credit risk mitigation instrument and super & short - term commercial paper (SCP) were brought in succession to interbank market.

3. 2. 1. 5 The compliance management was promoted and market environment's regulation was strengthened further

In 2010, legal institutional environment and regulation means for capital market in all regions improved gradually, and the openness and transparency of capital market were promoted further. A new round of reform of new stock issue mechanism was initiated, which not only strengthened the restraint on underwriters and inquiry recipients but also promoted the trend of new stock pricing by market. In order to improve the compliance management, securities, futures and fund companies actively implemented the "1 + 1 Principle" issued by CSRC, carried out supervision on annual report auditing, standardized the behavior of marketing staff and enhanced regulation on the management of underwriting and sponsoring, reinforced the construction of Chinese Wall in securities sector and insider information system.

With joint efforts from regulatory bodies, judicial authorities, self – discipline organizations and intermediary institutions, illegal activities in market were curbed efficiently, and the interests of investor were further protected. Futures institutions implemented investor eligibility management mechanism actively, established and improved related systems and procedures, enhanced the protection of investors' interests, and carried out business training and risk education for investors. Meanwhile, all regions strengthened crack down on insider trading with a comprehensive set of work including cracking down insider trading according to law and jointly monitoring insider trading.

3.2.2 Concerns in the development of regional securities sector

3.2.2.1 Some risks existed in business innovation and structure adjustment

When securities institutions carried out innovative businesses and improved business structure, inadequate controls brought about new risks. In 2010, investment banking business of securities companies in all regions developed rapidly, which was important to improve both business structure and profit structure. However, because of some factors such as insufficient information disclosure between securities companies and direct subsidiaries, inadequate internal control and extensive operation, there were a great number of illegal activities in the investment banking business of some securities companies. For example, some securities companies did direct investment before target enterprises were listed in order to seek excessive profits, staff and relatives of some securities companies conducted illegal investment activities with confidential information, sponsors of some securities companies distorted the content of prospectus maliciously.

New businesses such as shorting selling, margin trading and stock index futures developed rapidly in 2010. However, currently the market is still in its infancy, the investor structure is not reasonable, institutional infrastructure is not complete, new businesses are carried out relatively slowly, and business function is still not brought into full play. With the development of innovative businesses, there will be new changes in market operation mechanism and mode and the development of securities companies will be subject to more complicated factors.

3.2.2.2 Profit model of securities institutions had no substantial breakthrough

In 2010, accompanied by the fluctuation in stock market, profit of securities institutions in all regions slumped and the profit structure changed to some extent. In terms of specific items, revenue from securities underwriting, sponsoring and financial advising increased

79.61% year on year owing to the resumption of new stock issue while both revenues from brokerage business and self-proprietary business declined. Nevertheless, in terms of revenue structure, brokerage business was still the main source of revenue, accounting for 56.77% of all, while the revenue proportion of other business was small. As for profit, brokerage business, stock issue and self-proprietary investment were still the main source of profit, consultative service businesses such as enterprise merger, acquisition, restructuring and project financing were few, and extensive businesses such as asset management, investment consulting, financial derivatives were in lack of innovation.

As securities companies rely too much on brokerage business, operation worsens easily when market slumps and trading volume shrinks. The sources of revenue other than brokerage business in central and western regions are even rarer and these companies are more sensitive to the fluctuation of market. Therefore, it is necessary to encourage securities institutions in all regions to carry out business innovation, try to provide diversified and professional services with high added value, and promote the continuity and stability of profit.

3.2.2.3 The regulation of market operation needed to be enhanced further

With an increasing number of institutions and the popularizing of off-site transaction, competition among securities institutions in all regions became fiercer and fiercer. Faced with the pressure of external competition and internal assessment, the lack of differentiated financial products and services forced some securities institutions to obtain market shares by illegal means, which disturbed normal market order. For example, in some securities institutions, disqualified staff took up securities sales, accounts were opened off site, fake accounts were opened, staff of brokerage business induced investors to trade frequently, backstage staff took part in the sales and wealth management, overseas spot gold business and intermediary financing were carried out illegally, etc. Securities institutions in some areas competed for customers with low price and low commission, which caused the average commission in that area to decline continuously and increased the difficulty of operation.

Meanwhile, illegal securities activities became more active. Illegal intermediaries, illegal issues, illegal securities investment consulting, illegal consigned wealth management, illegal futures business and illegal securities funds activities came forth now and then, all of which disturbed normal trade order. With the development of information technology, illegal securities activities by internet, television and telephone increased.

3.2.2.4 The overall strength of listed companies needed to be improved

At the end of 2010, the number of listed companies in eastern, central, western and northeastern regions reached 1 287, 313, 337 and 126 respectively, which showed that the scale of listed companies expanded continuously. Nevertheless, the strength of listed companies differed greatly and the overall quality needed to be enhanced. For some listed companies, their growth basis was weak, their operation was less standardized, their legal awareness was weak and their internal control was incomplete. In some under - developed areas, few companies prepared to go public, the industrial structure of listed companies was not reasonable in that there were few high - tech enterprises and innovative enterprises, and listed companies lacked sufficient momentum for further development. Besides, some listed companies were suspected of conducting illegal businesses, such as illegal information disclosure, incompliant listing, insider trading, the management and their relatives taking part in illegal sales of stocks, etc. Some important illegal activities were registered and investigated. If not settled down in time, these illegal activities would bring adverse impact to the healthy development of capital market and social stability.

3.2.2.5 The regulation of private equity funds development needed to be enhanced

In 2010, private equity funds in all regions gradually got rid of the impact of financial crisis and stepped into a new round of rapid growth. Financing scale, investment scale and the number of cases of successful exiting all hit a historical high of the past ten years. The rapid development of private equity funds is good to solve the problem that medium and small sized enterprises are hard to obtain finance, plays an active role in strengthening China's stock market, and becomes an important part to the deepening of multi - layer capital market. However, private equity funds are still in its infancy: related laws and regulations are not yet complete, supervisors are not defined clearly, both of information disclosure and systematic risk prevention are insufficient, exiting mechanism needs to be improved, and some funds even have the problems of interests transferring and illegal financing from the public, etc.

3.3 Insurance sector

In the period of "11th Five - Year plan", a unified, open, competitive and orderly insurance market was established fundamentally, China became the most important emerging insurance power in the world. The quantity of Insurance companies increased to 146 from 93 during the period of "11th Five - Year", with total assets growing to 5.05 trillion yuan from 1.5 trillion yuan. There were seven insurance companies with the assets over 100 billion yuan, two with the assets over 500 billion yuan, one with the assets over 1 trillion yuan. Three insurance companies as China Life Insurance Company, Ping An Insurance Company, China Pacific Insurance Company had been listed in China's A share market. China Pacific Insurance successfully got listed in Hong Kong Stock Exchange mainboard. As a result, China's insurance companies had greatly enhanced their influence and competitiveness in domestic financial market and international insurance markets. In 2010, the premium income of insurance sector reached 1.45 trillion yuan, up 30.4% year on year. The premium income of property insurance business totaled about 389.6 billion yuan, up 35% year on year. The premium income of life insurance business exceeded 1 trillion yuan to 1.06 trillion yuan, up 29% year on year. The rapid growth of premium income showed huge developing potential of China's insurance market. In insurance compensation, the payment of claims by insurance sector totaled 320 billion yuan, up 2.4% year on year. In breakdown, the payment of claims by property insurance business reached 175.6 billion yuan, up 11.4% year on year. The payment of claims by life insurance business reached 144.4 billion yuan, down 6.8% year on year. The profit of insurance sector increased substantially, totaling 83.65 billion yuan, up 57.7% year on year.

3.3.1 Performance of regional insurance industry

3.3.1.1 The number of insurance market participants went up or down across different regions, while total insurance assets kept increasing in all regions

In 2010, the total number of insurance market participants continued to increase, but there was a wide cross – region differentiation. By the end of 2010, the number of provincial branches of insurance companies totaled 1 253, 20 more compared with the previous year. Provincial branches in eastern, central, western and northeastern regions accounted for 592 227 304 and 130 respectively. Insurance market participants in central, western and northeastern regions increased 18, 22 and 5 respectively, in contrast to a decrease of 25 in eastern region. The total assets of provincial branches of insurance companies in eastern, central, western and northeastern regions reached 1 580.53 billion yuan, 493.41 billion yuan, 436.10 billion yuan and 217.70 billion yuan respectively, up 24.63%, 28.56%, 43.27% and 26.27% year on year (Table 6). The insurance sector has been playing a more and more important role in regional economic development.

Table 6 Insurance assets by region

Item	East		Central		West		Northeast	
	2010	2009	2010	2009	2010	2009	2010	2009
Total assets (RMB 100 million yuan)	15 805.29	12 682.01	4 934.09	3 837.91	4 361.01	3 043.98	2 177.03	1 724.14
Growth rate (%)	24.63	18.48	28.56	22.99	43.27	21.77	26.27	22.08

Source: CIRC.

3.3.1.2 Premium income grew greatly, with distinct regional characteristics

In 2010, insurance premium income in regional economy expanded rapidly. The premium income of insurance sector from eastern, central, western and northeastern regions totaled about 754.12 billion yuan, 278.90 billion yuan, 260.62 billion yuan and 118.73 billion yuan, up

30.37%, 31.57%, 29.59% and 34.75% year on year respectively. Apparently, the premium income of northeastern region grew fastest. In addition, considering changes of market participants, it indicated that regional insurance markets were at different developing stages. Insurance industry in the eastern region was striving for higher quality. As a result, although insurance market participants decreased significantly, the premium income still accounted for 46% of that for the whole country, unchanged from last year, and the growth in premium income was synchronized with the national level. Western insurance industry was still in the stage of expansion in quantity, showing the feature of rapidly rising market participants whereas slowly growing premium income.

From revenue structure, the property insurance rose notably. The premium of property insurance from eastern, central, western and northeastern regions totaled about 205.90 billion yuan, 61.98 billion yuan, 78.64 billion yuan and 29.99 billion yuan, up 35.00%, 39.50%, 35.57% and 29.59% year on year respectively. The proportion of property insurance business in total revenue increased comparing to last year in eastern, central and western regions. By the end of 2010, the premium income of agricultural insurance and liability insurance reached 14.06 billion yuan and 11.4 billion yuan, up 3.07% and 38.21% year on year respectively, but the revenue proportion dropped from last year.

The premium income of life insurance exceeded 1 trillion yuan. The premium income in eastern, central, western and northeastern regions reached 541.82 billion yuan, 216.90 billion yuan, 181.98 billion yuan and 88.74 billion yuan, up 26.67%, 29.45%, 27.28% and 36.94% respectively. The premium income of life insurance and health insurance reached 968 billion yuan and 67.75 billion yuan, up 30% and 18% year on year respectively. The life insurance business structure continued to be optimized. Efforts were made to promote such businesses as participating life insurance and general life insurance across regions, and the participating life insurance business grew rapidly. The proportion of participating insurance premium income in total premium increased remarkably. In 2010, the premium income of participating life insurance in eastern, central, western and northeastern regions reached 314.30 billion yuan, 166.56 billion yuan, 125.71 billion yuan and 52.76 billion yuan, up 19.11%, 41.41%, 37.80% and 34.79% year on year and representing 58.01%, 76.79%, 69.08% and 59.46% of the total premium of life insurance respectively (Table 7).

Table 7 Premium income of insurance companies by category and region

Item	East		Central		West		Northeast	
	2010	2009	2010	2009	2010	2009	2010	2009
Life insurance premium (RMB 100 million yuan)	5 418.18	4 277.26	2 169.04	1 675.55	1 819.82	1 429.75	887.39	648.02

Item	East		Central		West		Northeast	
	2010	2009	2010	2009	2010	2009	2010	2009
Growth rate (%)	26. 67	7. 65	29. 45	10. 09	27. 28	12. 93	36. 94	14. 50
Proportion of all premium (%)	71. 85	73. 94	77. 77	79. 04	69. 83	71. 09	74. 74	73. 54
Property insurance premium (RMB 100 million yuan)	2 058. 99	1 525. 17	619. 84	444. 32	786. 41	580. 06	299. 93	231. 44
Growth rate (%)	35. 00	13. 78	39. 50	25. 05	35. 57	24. 94	29. 59	24. 30
Proportion of all premium (%)	27. 30	26. 37	22. 22	20. 96	30. 17	28. 84	25. 26	26. 27

Source: CIRC.

3. 3. 1. 3 Payment of claims in all regions was generally at par with the previous year

In 2010, the payment of claims in eastern region remained stable, while that in western region grew rapidly. The payment of claims in eastern, central, western and northeastern regions reached 165. 69 billion yuan, 57. 02 billion yuan, 58. 87 billion yuan and 28. 10 billion yuan, up 1. 41% , 4. 91% , 8. 29% and 7. 12% year on year respectively.

The payment of claims by property insurance business grew steadily, but differing across regions. The payment of claims by property insurance in eastern, central, western and northeastern regions reached 92. 39 billion yuan, 29. 19 billion yuan, 34. 36 billion yuan and 13. 90 billion yuan, up 13. 06% , 17. 96% , 14. 45% and 9. 07% year on year respectively. Among them, the payment of claims by auto insurance business in eastern, central, western and northeastern regions reached 73. 74 billion yuan, 22. 98 billion yuan, 27. 12 billion yuan and 9. 84 billion yuan, up 31. 11% , 19. 13% , 21. 63% and 9. 59% year on year respectively. The payment of claims by auto insurance business in eastern region grew faster than in other regions, which acted as a major contribution to the higher claim payment by property insurance business of the whole country since the economically advanced eastern region saw higher auto possession. The payment of claims by liability insurance in eastern, central, western and northeastern regions reached 1. 91 billion yuan, 730 million yuan, 894 million yuan and 301 million yuan, up 22. 87% , 6. 41% , 27. 11% and 2. 73% year on year respectively. The payment of claims by agricultural insurance business in eastern, central, western and northeastern regions reached 1. 51 billion yuan, 2. 85 billion yuan, 3. 36 billion yuan and 1. 78 billion yuan. In breakdown, that in eastern and northeastern regions dropped 15. 43% and 20. 24% , and that in central and western regions rose 38. 18% and 2. 78% year on year respectively. Drought in central and western regions led to faster growth of payment of claims by agricultural insurance business in Central and western regions. Higher claim payment covering agricultural sector in central and western regions indicated that insurance industry had been playing a larger role in providing safeguard for and compensation to agricultural production.

The payment of claims by life insurance has dropped slightly. The payment of claims by life insurance in eastern, central, western and northeastern regions reached 69. 74 billion yuan, 27. 83 billion yuan, 24. 51 billion yuan and 14. 23 billion yuan respectively. Broken down by regions, that in eastern and central regions dropped 14. 62% and 5. 99%, and that in western and northeastern regions rose 0. 85% and 5. 85% year on year respectively (Table 8).

Table 8 Expenditure on insurance claims and payments by category and region

Item	East		Central		West		Northeast	
	2010	2009	2010	2009	2010	2009	2010	2009
Expenditure on claims and payments (RMB 100 million yuan)	1 656. 93	1 633. 93	570. 23	543. 52	588. 68	543. 62	280. 97	262. 29
Growth rate (%)	1. 41	1. 20	4. 91	2. 91	8. 29	7. 83	7. 12	4. 40
Proportion of whole country (%)	53. 50	54. 77	18. 41	18. 22	19. 01	18. 22	9. 07	8. 79
Life insurance (100 million yuan)	697. 36	816. 74	278. 30	296. 03	245. 07	243. 00	142. 28	134. 42
Growth rate (%)	-14. 62	0. 53	-5. 99	0. 48	0. 85	4. 63	5. 85	-5. 68
Proportion of whole expenditure (%)	42. 09	49. 99	48. 80	54. 47	41. 63	44. 70	50. 64	51. 25
Property insurance(RMB 100 million yuan)	923. 89	817. 18	291. 93	247. 49	343. 61	300. 23	138. 95	127. 39
Growth rate (%)	13. 06	1. 87	17. 96	5. 97	14. 45	10. 43	9. 07	17. 17
Proportion of whole expenditure (%)	55. 76	50. 01	51. 20	45. 53	58. 37	55. 23	49. 45	48. 57

Source: CIRC.

3. 3. 1. 4 Profits of insurance institutions grew remarkably with sound asset management

In 2010, profits of insurance companies in four regions totaled 83. 65 billion yuan, up 57. 7% year on year. Insurance regulators strengthened supervision to make insurance institutions to realize "two drops and two rises" in operation index, that is, the comprehensive cost rate and loss rate dropped, management efficiency and premium ratios improved. As a result, the insurance industry hit the historical turning point in terms of business operations. Property insurance companies returned to profit totally and achieved a profit of 22. 56 billion yuan, and presented good momentum of sustainable and healthy development. The comprehensive loss rate was 63. 1%, 3. 2 percentage points lower year on year. The comprehensive cost rate was 34. 2%, dropping 3. 9 percentage points year on year. Profits of life insurance companies in four regions totaled 47. 64 billion yuan.

The return rate on insurance fund investment by insurance sector was 4. 84%, dropping 1. 57 percentage points year on year. In 2010, insurance fund reached 4. 6 trillion yuan, up 23. 1% year on year. The growth slowed down slightly. In 2010, facing downturn in capital market, insurance institutions timely adjusted investment structure, and gradually improved asset allocation, therefore achieving sound asset management. Most insurance institutions tended to invest in fixed - income products concerning asset allocation. Consequently, by the end of

2010, in total assets held by financial institutions, bank deposits accounted for 30.21%, bonds accounted for 49.85%, investment funds, stocks, shares and other equity investments accounted for 16.80%, and other investment accounted for 3.10%.

3.3.1.5 Insurance penetration and insurance density of all regions continued to increase

In 2010, the insurance density of all regions reached 1 083 yuan, increasing 249 yuan year on year; and the insurance penetration was 3.65%, up 0.35 percentage point year on year. In regional economy, insurance business expansion had been deepened; the coverage of insurance sector had been extended. Insurance institutions explored in services of new countryside construction, pension system, medical care system reform, rural and urban low-income groups. Therefore, insurance industrial focused on serving people's livelihood. All regions continued to expand the insurance coverage of *ARF*, promote steadily the development of policy agricultural insurance, as well as exploring the agricultural insurance operating mechanism and development mode with local characteristics. Agricultural insurance pilot area expanded to all provinces (autonomous regions and municipalities), subsidies provided by the central government increased to 14 species. By the promotion of industrial synergy, the insurance and tourism industries carried out nationwide insurance demonstration projects to travel agency liability insurance; liability insurance business covering areas of environmental pollution, safe production, school liability, trade credit, cultural industry and medical liability developed steadily, compulsory traffic accident liability insurance system was further improved, pilot program on non-vessel shipping operator margin liability insurance started, basic medical insurance was promoted steadily, and pilot program on micro-loan insurance started.

3.3.1.6 Insurance sector's reform was promoted

Firstly, the investment channel of insurance fund was broadened. In September 2010, *Interim Measures on Real Estate Investment of Insurance Funds* and *Interim Measures on Equity Investment of Insurance Funds* were issued stipulating detailed regulation for insurance funds investment on real estate and equity, and investment channels for insurance funds were gradually widened. Secondly, insurance companies made progresses in the reform of ownership structure. After Bank of Communications acquired equity of CMG Insurance Company at the end of 2009, Beijing Bank, China Everbright Group, Bank of China, Industrial and Commercial Bank of China, China Construction Bank all followed suits in 2010. The pilot project that commercial banks invest in insurance companies' equity proceeded smoothly. Thirdly, in the process of steadily promoting the reform, the insurance industry in various regions continued to strengthen cooperation with local governments. In line with national development strategies such as a new round of western development, comprehensive reform in Shenzhen, construction of West Coast Economic Zone, some insurance institutions cooperated with local governments of Yunnan Province, Shenzhen city and Xiamen city in ways of signing cooperation memorandums, or establishing insurance reform pilot area, so as to establish the insurance mechanism to promote local economic and social development. In November 2010, PICC Property Insurance Disaster Research Center was established, marking China's first professional risk research organization for insurance industry. In December, PICC and Pacific Property Insurance announced the establishment of shipping insurance operations center, laying the foundation for developing the international shipping – related insurance business in Shanghai.

3. 3. 2 Issues of concern on regional insurance development

3. 3. 2. 1 Potential solvency risk

A major reason behind the international financial crisis was that financial institutions took blind expansion ignoring capital constraints, resulting in high operational leverage and forming systemic risk. China's insurance industry is in rapid development, more emphasis should be given to capital constraints and management on capital leverage. The core of strengthening capital constraints is paying attention to the potential solvency risk of insurance companies. By the end of 2010, the number of insurance companies with insufficient solvency was 7, 1 less from the previous year, and these companies' key solvency indicators had improved significantly. But China's insurance industry is still in the extensive expansion stage, the profit – making capability of insurance company is not strong enough, the product structure is not reasonable, the internal risk management mechanisms are inadequate and operation of the short – term behavior is more prominent. In addition, with the impact of capital market turmoil, insurance funds' investment return fell. These factors may lead to potential insolvency risks arising from a few insurance companies, which deserve continued attention.

3. 3. 2. 2 Funds management risk caused by the decline of investment return

Since 2010, China had raised interest rates four times. Higher interest rates caused bond investment yield to decrease. By the end of 2010, in terms of structure of the insurance investment assets, there was about 30% for bank deposits, 70% for bonds and equity investments. In 2010, China's insurance industry investment return fell 1. 57 percentage points from the previous year. Although insurance institutions also invested in stocks, but the proportion was still low, investment return uncertain and not high. It was envisaged that inflation expectation pressure would remain high in 2011, so would the benchmark rates. Insurance institutions should prevent the impulse to invest, in particular, to prevent risks arising from new investment channels of equity and real estate in order to maintain the safety of insurance assets.

3. 3. 2. 3 Risk of weak internal control

In recent years, insurance companies paid more attention to the compliance management and value – based management, but internal control management systems in some insurance companies still need improving, the management mechanism on branches was not in place. The problem of weak management and internal control which lagged behind rapid business expansion could bring about serious business risks to the company. In 2011, *Basic Standards of Insurance Company's Internal Control* was effective, all regional insurance companies should promote comprehensive risk management, further standardize the risk management process, applying risk management throughout all aspects of business operations, make efforts to build a comprehensive coverage, full management, full participation risk management system. Furthermore, efforts were made to improve risk management methods and tools. Importance was attached to modern risk management technique, stress tests based on actual business, so as to lay a solid foundation of risk prevention.

3. 3. 2. 4 Risk of market disorder

During the long – term rapid development of insurance industry, regional insurance market order continued to improve, but there still existed issues of concern. In the field of property insurance, focus should be on problems such as false insurance endorsement refund in auto and agriculture insurance businesses, false premium receivables, false brokerage fees, false operating expenses and false agricultural insurance, false claim payment, inconsistency between clauses, premium rate filing and execution etc. In the life insurance field, attention should be paid to paying fees secretly in bank and post agency business sales and misleading on sales, potential problems in telemarketing business and group annuity business. In the field of insurance intermediaries, focus should be on fraud, inflated costs, illegal taking of funds via intermediary business and channels.

3. 3. 2. 5 Risk transfer

First, efforts should be made to prevent overseas risk from transferring to domestic foreign – funded insurance companies. Although international economic and financial situation had improved significantly since the crisis, it was still facing uncertainty. Combined with frequent natural disasters, payment of claims may increase, and liquidity of domestic foreign – funded insurance companies was vulnerable to the impact of overseas parent company. Overseas investment by domestic insurance companies and the development of cross – border insurance business increased the possibility of oversea – to – domestic risk transfer. Second, importance should be attached to risk spread from individual insurance companies to the whole industry, or evolving into the systemic risk. Although premium income and profits of domestic insurance companies had been growing, 57% of the insurance industry's profits came from life insurance business in 2010, while investment return on insurance funds was only 4. 84%. Population aging will accelerate the growth of life insurance premium expenditures, and the uncertainty of insurance fund investment return also increased the possibility that certain individual insurance companies may run into liquidity problems. Considering similarity between China's insurance companies in terms of business model and constitution, they are vulnerable to risk transfer. Therefore, attention should be paid to potential systemic risk arising from solvency problems of individual insurance companies. Third, we should pay close attention to the impact on insurance industry from financial market volatility, in a bid to prevent cross – industry risk transmission.

Chapter 4 Financial Stability by Region

During recent years, in the context of implementing regional development strategy and healthy economic development, coordination of economic development was strengthened and economic structures in all regions had seen positive changes. In 2010, the overall financial stability of eastern, central, western and northeastern region improved moderately and regional financial stability was furtherstrengthened.

4.1 Eastern region

In 2010, eastern region actively implemented strategic plans by the CPC Central committee, promoted steady and rapideconomic development and accelerated the upgrade and transformation of economic structure along with ascending economic growth. In the context of strengthening cooperation in economic development, the upgrade and optimization of industrial structures made a positive progress, consumption and investment demand grew rapidly and import and export grew moderately. The reform and innovation of financial sector continued to advance, the function of financial system was improved and risk resilience of financial institutions was strengthened. Assets of the banking sector grew rapidly, NPL and the NPL ratio dropped together, profitability increased steadily and capability of risk prevention continued to improve. Securities sector maintained steady development trend and diversification of business model made progress along with sound development of futures companies and improved competitiveness of fund management companies. Assets of insurance sector grew rapidly; its profitability increased steadily and returns on investment of insurance sector increased moderately.

4.1.1 Cooperation in economic development strengthened, but exports were faced with multiple challenges

In 2010, eastern region successfully rallied from negative impacts of global financial crisis and its economic growth recovered to pre - crisis level. The year - on - year nominal GDP growth of the region was 12.31%, up 1.57 percentage points from the previous year. The coordination of economic growth driven by consumption, investment and imports & exports was further strengthened along with more reasonable GDP structure. Investment was still a major driving force for regional economic growth, though its growth slowed down slightly. In 2010, completed investment in eastern region amounted to 11. 71 trillion yuan, an increase of 20. 89% year on year, down 3. 1 percentage points as compared with the growth of 2009. In the 11th Five – Year Plan, the cumulative growth of completed investment averaged at 20. 1% , 5. 4 percentage points lower than the growth of fixed asset investment nationwide during the corresponding period.

Consumption became a stable driving factor for boosting domestic demand. In 2010, the gross social retail sales of consumergoods in eastern region reached 8. 31 trillion yuan, an increase of 18. 23% year on year, up 0. 96 percentage point over the previous year, accounting for 53. 69% of the national total. Due to positive influence exerted by consumption stimulus policies, the consumption was heated in some areas such as cars, home appliances, furniture, gold and silver jewelry, etc.

Imports and exports rallied steadily. The total amount of foreign trade amounted to USD 2. 61 trillion, an increase of 27. 64% year on year and reversing the downward trend of last year. In particular, imports totaled USD 1. 21 trillion, an increase of 38. 09% year on year; exports totaled USD 1. 38 trillion, an increase of 29. 87% year on year. In terms of monthly data, having reached record highs continuously since June and making a historical high of USD 135. 61 billion in November, the average monthly exports of eastern region during 2010 exceeded the pre – crisis level and realized recovery growth.

Based on the analysis of the trend of the largest three types of demands in eastern region, investment and consumption demonstrated sound growth momentum. In particular, the gap in investment growth between eastern region and the national average narrowed gradually with the former accelerating remarkably ever since the fourth quarter of 2010. Consumption maintained steady and fast growth and its monthly growth presented a persistent upward trend. However, uncertainties grew in the growth of exports and external environment of foreign trade sector. Uncertainties existing in global environment in the wake of financial crisis such as weakening stock refilling, stagnant economic growth and shrinking consumption of major economies would exert negative impact on export sector. The domestic factors such as quicker RMB appreciation and economic policy adjustment would constrain exports in the short run. The questionnaire survey of entrepreneurs of the fourth quarter of 2010 showed that exports order indices all dropped to varying degree in major export – oriented provinces in eastern region including Jiangsu and Shandong province which witnessed a decline of 2. 19 and 1. 8 percentage points respectively in the index. Referring to the survey of Guangdong province, provision rate for bad loan of account receivable of sample exports enterprises lifted from 0. 71% at end – 2009 to 0. 88% at end – 2010 and the risk of account receivable faced by exports enterprises climbed moderately.

4.1.2 Macro - control on real estate sector was strengthened and potential risks existed in real estate financing business

Real estate development investment rallied rapidly along with steady growth of real estate loans. In 2010, total land area purchased and housing starts increased 29.99% and 46.30% respectively year on year. The amount of investment in real estate development totaled 2.609 trillion yuan, a year - on - year increase of 30.06%, up 15.61 percentage points as compared with the growth of last year. Saleable area and sale amount of commercial real estate increased 2.68% and 8.68% year on year. Outstanding real estate loans reached 5.49 trillion yuan, an increase of 15.25% year on year and presenting close to 20% of the total loan portfolio. Outstanding real estate development loans reached 2.07 trillion yuan, an increase of 23.15%; outstanding personal mortgage loans totaled 3.418 trillion yuan, an increase of 10.93% year on year.

In order to curb the surging housing prices, new macro policies such as 10 *National Notice*, *new* 5 *National Notice* and differential housing credit policies were enforced successively and control measures on the fields of land, fiscal and finance were strengthened. Influenced by macro control policies, the sale of commercial property in eastern region fluctuated remarkably. Since the release of new 10 *National Notice* by the State Council on 14th April, registered pre - sales area of commercial property in eastern region dropped remarkably and the growth of accumulated sales shrank noticeably from May to July and declined to 5.07% at the end of July but rallied slightly starting from August. Due to negative influences from tightening macro control measures and policies in real estate sector, uncertainty and credit risks existing in some fields of real estate sector increased. For instance, regulations on supervising pre - sale funds of commercial property were enforced by several provinces and cities in eastern region, aimed at prohibiting real estate developers misusing pre - sale funds to invest in property development on a rolling basis. Affected by new regulations, capital chains of some real estate development enterprises were tightened and some enterprises purchasing land at unreasonable prices, operating in multi - industries and expanding excessively with high debt ratio would confront higher pressures in loan payback.

4.1.3 Banking sector kept on improving its credit quality along with upward pressures from the rally of non - performing loans

In 2010, asset size of banking sector in eastern region expanded continuously. At end - 2010, total assets of banking institutions amounted to 50.53 trillion yuan, an increase of 18.53% year on year. Total liability reached 49.02 trillion yuan, an increase of 18.16% year on year. The outstanding NPL and NPL ratio both dropped from a low level. By year end, the outstanding NPL and NPL ratio reached 423.619 billion yuan and 1.53%, down 85.805 billion yuan and 0.66 percentage point as compared with the previous year.

As business environment became more complex, banking sector confronted ascending credit risk. First, industrial structure adjustment put more pressure on credit risk of banking sector. Influenced by China's mandatory objective of energy saving and emission reduction policy, the cost of high energy consumption and high pollution enterprises surged remarkably. With the elimination of backward production in the industries such as steel, coke, cement and paper making, credit asset quality of related sectors would be challenged. According to questionnaire survey on banking institutions in Shandong province, 88.64% of banking institutions surveyed agreed with that the defects of regional economic structure and pressures from adjustment of economic structure and growth pattern became major risk factors of banking sector. Second, the risk of maturity mismatch was rising. At end-2010, the outstanding medium and long-term loans in eastern region increased by 26.5%, 7.52 percentage points more than the growth of total loan portfolio, representing 57.42% of total loan portfolio, up 3.41 percentage points from 2009. The proportion of medium and long-term loans borrowed and repaid in a lump sum increased moderately. Third, credit risk of government financing platform still merits attention. Some project loans of financing platform had defects in loan approval procedures. Few loans had been signed and stamped on by all three parties and credit risk mitigation measures were not fully implemented. Government debt ratio of some cities[9] surpassed 100% and loans would mature simultaneously. Along with tightening credit policies, default risks of some government financing platforms appeared.

4.1.4 Financial innovations were accelerated steadily along with strengthening function of serving society and economy

In 2010, taking into account local circumstances, banking institutions in eastern region proactively developed diversified financial products. Financial service innovation of small enterprises achieved new progress and innovative products were launched successively, such as group lending, emergency lending, lending back by orders, leasing right and intellectual property right-pledged lending, and small and medium-sized enterprise collection notes. The introduction of M&A lending, syndicate lending and distressed lending strongly facilitated regional economic transition and industrial upgrading. Foreign exchange derivatives developed rapidly, personal credit products were enriched and new collateral patterns were expanded.

---

⑨ The outstanding government debt to disposable fiscal revenue.

Securities sector continued to maintain its innovative development trend. Index futures and margin trading were launched, credit transfer market was put into operation, and credit risk mitigation instruments on the inter – bank market and super & short – term commercial paper were launched on a trial basis respectively. In 2010, index futures and margin trading operated steadily and met the objective of high standards and steady beginning. Based on actual demands of clients, securities institutions in eastern region put efforts on developing individualized and diversified products of brokerage business and proactively launched innovative derivatives products with focus on index futures and margin trading. The business of investing in domestic capital market in the form of overseas asset management funds and innovative instruments such as REITs and ETF were explored.

Service innovation in insurance sector was accelerated. Property insurance companies expanded their business on the basis of strengthening the business of motor insurance, business property insurance and cargotransportation insurance. Speeding up to launch the pilot project of Suzhou environmental pollution liability insurance, Jiangsu province introduced China's first insurance product with embedded terms of natural disaster and successfully developed new rural cooperative supplementary insurance. Shanghai innovated and launched expo insurance during Shanghai Expo 2010 and provided a full range of services for expo visitors, vendors and service suppliers. At the same time, with focus on servicing people's well – being and welfare, life insurance companies developed a series of new products. Referring to clients' demands, Shenzhen developed diversified pension insurance products with terms written in easy – to – understand language and promoted the development of insurance products with value added services.

4.1.5 RMB cross – boarder trade settlement business expanded steadily and the pilot program needs further improvement

Along with the robust recovery of export – oriented economy in eastern region and new progress achieved in reforming RMB exchange rate regime, RMB cross – boarder settlement launched in 9 pilot provinces and cities of eastern region[10] progressed successfully. The scale of foreign exchange receipts and payments and the settlement and sales of foreign exchange grew rapidly. By year – end, RMB cross – boarder settlement handled by banking institutions in eastern region accumulated over 461.38 billion yuan. The settlement of goods exports, imports, and service trade as well as other current account items amounted to 25.732 billion yuan, 369.998 billion yuan and 65.65 billion yuan respectively. Transaction counterparties of RMB cross – boarder settlement were expanded successively and with Hong Kong acting as a bridge,

⑩ 9 provinces or cities including Beijing, Tianjin, Shanghai, Jiangsu, Zhejiang, Fujian, Shandong, Guangdong and Hainan in eastern region were approved to conduct the pilot of RMB cross – border settlement business.

a geographical structure was established, centering upon the ASEAN and advanced economies in Europe and America and expanding to Asia – Pacific, Eastern and Northern Europe, Latin America and Africa. At the same time, participating entities in RMB cross – boarder settlement increased along with active participation of financial institutions and imports and exports enterprises.

In the context of complex global conditions, RMB cross – boarder settlement had positive influence on encouraging economic and trade cooperation with neighboring countries and regions, hedging risks of foreign exchange and improving terms of trade. Currently, the business is at the pilot phrase and work arrangements need to be improved in the fields such as the management of cross – currency settlement, optimizing management functions and further strengthening related supporting policies for the pilot program. Besides, foreign investment in domestic real estate market through RMB cross – boarder transactions should be closely watched.

4.1.6 Progress of share participation of private enterprise in local financial institutions was accelerated and potential risks existed in industry and finance combination

Economy of eastern region is relatively advanced along with active private capital and well – established financial institutions. As financial reform was deeply implemented, industry and finance combination developed rapidly. The State Council released *Several Opinions of the State Council on Encouraging and Guiding Private Investment* in May 2010 and encouraged private capital to invest in some industries such as financial services. Private enterprises in eastern region pro – actively took shares in local financial institutions and the scale of share participation continued to increase along with deepening integration of industry and finance. By end – 2010, share participation by private enterprises in eastern region had amounted to 86.149 billion yuan, an increase of 65.82% year on year, and represented 40.51% of total shares of invested financial institutions, up 10.74 percentage points.

Private capital investing in financial services industry had a significant meaning for accelerating healthy and coordinated development of regional economy, promoting financial reform and innovation, and boosting financing to small and medium – sized enterprises. However, currently share participation of private capital is still at the beginning stage of industry and finance combination and supporting environment needs to be improved. Industry and finance combination has internalized the external transactions between industrial enterprises and financial institutions, which may easily trigger moral hazard. The high leverage of financial institutions could influence the operation of industry and cause potential cross – sector risk. Along with diversification of the form of industry and finance and accelerating cross – regional share participation the regulation of cross – sector risks has encountered larger difficulties.

4.1.7 Quantitative assessment

The financial stability of eastern region was assessed by applying regional financial stability quantitative mode[11]. According to the result of quantitative assessment, the score for financial stability of the eastern region in 2010 was 89.5 points, fitted in the stable interval[12], 2.2 points higher than the previous year and 1.8 points higher than the national average. In terms of macro – economy and financial ecological environment, eastern region had distinctive advantages (Figure 14). The assessment results also indicated that eastern region almost weathered the negative influence of global financial crisis and its overall financial stability recovered remarkably.

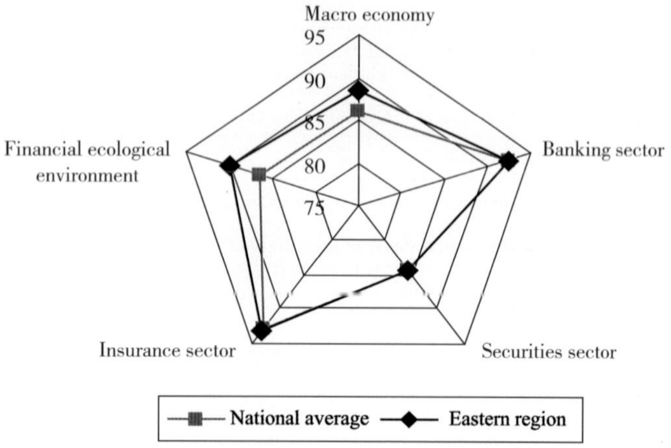

Figure 14 Financial stability of eastern region compared with national average in 2010

Referring to the changes in specific indicators, 9 indicators improved while 6 indicators worsened as compared with that of last year; 10 indicators stayed at the same level as last year. In terms of macro – economy, thegrowth of fixed asset became more reasonable, imports and exports and FDI rallied, disposable income of rural residents increased moderately and price index and price of housing improved moderately. But the growth of added value of the tertiary industry and disposable income of urban residents slowed down. Affected by the above indicators, the score of macro – economy soared as compared with the previous year. Because of tight liquidity, the score of banking sector declined moderately. Due to declining profitability of securities sector caused by market volatility, the base of sound operation was weakened and its score dropped slightly. In the context of surging premium income and improvement of surrender rate, the score

---

⑪ With regard to assessment methodology, please refer to *China Regional Financial Stability Report* 2008.

⑫ The quantitative assessment classifies the results into five intervals: very stable (≥95), stable (85 ~ 95), relatively stable (75 ~ 85), relatively unstable (65 ~ 75) and unstable (<60).

of insurance sector rose. In terms of financial ecological environment, fiscal revenues of local governments increased steadily, but its score dropped due to lower scores in legal environment questionnaire and credit reference database coverage.

Table 9 Assessment Indicators and Changes for Eastern Region in 2010

Sector		Change	Assessment Indicator	Change		
				Improved	Stable	Worse
Macro economy		↑	Growth rate of GDP		√	
			Growth rate of added value of the tertiary industry			√
			Growth rate of social fixed asset investment	√		
			Growth rate of gross retail sales of consumer products		√	
			Growth rate of real utilization of foreign capital	√		
			Growth rate of total amount of exports and imports	√		
			Growth rate of total income of urban households			√
			Growth rate of per capita net income of rural households	√		
			Consumer price index	√		
			Registered unemployment rate in urban area		√	
			Sales price index of real estate in typical cities	√		
Financial Institutions	Banking	↓	Core capital adequacy ratio		√	
			Non – performingloan ratio		√	
			Profit to assets ratio		√	
			Liquidity ratio			√
	Securities	↓	Net capital adequacy ratio		√	
			Net debt to equity ratio		√	
			Profit to assets ratio			√
	Insurance	↑	Surrender rate in life insurance companies	√		
			Premium receivable rate		√	
			Growth rate of premium income	√		
Financial Ecological Environment		↓	Comprehensive score of legal environment questionnaire			√
			Local fiscal revenues to GDP ratio	√		
			Intensity ofbanking services		√	
			Coverage rate of credit reference database			√

Note: Symbol " ↑ " in table stands for improving, symbol " ↓ " stands for worsening, symbel "→" stands for stability.

Referring to historical data of regional financial stability (Figure 15), overall financial stability in eastern region fitted in a stable interval and fluctuated following economic cycles. Affected by financial crisis, the score of macro – economy declined from 2007, reached its bottom in 2009 and rebounded in 2010, showing a U – shaped trend. As the most stable sector, the score of banking sector remained at comparatively high level and fluctuated in a narrow range.

The stability of securities sector was mostly affected by market volatility and fluctuated in a large range, showing a reversed W – shaped trend. Insurance sector had an ascending stability status and scored well in financial stability. The score of financial ecological environment stayed at a steady interval after continuous increase in the past several years.

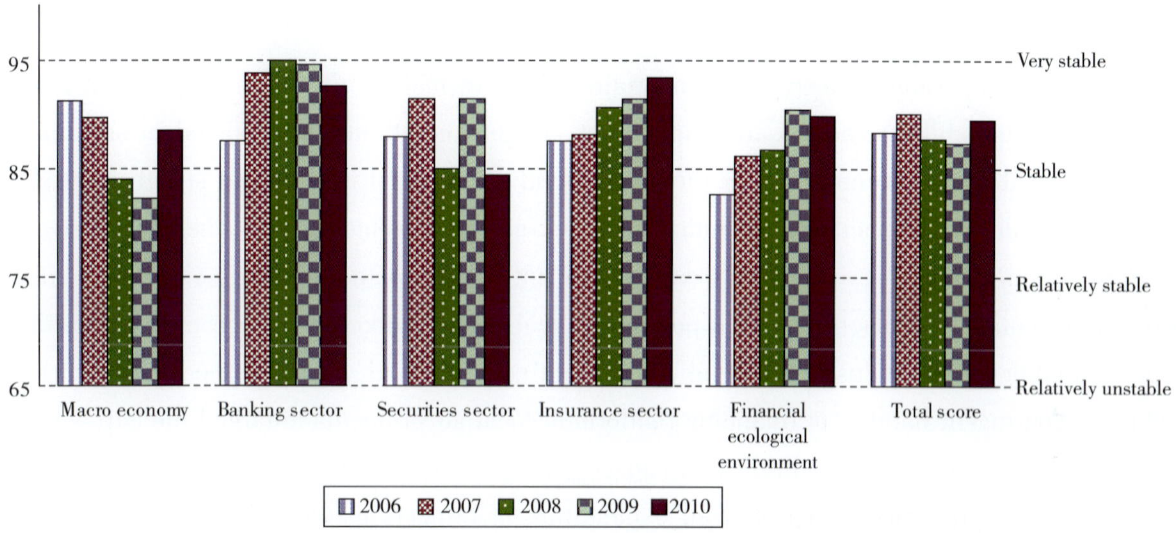

Figure 15 Financial stability of the eastern region, 2006—2010

4.2 Central region

In 2010, rooted in the objective of economic transition and spanning development, central region further implemented the construction of regional economic circle and achieved steady and quick economic growth. Banking sector experienced reforms in a deep – going way along with rapid expanding asset scale and enhancing profitability. The securities companies and futures companies enhanced their capital base and accelerated the development of innovative business along with direct financing rising distinctively. The profitability and supporting function of insurance sector continued to be strengthened along with enlarging insurance coverage.

4.2.1 Quality of economic growth enhanced remarkably, but financial soundness of local governments deserves attention

In 2010, central region experienced steady growth in fiscal revenue, corporate economic effectiveness and income of urban and rural residents, along with improving revenue structure and enhancing quality of economic growth. The year 2010 witnessed the final account of budgetary revenue of local governments increased by 26.4% year on year, 11.76 percentage points higher than that of the previous year. The contribution from main tax sources to local fiscal revenue was enhanced. The profit of industrial enterprises rose by 54. 11% year on year, 39. 27 percentage points higher as compared with the previous year. The disposable income of urban residents per capita and per capita net income of rural households increased by 11. 11% and 14. 75% respectively year on year, 2. 59 and 7. 40 percentage points higher than that of the previous year.

Local fiscal revenues faced more uncertain factors in maintaining their sustainable growth and fiscal sustainability deserves attention. First, larger uncertainty still existed in sustainable growth of local fiscal revenue. Under the background that central government strictly controlled excessive production capacity of the industries such as steel, cement, coal chemistry, electrolytic aluminum, etc. , tax sources of local government was impacted heavily. Along with gradually implementation of macro – control policies in real estate market, tax sources from housing, land and other related industries were affected negatively. Second, the sustained growth of local debt and contingent liability of financing platform of local governments enlarged the gap between local fiscal revenue and expenditure and caused high pressures on their liquidity and solvency. Third, with the sustained rising of fixed expenditure of projects matched by local governments for people's well – being and social welfare, the imbalance between fiscal revenue and expenditure of local government soared. In 2010, the gap of the final account of budgetary revenue and expenditure of local governments reached 823. 59 billion yuan, an increase of 86. 54 billion yuan year on year.

4. 2. 2 Direct financing grew rapidly, but conflicts between currency supply and demand still exist

Under the background that central region accelerated the construction of economic circles such as Wuhan metropolis circle and the city – cluster along the Yangtze River in Anhui and attached much attention on attracting external investments, the demand of direct financing in the region soared along with rapid economic growth. In 2010, 40 companies in central region completed their IPO projects and raised more than 104. 426 billion yuan, an increase of 147. 52% year on year. The ratio of total fund raising through direct financing to new loans reached 8. 39% , an increase of 5. 58 percentage points year on year. However, in the context of underdeveloped finance sector with weak financial innovation and low direct financing ratio in central region, the return of credit policy to normal status had exerted negative effects on economic development of central region and the loan approving criteria to some industries had been tightened. The conflicts between rapid economic growth and slowing down of credit growth would possibly emerge, especially in county level with weak direct financing and underdeveloped regions.

4. 2. 3 Reform of banking sector advanced steadily, but risk management needs to be further strengthened

In 2010, the reform of banking institutions in central region was accelerated. Urban Credit Cooperative of Jingdezhen City in Jiangxi province successfully transformed to be Commercial Bank of Jingdezhen City. Hubei Bank, a new commercial bank based on 5 regional urban commercial banks was approved to be established. 8 rural credit institutions had successfully transformed to be a rural cooperative bank. 4 new rural commercial banks and 9 rural cooperative banks were established in Anhui province, a top ranked province in the progress of establishing rural cooperative financial institutions. In Hunan province, 4 rural commercial banks and 7 rural cooperative banks had been built up as the total number of local rural cooperative financial institutions shrunk from 1987 to 121.

Although local banking institutions encountered distinctively improvement in their capital adequacy, asset quality and profitability through reform, the following problems still remain. First, risks existing in rapid expansion of local financial institutions deserve attention. Asset scale of financial institutions expanded rapidly along with emerging risk of shortage of capital in urban commercial banks. The increasing of subsidiaries or branches of these financial institutions caused a tough challenge to original two – level management structure. Second, the mechanism of dynamic capital buffer had not been established along with low capital adequacy in some rural credit institutions. Those institutions faced a great difficulty in raising capital through retained income and meeting regulatory requirement. Third, liquidity pressures of local financial institutions soared. In 2010, the ratios of excessive reverse and liquidity of banking institutions dropped to some extent along with more institutions failing to meet the requirement on the gap of liquidity. Forth, the risk resilience of rural cooperative financial institutions was relatively weak. The ratio of loan loss provision and provision coverage ratio of most financial institutions lowered than the level of 70% and 40% respectively and failed to meet regulatory requirements.

4. 2. 4 Performance of listed companies improved progressively, but overall structures need to be adjusted

Thanks to steady growing economy environment and the emerging of central region, listed companies located in central region improved their performance steadily. In the first 3 quarters of 2010, the revenues of listed companies from Jiangxi, Hubei and Hunan province increased 47.3%, 30.69% and 36.62% respectively, and the net profit attributing to their parent companies increased 59. 19% , 26. 62% and 83. 00% respectively. However, listed companies in central region still occupied a low percentage of its kind in the nation along with lack of qualified candidate listed companies and enhancing financing structure. First, the number of high - tech or innovative enterprises was low. Second, industrial structure need to be optimized. High energy consuming, highly polluting and resource consuming industries such as coal, steel, cement, etc. , which encountered more strict requirements on IPOs or other direct financing, occupied a high proportion in the industrial structure. For instance, listed companies in Shanxi province mainly come from resources sector. One - third of them were coal enterprises and only 4 listed companies belonged to high - tech sector. Third, with unbalanced distribution, listed companies mainly located in the capital of province or economically developed cities. For instance, more than 50% oflisted companies of Shanxi province located at the city of Taiyuan. 10 out of 14 new listing companies of Hunan province completed their IPOs in 2010 locate at the city of Changsha, Yueyang and Zhuzhou.

4. 2. 5 Profitability of insurance companies enhanced distinctly, but their sustainability restrained by multiple factors

Remarkable progress had been achieved in cost management and enhancing value of insurance policies by insurance companies of central region. In Anhui province, the ratios of premium receivable, comprehensive expenditure and comprehensive cost of property insurance companies dropped 1. 47, 5. 24 and 18. 62 percentage points year on year and made a profit of 517 million yuan. In Hunan province, the ratios of compensation, comprehensive expenditure and comprehensive cost of property insurance companies decreased 10. 57, 3. 95 and 14. 52 percentage points year on year and made a profit of 607 million yuan along with 89. 47% property insurance companies making positive profits. Although Jiangxi province was negatively affected by large flood, property insurance sector made a profit of 135 million yuan as profit - making companies increased from 4 to 8.

The following factors had exerted influence on the sustainability of profitability of insurance institutions. To begin with, the underwriting business of insurance companies was affected by the adjustment of monetary policy. In terms of raising interest rates, the benchmark interest of one - year deposit reached 2. 75% at the end - 2010, higher than assumed interest rate cap set by traditional life insurance. That had put more pressures on the selling of traditional life insurance, boosted the cost of insurance policies such as universal insurance and participating insurance and possibly lifted surrender ratio of insurance. Second, the adjustment of new regulatory rules had exerted short - term impact on insurance sector. In Nov. 2010, CBRC released *Notice of China Banking Regulatory Commission on Further Strengthening the Sales Compliance and*

Risk Management of the Bancassurance Business of Commercial Banks and prohibited insurance companies selling insurances at the site of commercial banks. Due to high dependence on bancassurance business channel, the growth of the premium of insurance companies plunged remarkably in the fourth quarter of 2010 after the release of the new rule. Third, frequent disasters put high pressures on surrender of insurance companies. In 2010, central region encountered continuously heavy disasters such as freezing rain and snow storm, flood and drought, which caused the dropping of the growth of premium income and the rising of compensation quarter by quarter. At the end -2010, insurance sector of central region saw a cumulative expenditure of 57.023 billion yuan for claims and payments, increased by 4.91% percentage point year on year, 2.01 percentage points higher than that of the previous year. The growth of expenditure for claims and payments in property insurance and agricultural insurance reached 17.96% and 38.18% respectively.

4.2.6 Insurance coverage had been increasingly enlarged, but industrial practices need to be further regulated

In recent years, insurance sector in central region had remarkably improved its competitive advantage along with steady enhancing of insurance coverage. In 2010, insurance density and penetration in central region amounted to 757.37 yuan per person and 3.26%, an increase of 184.42 yuan per person and 0.24 percentage point than the previous year. The coverage of agricultural insurance and rural petty life insurance had been further enlarged. In 2010, the insurance coverage of planting industry in Anhui province reached over 90%, up 30 percentage points than the previous year. Premium income from poultry rising and planting industries in Shanxi province increased 40.5% year on year. In Hubei province, rural petty life insurance was provided for over 2.31 million peasants. Insurance sector also offered the construction of important engineering projects with insurance services. In 2010, insurance sector of Shanxi province underwrote over 70 billion yuan for important engineering projects in the region. Insurance sector of Hunan province provided engineering insurance services for over 85 billion yuan of important engineering project including express roads and subways along with 54 million yuan of expenditure for claims and payments in 2010. Liability insurance products developed rapidly in the fields such as education, medical treatment, transportation, tourism and dangerous industries. In 2010, the trail domain of liability insurance in Hunan province had expanded to the fields such as environmental pollution, medical liability and safety guarantee of dangerous industries. Underwriting of liability insurance reached 372 billion yuan and expenditure of claims and payments totaled 125 million yuan in Hunan province.

However, some illegal business practices of insurance sector still existed. In property insurance sector, the phenomenon such as cheating behaviors in insurance brokerage business and agricultural insurance, denying accident – compulsory insurance and price inconsistency between regulatory reporting and actual underwriting certificates still existed. In life insurance sector, some institutions had misleading behaviors that deteriorated to overstate returns and keep back necessary disclosed items.

4.2.7 Quantitative Assessment

According to the results of quantitative assessment, central region scored 83.8 in term of the conditions of financial stability in 2010, an increase of 1.7 than the previous year. The score fell into a steady range, but was still lower than the average level of the nation by 3.8. Data also indicated that central region scored higher than nationwide average in term of banking, securities and insurance sectors, but scored comparably low in term of macro – economy and financial ecological environment (Figure 16).

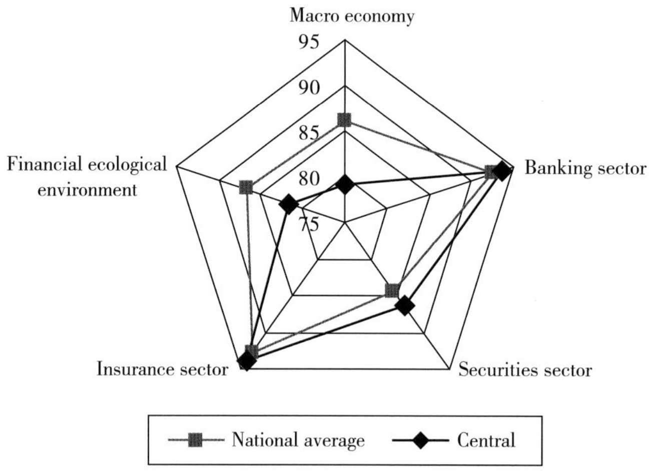

Figure 16 Financial stability status of central region compared with national average in 2010

In term of the changes of specific indicators (Table 10), 13 indicators of central region improved, 4 indicators were lower than the previous year and 8 indicators maintained the same level of the previous year. Driven by positive factors such as modest growth of investment of fixed assets, rebounded import & export, inflow of FDI, substantial growth of the income of urban & rural residents, drop of prices and improving employment status, central region scored higher than previous year in terms of macro – economy. However, the issues like slowing down of the growth of the tertiary sector and surging housing prices still need to be concerned. Although banking sector confronted tight liquidity status, capital adequacy, asset quality and profitability were improved moderately and helped banking sector to score higher than the previous year. Influenced by the drop of profitability of securities institutions, securities sector scored slightly lower than the previous year. Due to the surge of premium income, the score of insurance sector increased. Influenced by higher score in legal environment questionnaire and higher density of banking services, the score of financial ecological environment improved moderately year on year.

Table 10 Assessment indicators and changes in central regions in 2010

Type of Indicators		Change	Assessment Indicators	Change		
				Improved	Stable	Worse
Macro economy		↑	Growth rate of GDP		√	
			Growth rate of tertiary industry added Value			√
			Growth rate of social fixed assets investment	√		
			Growth rate of gross retail sales of consumer products		√	
			Growth rate of real utilization of foreign capital	√		
			Growth rate of total amount of import and export	√		
			Growth rate of total disposable income of urban households	√		
			Growth rate of per capita net income of rural households	√		
			Consumer price index	√		
			Registered unemployment rate in urban area	√		
			Sales price index of real estate in typical cities			√
Financial Institutions	Banking	↑	Core capital adequacy	√		
			Non - performing loan rate	√		
			Profit to assets ratio	√		
			Liquidity ratio			√
	Securities	↓	Net capital adequacy rate		√	
			Net capital loan ratio		√	
			Profit to assets ratio			√
	Insurance	↑	Surrender rate in life insurance companies		√	
			Premiums receivable rate		√	
			Growth rate of premium income	√		
Financial Ecological Environment		↑	Comprehensive score of legal environment questionnaire	√		
			Local financial revenue to GDP		√	
			Intensity of banking services	√		
			Coverage rate of credit reference database		√	

Note: Symbol " ↑ " in this table stands for improving, symbol " ↓ " stands for worsening, symbol "→" stands for stability.

Based on historical data of regional financial stability status (Figure 17), comprehensive financial stability of central region maintained at a steady level and fluctuated in a narrow range. In terms of the changes of specific indicators, affected largely by economic cycle the score of macro economies rallied after dropping for continuous 3 years and showed a U - shape trend. Banking sector maintained ascending trend since 2008 along with stronger stability. Due to marketvolatility, the score of securities companies fluctuated largely. The score of insurance sector maintained an ascending trend at a high level for 3 years since it dropped in 2007. The score of financial ecological environment climbed moderately, but stayed at a comparably low level.

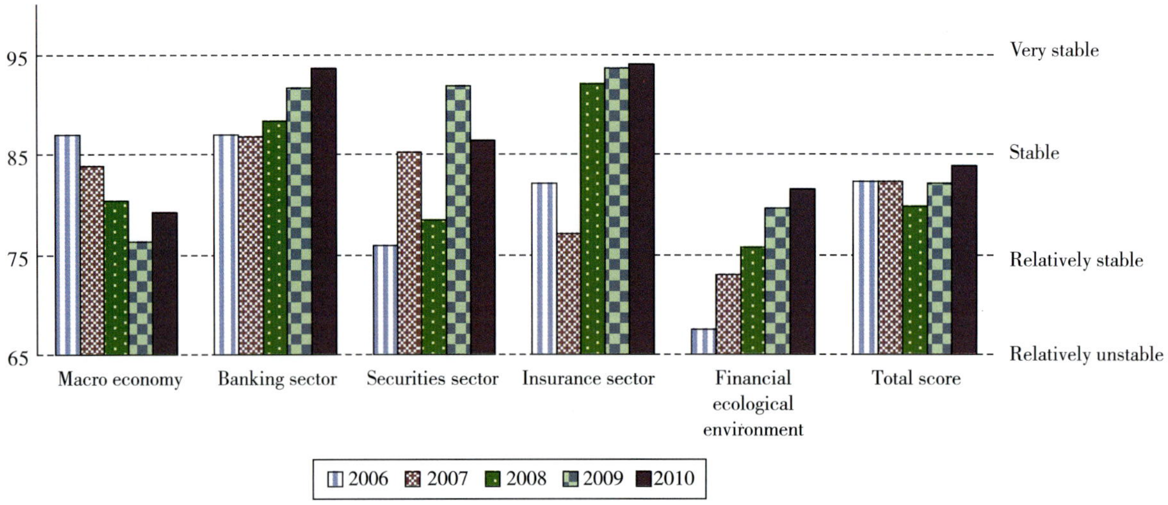

Figure 17 Financial stability of the central region, 2006—2009

4.3 Western region

The year 2010 is the tenth year of the implementation of the Western Development strategy. Faced with complex economic and financial environment and outbreaks of severe natural disasters, the western region implemented fully the state's macro – control policy and regional development strategies and achieved initial success. In general, the economy and society maintained the momentum of steady and rapid development. The scale of asset liabilities of the banking sector continued to grow. Its profitability and asset quality were further improved, with abundant overall liquidity. Listed companies expanded in scale and increased their ability of direct financing. Steady development was observed in the insurance sector whose role in risk compensation and social security was enhanced. Financial infrastructure construction made further progress and the financial system on the whole performed stably.

4.3.1 The secondary industry stimulated rapid economic growth, but the internal driving force of economic growth was still insufficient

In 2010, the western region maintained a rebound trend. The full year GRP achieved 8.08

trillion yuan, an increase of 14. 16% year on year, up 0. 61 percentage point from the previous year. Specifically, GRP of the Inner Mongolia Autonomous Region and of Shaanxi Province exceeded one trillion yuan for the first time, and Chongqing's 17. 1% growth rate ranked first in the western region. Regarding the structure of the three industries, the primary industry and tertiary industry recorded different degrees of decline in the growth of value added while the secondary industry, especially the industrial sector, became an important engine for economic growth. As of the end of 2010, the growth of the secondary industry reached 4. 05 trillion yuan, an increase of 18. 85% year on year, up 2. 34 percentage points over the previous year, accounting for 50. 09% of GDP, up 2. 85 percentage points over the previous year. Meanwhile, in as many as nine provinces in the western region, growth rates of above – scale industries exceeded the national average. Guangxi and Chongqing, both registering a 23. 7% growth rate, came in first of the nation. While the western economy has maintained rapid growth, the internal driving force for economic development remains to be further improved. On the one hand, contribution of consumption and foreign trade to regional economic growth was still limited. In 2010, retail sales of social consumer goods totaled 2. 69 trillion yuan, rising18. 84% in nominal terms, 0. 35 percentage point lower than that of the previous year. After adjusting for inflation, the real growth rate fell nearly 4% over the previous year. With the gradual exit from consumption stimulus policy, whether autonomous consumption can become the new highlight of consumption growth deserves attention. In foreign trade, imports and exports of the western region in 2010 grew rapidly, but the total volume was still small. Full – year imports and exports totaled $ 128. 256 billion, an increase of 39. 97% year on year, representing only 4. 31% of the national total. On the other hand, the over – reliance of western economic growth on state investment was not fundamentally changed. In the funding of investment projects, government budgetary funds and bank loans still grew rapidly. With the second round of western development under way, issues such as fully stimulating domestic demand and actively encouraging the participation of private investment in social and economic activities call for attention.

4. 3. 2 The quality of banking sector assets continued to be improved while the rise in long and medium – term loans became more evident

By the end of 2010, in the western region, the outstanding balance of domestic and foreign currency deposits in the banking sector was 12. 54 trillion yuan, an increase of 23. 04% year on year. The outstanding loans posted 8. 85 trillion yuan, an increase of 23. 24% year on year. The growth rates of deposits and loans declined from the previous year, but were still higher than the national average. The loan to deposit ratio in banking financial institutions was 70. 58% , falling by 0. 48 percentage point compared with the end of 2007 before the crisis.

Performance of the banking sector, its asset quality and its anti – risk capacities were improved. In 2010, total book profit of the banking industry in the western region reached 204. 929 billion yuan, an increase of 48. 16% year on year, maintaining a growth rate above 40% for two consecutive years. All the western provinces, except Qinghai and Tibet, recorded reductions in both the ratio and outstanding balance of non – performing loans. Banking institutions in the region stepped up provision – related efforts. The provision coverage ratio of locally incorporated financial institutions increased substantially so that the anti – risk ability was improved. The average provision coverage ratio of city commercial banks in Sichuan Province reached 338. 4% , an increase of 150. 57 percent year on year. The ratio of locally incorporated banking institutions in Gansu Province reached 71. 45% , an increase of 23. 37 percentage points over the previous year. The ratio of locally incorporated banking institutions in Shaanxi Province hit the high of 73. 28%.

It is noteworthy that long and medium – term loan growth in the western region was still obvious. By the end of 2010, outstanding long and medium – term loans in the western region reached 5. 84 trillion yuan, an increase of 1. 21 trillion yuan compared to the beginning of the year, an increase of 26. 37% over the same period last year, accounting for 92% of full – year loan growth. Particularly, the increase in long and medium – term loans in Shaanxi Province surpassed full – year overall loan growth, and long and medium – term loan growths in provinces such as Yunnan and Gansu were close to full – year overall loan growth. The proportion of long and medium – term loans in total loans in western region was 65. 64% , while the proportion in Chongqing was 80% , 20 percentage points higher than the national average. The accelerated growth of long and medium – term loans caused pressure on the control of aggregate loans and made it more difficult for banks to improve their loan structure, pushing up potential credit risk and liquidity risk. As a significant part of long and medium – term loans in the region has been invested in infrastructure projects, the overall risk of these loans may intensify if there are adjustments and changes in policies for land, fixed asset investment, utility charges etc.

4. 3. 3 The scale of listed companies expanded, but resources in reserve for listing were relatively limited

In 2010, due to factors such as economic recovery and restart of IPOs, the total of listed companies and that of financing in the western region both hit new high. 31 companies were listed domestically in the year, with five of them listed on the main board market, 14 on the SME board and 12 on the GEM. By the end of 2010, there were 336 listed companies in the region, with 269 on the main board, 49 on the SME board and 18 on the GEM. The total share capital reached 180. 291 billion shares, an increase of 34. 181 billion shares year on year; total market capitalization reached 2 565. 923 billion yuan, an increase of 27. 02%. The funds raised in the year amounted to 186. 585 billion yuan, an increase of 161. 52% year on year. Specifically, 147. 665 billion yuan, 36. 293 billion yuan and 2. 627 billion yuan were raised through IPOs, offering of additional shares and share placement. With the gradually advancement of the western development strategy and the intensification of capital market infrastructure construction, capital market has become a strong driving force for in - depth economic development of the western region.

Listed companies in the region were mainly distributed in industries such as chemistry, nonferrous metal smelting, electric power, machinery manufacturing, property development and retail. Most of them are leading enterprises in the region or in the industry. But some listed companies lacked the dynamism for future development. Some even had large risk in business management. At the same time, due to weak economic foundation and the low level of overall development, the western region was relatively lacking in resources ready to be listed. Companies preparing to be listed shared problems such as small scale and lack of competitiveness, far from meeting the conditions for listing. Take a western province for example. There were nearly 70 companies on the list of candidates to go public, but 60% of them had not finished restructuring and less than 20 companies completed restructuring and met listing requirements. Of the 8 companies that were undergoing the counseling period and registered with agencies concerned, only 2 companies passed counseling check and submitted application materials to the CSRC. The lack of resources in reserve for listing has become a major constraint of the sustainable development of the capital market in the western region.

4. 3. 4 The insurance industry played a significant role in securing people's livelihood and the follow - up influence of bancassurance policy called for attention

In 2010, the insurance industry in the western region gave full play to its role in compensation. First, in the process of responding to natural disasters, the insurance industry actively participated in disaster relief, and played an active role in stabilizing life and production in disaster areas and supporting post - disaster reconstruction. Insurance agencies paid 16. 299 million yuan of claims for the damage caused by debris flow in Gansu Province Zhouqu, and made outstanding contributions to reconstruction. In response to severe drought and the devastating landslide that occurred in Guanling on June 28, insurance institutions in Guizhou Province brought into full play its role in supporting people's livelihood. Second, insurance related to *ARF* made breakthroughs. In Guangxi Province, a pilot program on agricultural insurance was carried out in Tiandong to establish rural housing insurance system, promote rural small life insurance and other measures, and actively push forward insurance related to *ARF*. In Gansu

Province, the scope, entitled area, and ratio of policy agricultural insurance subsidies were expanded. And pilot program was actively introduced to commercial agricultural insurance. Agricultural insurance business expanded. The province's total agricultural insurance premium income reached 55.5943 million yuan, an increase of 46.18% year on year. In Chongqing, rural small life insurance covered 195 000 people, rural migrant worker accident insurance benefited 445 000 workers, and rural health care liability insurance provided 67.72 million yuan of risk protection for 814 rural primary health care institutions. Claim payment by agricultural insurance in Shaanxi totaled 120 million yuan, an increase of 11.2% year on year.

At the same time, the insurance industry in the region had high reliance on bancassurance sales channels. Attention should be paid to the possible influence of bancassurance policy changes on continuous growth in premium income in the western region. Currently, the proportion of some institutions' income through bank distribution channels was more than 90%. With the issuance of the *Notice of China Banking Regulatory Commission on Further Strengthening the Sales Compliance and Risk Management of the Bancassurance Business of Commercial Banks*, the release of stagnation bancassurance sales were banned, unqualified banking and insurance products were cleared out of the market, and insurance agency business of commercial banks was standardized. However, in the restructuring of bancassurance products, their sales dropped, and the premium income of insurance companies declined. So attention should be paid to the possible influence of bancassurance policy changes on continuous growth in premium income in the western region.

4.3.5 The response of financial institutions to natural disasters was effective, but the financial sector's emergency management system called for further improvement

With complex geological conditions, natural conditions and relatively fragile eco – environment, the western region is China's natural disaster – prone area. The Wenchuan and Yushu earthquake, drought in the southwest region, Zhouqu torrential debris flow occurred one after another in recent years. These disasters not only caused great loss of life and property, but also had significant adverse macroeconomic effects on the western region. In the face of various severe natural disasters and emergencies, financial institutions in the western region committed themselves to disaster relief, emergency handling and support for post – disaster reconstruction. Their efforts paid off.

Due to features of natural disasters, such as sudden and strong traits, large damaging area, wide coverage, difficulties in relief, the current financial emergency management system still faces some difficulties and challenges in responding to various types of sudden natural disasters. First, financial laws concerning relief for major emergencies are lacking. Although China has enacted a series of relevant laws and regulations for handling unexpected events, such as the *Law on Protecting Against and Mitigating Earthquake Disasters* and the *Emergency Handling Law*, legislation on legal consequences and disaster relief remains insufficient. Due to the lack of financial relief law and weak awareness of disaster prevention and insurance, in the event of natural disasters, loss prevention function of the financial sector cannot be brought into full play. Second, the disaster backup and recovery system is lacking. Most financial institutions' disaster backup systems already built have not met the requirements set by regulatory agencies for disaster management. Many local financial institutions have not yet set up a disaster backup system. This is very unfavorable for the continuing operation of the financial system in this natural disaster – prone region.

4.3.6 Financial eco – environment construction was carried out in depth and the environment for financial operation gradually improved

In 2010, the western region attached more importance to the financial eco – environment construction. The environment for financial operation was improving. Government – led general planning of regional financial eco – environment was in full swing, offering effective solutions to difficulties and problems encountered in the construction of financial eco – environment. The construction of payment and settlement systems in the western region made good progress. The payment and settlement network was gradually improved. The management of non – financial institutions' payment services continued to be strengthened. Effectiveness of the credit information system construction presented significantly. By the end of 2010, coverage ratios of credit information database in the western region were above 70%, provinces with highest coverage hitting 100%. The Enterprise credit information system stored outstanding loans of 6.379612 trillion yuan, an increase of 36.09% year on year. Anti – money laundering continued to be pushed forward, with gradually improved coordination mechanism, full play of the fundamental role of off – site supervision, and achievements in investigation of cases.

The foundations for western regional financial eco – environment continued to be solidified, but problems are present. The payment and settlement system, for example, still had some imperfections. And there were disorderly competition and illegal activities in the promotion of non – cash payment instruments. There was in lack of effective means to monitor commercial banks – line payment transactions within the integrated business information system. Since non – bank information was updated out of time, the credit information system needed to be further improved. Money laundering risks triggered by various criminal activities still remained. Small and medium financial institutions lack financial management knowledge, with weak understanding of the legal system, imperfect regulations, weak executive power and poor risk control, which caused some difficulties in the prevention of financial cases.

4.3.7 Quantitative assessment

As shown by the quantitative assessment results, financial stability in the western region in 2010 has a comprehensive score of 86.0 points, 3.5 points higher than the previous year, which is in the stable range, 1.6 points lower than the national average. Specifically, macro economy, banking, securities and insurance all score points close to the national average, but score of the financial eco – environment still lags behind (Figure 18).

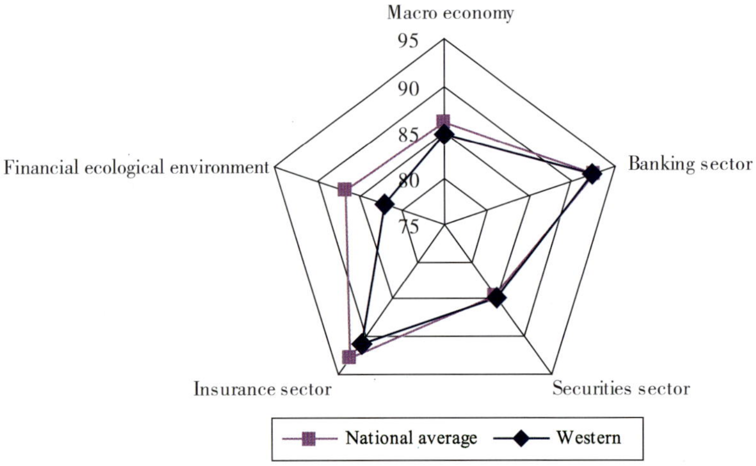

Figure 18 Financial stability status of western region compared with national average in 2010

Judging from changes in specific indicators (Table 11), a total of 12 indicatorsfor the western region improved compared with the previous year, 5 indicators declined from the previous year and 8 indicators were roughly flat with the previous year. Regarding the macro economy, the tertiary industry growth slowed down, property prices increased relatively fast, fixed asset investment registered rational growth, imports, exports and utilization of foreign investment improved, income of urban and rural residents grew, the price level fell slightly, employment improved, and macro economy scored higher points than the previous year. For the banking sector, scores declined as a result of tighter liquidity in spite of improved capital adequacy of financial institutions. Due to the fall in profits, scores of the securities industry dropped. For the insurance industry, under the influence of a substantial increase in premium income, the score improved. For the financial eco – environment, the proportion of local fiscal revenue, banking services and credit coverage density has been enhanced, so the score increased significantly over the previous year.

Table 11 Assessment indicators for the western region and changes in 2010

Category		Change	Assessment Indicators	Change		
				Upward	Stable	Downward
Macro economy		↑	Growth rate of GDP		√	
			Growth rate of tertiary industry added value			√
			Growth rate of social fixed asset investment	√		
			Growth rate of gross retail sales of consumer products		√	
			Growth rate of actual utilization of foreign capital	√		
			Growth rate of total imports and exports	√		
			Growth rate of disposable income of urban residents	√		
			Growth rate of per capita net income of rural residents	√		
			Consumer price index	√		
			Urban registered unemployment rate	√		
			Property sales price index for representative cities			√
Financial Institutions	Banking	↓	Core capital adequacy	√		
			Non – performing loan ratio		√	
			Profit to assets ratio		√	
			Liquidity ratio			√
	Securities	↓	Net capital adequacy rate		√	
			Net capital loan ratio		√	
			Profit to assets ratio			√
	Insurance	↑	Surrender rate of life insurance companies		√	
			Premium receivable rate		√	
			Premium income growth rate	√		
Financial Eco – environment		↑	Comprehensive rating of legal environment			√
			Local fiscal revenue to GDP ratio	√		
			Density of banking services	√		
			Coverage rate of credit reference database	√		

Note: " ↑ " in the table stands for improvement, " ↓ " stands for decline, "→" stands for stability.

Taking historical data into account, financial stability tendency in the western region maintained a continuous upward trend over the years (Figure 19). Specifically, the score of macro – economy had fluctuated slightly around 85 points, except for the sharp fall in 2009 brought about by the financial crisis. The scores of banking and insurance were mostly on an upward trend over the years. The score of the banking sector saw greater improvement, rising from less stable range to stable range. The score of the securities industry was around 85 points since 2007. Financial eco – environment scored relatively low points, which however had recorded rises of varying degrees over the years since 2008.

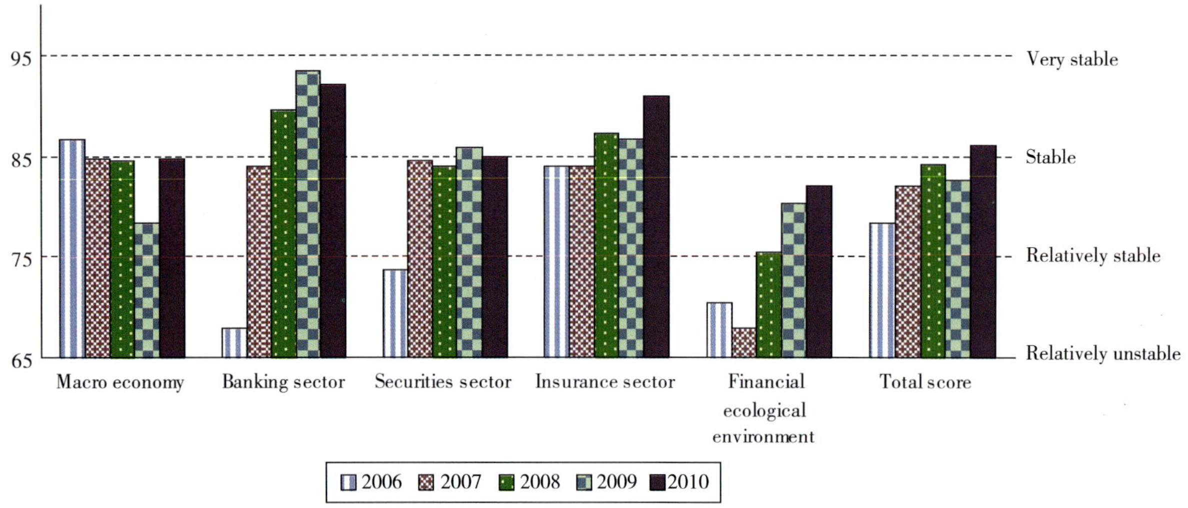

Figure 19　Financial stability of the western region, 2006—2010

4.4　Northeastern region

In 2010, the northeastern region conscientiously implemented instructions of the CPC Central Committee and the State Council on the revitalization strategy. Economic and social development in the region maintained sound momentum. In December, the State Council forwarded the *Guiding Opinions on Accelerating the Transformation of Agricultural Development Mode in the Northeast Region to Build Modern Agriculture*. The northeastern region accelerated the pace of modern agriculture. The project of increasing grain production was smoothly implemented in Heilongjiang Province and Jilin Province. Industrial economic performance improved significantly and the tertiary industry was flourishing. Income of urban and rural residents especially that of rural residents, increased steadily. But the task of industrial upgrading is still arduous. Economic growth relied heavily on investment. The growth gap between the three northeast provinces tend to be further expanded. More work should be done to stimulate the internal driving force for the development of the old industrial base of Northeast China, improve the modern industrial system, accelerate the development of emerging industries and the service sector, strengthen environmental protection and promote sustainable development of resource – based cities.

4.4.1　GRP maintained rapid growth, but economic growth mode called for improvement

In 2010, the northeast region's GRP reached 3.71 trillion yuan, an increase of 13.59% year on year. Investment growth remained high, with total fixed asset investment rising 32.11%

year on year to rank first in the four regions, 11. 22, 4. 14 and 7. 25 percentage points higher than the eastern, central and western regions respectively. Fixed asset investment in the northeastern region accounted for 11. 0% of that across the country in 2010, up from 9. 7% in 2006. Consumption was active in the region. Contributions of consumer demand to regional economic growth increased. In 2010, total retail sales of social consumer goods in Northeast China increased by 18. 7%. Specifically, in Liaoning, Jilin and Heilongjiang provinces, total retail sales of social consumer goods increased by 18. 6%, 18. 5% and 19. 0% respectively, higher than the national average. The economy was strongly export - oriented. In 2010, total imports and exports in the northeastern region grew by 35. 3% year on year, taking up 4. 1% of the national total in 2010, up from 3. 9% in 2006. In Liaoning, Jilin and Heilongjiang provinces, total imports and exports were up 28. 2%, 43. 5% and 57. 1% year on year respectively. Foreign investment increased significantly. In 2010, actual utilization of foreign direct investment in the northeast region reached USD 24. 69 billion. Specifically, Liaoning Province rose from sixth in the country in 2005 to the second place.

However, economic growth in the northeastern region mainly relied on the push of investment. In 2010, fixed asset investment in Northeast China was equivalent to 82. 8% of GRP, with that of Jilin accounting for 112. 1% of its GRP and that of Liaoning taking up 87. 7% as compared with the national average of 69. 8% in the same period and 51. 07%, 75. 12% and 79. 46% for eastern, central and western regions respectively. Meanwhile, the income growth of urban residents in 2010 in northeastern region was relatively slow. The per capita disposable income of urban residents was 15 893 yuan, 83. 1% of the national average. The per capita disposable income of urban residents in Liaoning, Jilin and Heilongjiang increased by 9. 3%, 10. 1% and 10. 3% year on year respectively, 2, 1. 2 and 1 percentage points lower than the national average respectively. Due to high food prices, the per capita net income of rural residents in the northeastern region increased rapidly in 2010, but farmers' income relied heavily on farming, a sign that foundations for continuous income growth were not yet solid.

4. 4. 2 The industrial economy recorded sound performance, but the task of industrial optimizing and upgrading was still arduous

In 2010, valueadded of above - scale industrial enterprises in the northeastern region increased by 17. 6% year on year, up by 2. 1 percentage points from a year earlier. Value added of above - scale industrial enterprises in Liaoning, Jilin and Heilongjiang Province grew by 17. 8%, 19. 9% and 15. 2% respectively year on year, up by 1. 0, 3. 1 and 3. 1 percentage points from a year earlier. Above - scale industrial enterprises in the three provinces realized profits of 135. 03 billion yuan, 79. 47 billion yuan and 107. 16 billion yuan respectively, up by

50. 1% , 66. 4% and 25. 2% respectively. Key enterprises maintained sound growth momentum. Output of FAW Group's exceeded 310 billion yuan. Sales revenue of Harbin Electric Corporation was over 35 billion yuan. Profit of Wafangdian Bearing Group Corporation increased by 45. 5% year on year, with import substitution products in support of major technological equipment accounting for 65% of products sold. Profits of key equipment manufacturers such as Shenyang Machine Tool, Northern Heavy Industries and Dalian Heavy Industries significantly increased. However, industrial upgrading is still arduous. As the economy continued to rebound, productions of iron and steel, metallurgy, chemical industry, production of high energy consumption in the northeastern region began to rise. And there were problems with new projects, such as concentrated fields and similarity in technology and products. Clusters of emerging industries had not yet taken shape. The modern industrial system called for immediate improvement. In 2010, energy consumption per unit of GDP in Northeast China was higher than the national average. In Jilin and Heilongjiang provinces, the proportion of the tertiary industry was significantly lower than the national average.

4. 4. 3 The construction of financial eco - environment achieved remarkable progress, but the rebound in non - performing loans caused pressure

Financial eco - environment in the northeast region was markedly improved. The virtuous interaction between economy and finance was beginning to take shape. The northeastern region's attraction for capital began to show. Most domestic banks changed their regional policy of increasing deposits and limiting loans. By the end of 2010, outstanding loans of banking institutions in the northeastern region increased by 19. 62% year on year, and the outstanding balance of deposits increased by 18. 22% year on year. Credit awareness was significantly enhanced in the region. All the local governments attached importance to credit construction in improving local economic environment. Enterprises paid more attention to their credit record. And evasion of bank debts was effectively checked. Some cities in the region, such as Dalian, Harbin, Daqing and Yingkou, have joined the ranks of national financial ecological cities successively.

In recent years, financial risks left over from past history in the northeastern region have largely been resolved, bringing up the asset quality of banking institutions significantly. Both of the outstanding and ratio of non - performing loans continued to decline. By the end of the year, outstanding non - performing loans fell by 2. 04% year on year and the non - performing loan ratio was 6. 12% , down by 1. 35 percentage points over the previous year. Specifically, the non - performing loan ratio in Heilongjiang Province dropped to single - digit level for the first time, achieving a historical breakthrough. Meanwhile, the economic and financial situation became more complicated. Banks in the region faced considerable uncertainties in the external environment. Risk control pressure was significant and so was the pressure of a rebound in non – performing loans. First, there were potential risks in property market – related loans. In 2010, against the backdrop of tightening control over the property market, the growth of property development loans in the northeastern region dropped significantly. However, by the end of 2010, property development loans of banking institutions in the region registered an outstanding balance as high as 239. 07 billion yuan, up by 19. 03% year on year. In Liaoning Province, property development loan growth rate was 38%, 17 percentage points higher than the province's average loan growth. With further tightening of property control, pressure on developers' fund chain mounted. Some of the weaker developers may face the risk of break in capital strand. Second, there is potential risk in the large share of medium and long – term loans. By the end of 2010, outstanding medium and long – term loans in the northeastern region posted 2. 031024 trillion yuan, an increase of 34. 38% year on year, accounting for 59. 23% of total outstanding loans. In 2010, cumulative growth of medium and long – term loans of banking institutions in the region was 497. 325 billion yuan, accounting for 88. 43% of overall loan growth. The overly high proportion of medium and long – term loans, possibly leading to liquidity risk and credit risk, calls for attention. Third, there was risk in loans from local government financing platform. Many of these loans were issued to tackle the financial crisis so that there were problems with regulatory compliance of borrowers and lenders, legitimacy of local government guarantee, cash flow of related projects and ways of guarantee. Work needs to be done to prevent and control the spread of risks from local government finance to the banking system.

4.4.4 The financial service system for rural areas saw rapid development, but risk management of locally incorporated financial institutions called for improvement

Efforts were made to push forward rural financial system construction in the northeastern region. The Agricultural Bank of China launched a pilot program in Jilin Province to set up county – level the development of *ARF* – related banking business divisions. The reform of rural credit cooperatives went ahead steadily. The building of new – type rural financial institutions was in full swing. By the end of 2010, 4 rural cooperative banks and 8 rural commercial banks were established on the basis of the existing rural credit cooperatives in the region. Of the new – type rural financial institutions, there were 63 village and township banks, 9 credit union funds, 2 finance companies. With the deepening of reform of agriculture – related financial services, rural financial services made remarkable achievements in product innovation. The Issuance of agriculture – related loans increased over the years, providing strong support to the development of rural areas, agriculture and farmers. By the end of 2010, outstanding agriculture – related loans of financial institutions in the region reached 776. 656 billion yuan, up by 61. 98% compared to 2008. Specifically, outstanding loans to farmers were 211. 652 billion yuan, up by 85. 81% compared to 2008 (Table 12).

Table 12 Rural financial institutions in the northeastern region

	2008	2009	2010
Rural Cooperative Bank	3	5	4
Rural Commercial Bank	2	3	8
Village and Township Bank	7	29	63
Mutual fund	1	3	9
Loan Company	1	2	2

Sources: Shenyang Branch, Changchun Sub – Branch and Harbin Sub – Branch of People's Bank of China.

In recent years, locally incorporated financial institutions, including new – type rural financial institutions and urban commercial banks, have been expanding rapidly, but the problem of putting more weight on scale rather than quality cannot be ignored. First, some of the new – type rural financial institutions had poor awareness of capital constraints, ignoring the constraint of capital scale on business development and expanding business beyond risk tolerance. Second, the growth of loans extended by locally incorporated financial institutions stayed high, but these institutions were relatively weak in overall strength, with their risk supervision indicators showing unsatisfactory average compliance.

4.4.5 IPO financing achieved major breakthroughs, but overall development of the securities industry was unsatisfactory

In 2010, direct financing in the northeastern region achieved new breakthroughs. For the full year, 13 companies were listed domestically, raising 20. 625 billion yuan through IPOs, 5. 78 times that of the previous year. Specifically, there were another 4 domestically listed companies in Heilongjiang Province, raising 13. 744 billion yuan through IPOs, surpassing the province's total of past IPO financing and achieving a historical breakthrough. By the end of 2010, there were 126 domestically listed companies in the region, raising 46. 117 billion yuan for the full year, 1. 34 times that of the previous year. There were 30 domestically listed companies in Heilongjiang Province, raising 14. 494 billion yuan for the full year, 9. 66 times that of the previous year. But generally, the development of securities markets in the northeastern region still lagged behind the national average. First, total capital raised was still small. The number of listed companies in the region only accounted for 6. 07% of the national total, and 4. 11% of fund – raising. Second, securities brokerage and proprietary business still dominated the businesses of securities firms in the region. All their businesses ranked low in the 106 securities firms across the country. The capacity to assist enterprises to issue bonds, or to promote IPO and M&A was limited. Third, development of incorporated futures companies was slow. In the classified supervisory assessment of futures companies across the country, most companies were at the medium level, and some companies failed to meet some assessment standards. Moreover, locally incorporated futures companies had relatively small capital, margin and trading volume and were less competitive on the market.

4.4.6 Agricultural insurance developed steadily and further development called for policy support

Due to the central government's policies to support and benefit agriculture, agricultural insurance in the region recorded considerable development. In 2010, agricultural insurance in the northeastern region achieved a total premium income of 2.584 billion yuan, up by 4.91% over the previous year; claim payment of agricultural insurance was 1.453 billion yuan, down by 32.23% year on year. Specifically, in Jilin Province, the size of premium income, the number of insured farmers and the coverage of agricultural insurance hit new high and agricultural insurance maintained full coverage. Policy – related agricultural insurance premium income was 0.798 billion yuan, up by 36.7% year on year, accounting for 99.5% of total agricultural insurance premium income. The number of insured farmers accounted for 64.6% of the total number of farmers in the province, increasing by 6.1 percentage points over the previous year. Although agricultural insurance developed rapidly, legal protection and policy support were still lacking. As it was difficult to set up an effective sharing mechanism for the risk of extraordinary agricultural disasters, extensive natural disasters were hard to bear. For lack of funding for local fiscal subsidies, county – level governments were reluctant to promote agricultural insurance. Insurance companies were faced with difficulties caused by insufficient premium income to cover payments.

4.4.7 Quantitative assessment

As shown by quantitative assessment results, the comprehensive score for financial stability in the northeast region in 2010 was 84.7 points, almost unchanged from the previous year, which was in the relatively stable range, 2.9 points lower than the national average. Specifically, scores of macro economy, banking, securities and insurance were close to the national average, but there are still gaps in the scores of the securities industry and financial eco – environment (Figure 20).

Judging from specific indicator changes (Table 13), a total of 13 indicators improved in the northeastern region compared with the previous year, 7 indicators declined over the previous

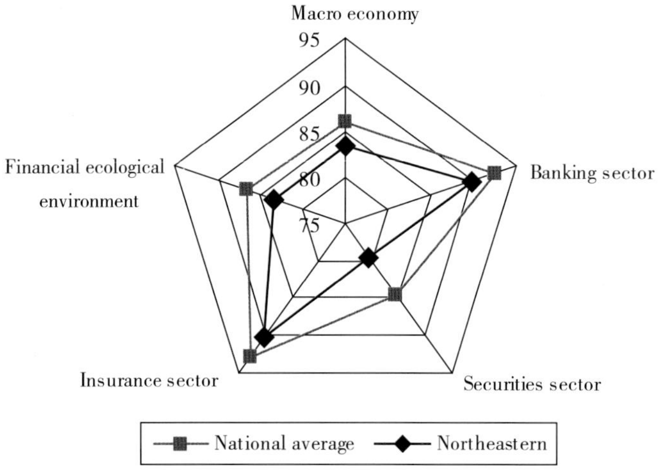

Figure 20 Financial stability status of northeastern region compared with national average in 2010

year and 5 indicators were roughly flat with the previous year. Regarding macro economy, although the tertiary industry growth slowed down and actual utilization of foreign investment recorded excessive growth, the score increased significantly over the previous year, boosted by positive factors such as rationalization of overall economic growth, coordinated growth of investment and consumption, improvement in imports and exports, income rises for urban and rural residents, drops in general price level and property prices and improved employment.

Table 13 Assessment indicators for the northeastern region and their changes in 2010

Category	Change	Assessment Indicator	Change		
			Upward	Stable	Downward
Macro economy	↑	Growth rate of GDP	√		
		Growth rate of tertiary industry added value			√
		Growth rate of social fixed asset investment	√		
		Growth rate of gross retail sales of consumer products	√		
		Growth rate of actual utilization of foreign capital			√
		Growth rate of total imports and exports	√		
		Growth rate of disposable income of urban residents	√		
		Growth rate of per capita net income of rural residents	√		
		Consumer price index	√		
		Urban registered unemployment rate	√		
		Property sales price index for representative cities	√		

Category		Change	Assessment Indicator	Change		
				Upward	Stable	Downward
Financial Institutions	Banking	↓	Core capital adequacy		√	
			Non – performingloan ratio	√		
			Profit to assets ratio	√		
			Liquidityratio			√
	Securities	↓	Net capital adequacy rate			√
			Net capital loan ratio		√	
			Profit to assets ratio			√
	Insurance	↑	Surrender rate of life insurance companies	√		
			Premium receivable rate		√	
			Premium income growth rate	√		
Financial Eco – environment		↓	Comprehensive rating of legal environment			√
			Local fiscal revenue to GDP ratio		√	
			Density of banking services		√	
			Coverage rate of credit reference database			√

Note: " ↑ " in the table stands for its improvement, " ↓ " stands for decline and "→" stands for stability.

For the banking sector, capital quality and profits of financial institutions were improved, but scores declined as a result of tighter liquidity. For the securities industry, due to drops in their net capital adequacy and level of profits, the score fell. For the insurance industry, due to the decline in surrender rates and the substantial increase in premium income, the score improved dramatically. For financial eco – environment, the score fell on lower legal environment survey results and credit database coverage.

Taking historical data into account, financial stability in the northeastern region stabilized around 85 points after three years of steady increase (Figure 21). Specifically, the score of macro economy, slightly affected by the financial crisis, maintained upward trend over the years. The scores of banking slightly declined in 2010 following the drop in 2007 and the significant increase in 2008. The score of the securities industry mostly followed the trend of the stock market, which was similar to a "W" upside down. The score of insurance remained an upward trend over the years, except for a slight fall in 2009. The score of the banking sector has a greater improvement, which upgrades from unstable range to stable range. After two years of substantial growth, the score of financial eco – environment dropped slightly year by year since 2009, but remained in the relatively stable range.

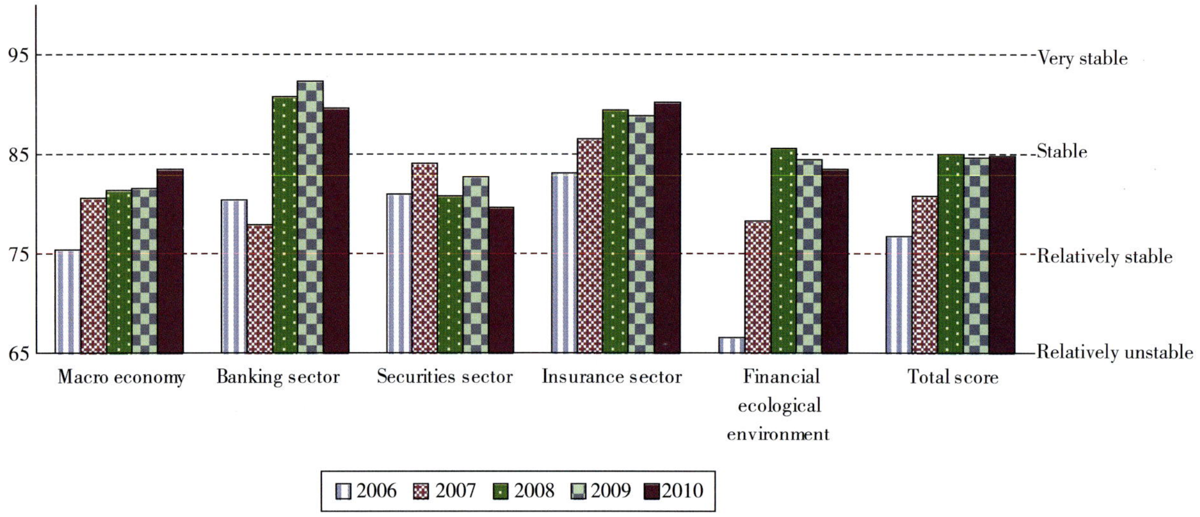

Figure 21 Financial stability of the northeastern region, 2006—2010

Chapter 5 Overall Assessment and Policy Suggestions

5.1 Overall assessment

Regional governments implemented national macro - management policies and regional development strategies in an all round way. Their efforts delivered preliminary achievements and the economy maintained good momentum for sound and relatively fast development. In particular, regional consumption grew steadily with a relatively fast pace, fixed asset investment continued to improve in structure, and foreign trade bounced back rapidly. Primary, secondary and tertiary industry developed in a coordinated way, and household income grew steadily. Moreover, regional financial system maintained sound operation, supporting the shift of economic growth pattern and economic restructuring. For banking sector, it posted sound performance. Indicators like asset size, asset quality, profitability and risk aversion capability continued to improve andcredit provision returned to normal level. As for the capital market, innovative measures were launched more intensively, and the capability of securities and futures institutions to serve real economy and to resist risks has been strengthened. The number of listed companies and direct financing scale also hit record high levels. For the insurance market, it developed steadily, with premium income growing rapidly, asset scale continuing to expand, profit growth widening, and insurance protection function giving full play.

There were still some regional factors affecting financial stability. Overall, regional economic restructuring became more difficult, inflation expectation strengthened, external demand became more susceptible to international environment, and housing price in certain big and medium - sized cities remained high. With respect to banking sector, liquidity management over local banking corporations has become more difficult, potential credit risk increased, and loan structure remained irrational. Securities firms, meanwhile, didn't make real breakthroughs in profit making pattern. Their business innovation and structure adjustment encompassed certain risks, and market operation should become more standardized. For insurance market, the market order needed to be improved further, and a small number of insurance institutions were faced with solvency risks. Concerning regional economic performance, eastern region was confronted with many challenges in foreign trade, the process of private firms to take stakes in local financial firms became accelerated, and the integration between industrial and financial sectors posed some risks. Central region experienced more uncertainties in sustained and relatively fast growth of fiscal revenue, the growth of fiscal rigid and invisible expenditure was relatively fast, and regional economic expansion still required large fund supply. Regarding western region, its endogenous driving force was still impotent, and financial emergency management system needed to be improved further. Northeastern region also needed to improve its economic growth pattern, and the industrial upgrading task remained arduous.

Quantitative assessment indicated that different regions have, to various degrees, improved financial stability by exerting regional advantages and deepening reforms. Eastern region, in particular, led other regions with visible advantages, followed by western, northeastern, and central regions (Figure 22).

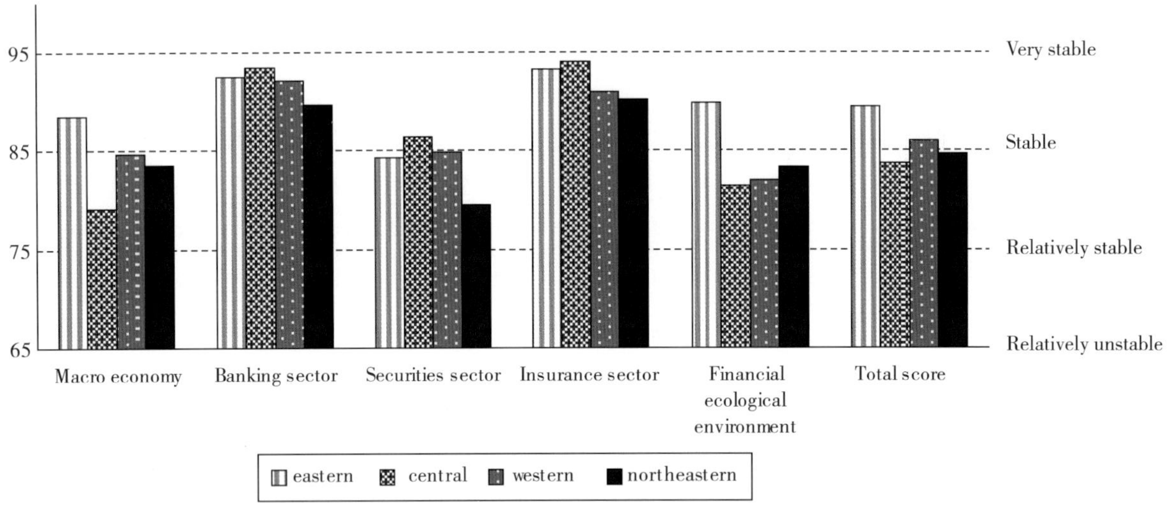

Figure 22 Results of financial stability by regions in 2010

To break down, the score of macroeconomic soundness, from high to low, was eastern, western, northeastern and central regions. Banking sectors of different regions were all scored within the stable range with little regional difference, and central, eastern, western, and northeastern regions ranked from high to low. The stability ranking of regional securities industries, susceptible to market conditions, has changed markedly, with central and western regions ranking first and second, eastern region third and northeastern region left behind. For insurance sector, regional scores were distributed within stable range, and the ranking of their score, from high to low, was central, eastern, western and northeastern regions. Eastern region enjoyed obvious advantage in financial ecology, with northeastern, western and central regions following behind.

5.2 Policy suggestions

Year 2011 is the first year of China's 12th Five - Year Plan. Overall, regional economic and social development is confronted with both strategic opportunities and difficulties. On one hand, regional governments should stress more on economic restructuring pattern and economic soundness. On the other, real economy and financial institutions should adjust actively in response to the change of underlying economic and financial conditions.

5.2.1 Accelerate structure adjustment and actively guide the optimization and upgrading of regional economic structure

As affected by factors like raised minimum wage, rising expectation over RMB appreciation and higher raw material prices, concerns over "industrial hollowing" in coastal region have emerged. This urgently required eastern coastal region to upgrade its economy, and brought opportunities for central and western regions to catch up and accelerate their development. Investment, on the basis of promoting regional economic developments, should also play the role of guiding regional economic restructuring. For instance, eastern region should primarily cultivate modern service industry, advanced manufacturing industry and strategic new industry, and thus enhance its self - innovation capability and overall competitiveness. Central and western regions, meanwhile, should grasp the opportunity of division of work and restructuring of international and domestic industries, earnestly implemented *Guiding Opinions of the State Council on Undertaking Industrial Transfer by Middle and Western Regions*, improved accommodating measures, foster and expand a batch of key economic zone (area) with strong undertaking capacity, large development potential and abundant economic strength, and promote industrial cluster development.

5.2.2 Implement prudent monetary policy and strengthen inflation expectation management

First, continue to improve liquidity management, and maintain the moderate growth of money and credit. Specifically, comprehensively use market - oriented measures, flexibly deploy policy instruments like dynamic adjustment of differentiated reserve requirement ratio, guide regional financial institutions to grasp the essence of prudent monetary policy, and achieve reasonable, appropriate and stable credit expansion. Second, broaden investment channels, innovate and develop new financial instruments and investment products, guide liquidity from capital market to flow back to real economy with real funding needs, and thus alleviate the pressure of asset price bubbles. Third, strengthen the management and guidance over inflation expectation. In particular, maintain the transparency and stability of macro – policies, accurately explain and forward policy intentions in a timely manner, stabilize public expectation. In addition, further establish and improve price monitoring and pre – warning system, release price information, and guide consumption behavior.

5.2.3 Explore macro – prudential management and strengthen oversight over regional systemic financial risks

In line with the requirement of central government to accelerate the construction ofcounter – cyclical financial macro – prudential framework, efforts have been made to set up regional oversight system monitoring financial risk, and to improve financial emergency management mechanism. In particular, improve financial stability joint working mechanism at all levels, give full play to the combined strength of "central bank and three supervisory bureaus" and local government, construct and improve pre – warning system over regional financial risks, specify institutions of systemic importance and exercise key supervision. Keep a close watch on the change of debt stock and growth from local government financing platform, implement differentiated housing credit policies, and promote the sound development of regional real estate industry. Moreover, strengthen supervision over financial holding companies and crossed financial instruments, prevent cross – sector risk transfer and supervision arbitrage, deeply analyze underlying problems in new – type rural financial institutions, small – value loan firms, financial guarantee enterprises, prawn shops, financial leasing and "shadow banking", strengthen supervisory measures, and prevent potential risks. More efforts should also be pooled to prevent liquidity risks, operational risks of listed companies, and the risk of capital chain rupture in economic restructuring. Effectively crack down on criminal activities such as illegal fundraising, illegal securities and financial fraud, and thus safeguard regional financial stability.

5.2.4 Optimize credit structure and expand financial support to regional economic restructuring

Give full play to the guiding role of money and credit policy in regional economic restructuring, stick to the principle of "differentiated treatment", accelerate credit structure adjustment, and guide financial institutions to channel more credits to real economy, SMEs and area like *ARF* in particular. Guide financial institutions to innovate credit methods, satisfy diversified funding needs, provide more support to strategic new industry, energy conservation industry as well as modern service industry, strictly control loan extension to sectors with high energy consumption, high emission, and excess productive capacity. Continue to provide financial support to promote regional coordinated development. Urge financial institutions to pool more efforts to handle bad asset, prevent and resolve maturity mismatch risks, and speed up the exit of credit from projects with backward production capacity and *Two Highs and One Excess* (two highs refer to high energy consumption and high emission, one excess means excess productive capacity).

5.2.5 Promote financial reform and innovation and enhance regional financial competitiveness

First, continue to deepen reforms of financial enterprises, accelerate the construction of modern financial enterprise system, and further improve diversified financial organizations. Encourage large banking corporations to be more involved in international competition, implement "go out" strategy, and guide small and medium - sized enterprises to adopt diversified operational strategy. Greatly develop featured banks like retail banks, small and medium - sized corporate banks, funds transaction banks, and community banks, accelerate, in particular, the development of financial institutions serving *ARF* and small enterprises, and thus enhance the coverage and effectiveness of financial services. Second, enhance financial services and innovative capability of financial institutions, guide financial institutions to handle the relationship between innovation, prudent management, and risk prevention more effectively, and enhance comprehensive risk management of innovative business. Give special attention to the protection of financial consumers and release information of innovative products in a timely and comprehensive manner. Third, promote the construction of multi - tier capital market, deploy diversified financing instruments to broaden funding channels, form appropriate direct and indirect financing ratio, and continue to improve financial market mechanism and infrastructure. Fourth, guide the sound development of cross - boarder RMB trade settlement, improve the convenience of RMB funds use, provide more channels for RMB to flow back to domestic market, strengthen hedging management over RMB funds, and improve the construction of supervisory mechanism of cross - boarder RMB funds.